本书得到了“华中师范大学政治学一流学科建设成果文库”的资助

青年学者文库

SOUTHEAST ASIA

东南亚智库与区域治理

Think Tanks and Regional Governance in Southeast Asia

陈菲　陈灵芝／著

天津出版传媒集团
天津人民出版社

图书在版编目（CIP）数据

东南亚智库与区域治理 / 陈菲，陈灵芝著. -- 天津：天津人民出版社，2023.6

（青年学者文库）

ISBN 978-7-201-19208-6

Ⅰ.①东… Ⅱ.①陈… ②陈… Ⅲ.①国际政治－研究－东南亚 Ⅳ.①D733

中国国家版本馆CIP数据核字(2023)第044186号

东南亚智库与区域治理

DONGNANYA ZHIKU YU QUYU ZHILI

出　　版　天津人民出版社
出 版 人　刘　庆
地　　址　天津市和平区西康路35号康岳大厦
邮政编码　300051
邮购电话　（022）23332469
电子信箱　reader@tjrmcbs.com

责任编辑　王　琤
封面设计　汤　磊

印　　刷　北京虎彩文化传播有限公司
经　　销　新华书店
开　　本　710毫米×1000毫米　1/16
印　　张　15
字　　数　220千字
版次印次　2023年6月第1版　2023年6月第1次印刷
定　　价　88.00元

华中师范大学政治学一流学科建设成果文库

总编委会

目 录

导论
东南亚智库概览

现代意义的智库概念首先在美国出现,然后逐渐传播至西欧多国,并向其他发展中国家不断扩散。一般来说,智库是一种相对稳定且独立的政策研究机构。西蒙·詹姆斯(Simon James)指出,智库是“旨在影响公共政策而从事多学科研究的独立组织”①。安德鲁·里奇(Andrew Rich)则将智库定义为:“生产专业知识及思想观念,并主要以此来获得支持并影响政策制定过程的,独立的、不以利益为基础的非营利组织。”②

如果严格按照西方学者的智库定义,可能大多数东南亚智库并不符合西方学者的标准。大多数东南亚智库被认为是缺乏独立性的,以国家为中心,并非以社会为中心。大多数东南亚智库与所在国政府联系密切,有些东南亚智库甚至就是政府的附属机构。帕米尔咨询公司(Pamir Consulting)执行副总裁默西·郭(Mercy A. Kuo)认为:“亚洲智库不符合美国或欧洲意义上的‘智库’定义。早期的亚洲智库几乎没有自主权,因为它们要么是在国家政府的命令下建立的,要么是在他们的明

---

① Simon James, “The Idea Brokers: The Impact of Think Tanks on British Government”, *Public Administration*, Vol.71, Issue 4, Dec 1993, p.492.

② Andrew Rich, *Think Tanks, Public Policy, and the Politics of Expertise*, Cambridge: Cambridge University Press, 2005, p.11.

确同意下建立。”[①]著名智库专家迪恩·斯通(Diane Stone)则认为，东南亚智库大体分为两类：一是由国家政府发起并建立的半官方组织或官办社会组织，二是通过精英网络和与权力结构相联系的赞助关系发起建立的非政府组织。[②]尽管拥有正式的法律自主权，但大多数智库的作用是提供信息并充当政府的参谋，它们通常支持或不批评政府的政策。[③]它们的主要目标是向政府提供信息，为政府政策提供合法性解释。整体而言，东南亚智库倾向于以“增益模式”而非“批评模式”运作。[④]智库需要独立于国家才能“自由思考”的观念是英美规范，并不一定适合于其他地区的政治文化。

东南亚国家智库的特点和风格在很大程度上取决于该国的政治文化。虽然在某些方面与西方智库相似，但东南亚智库在不同的政治、社会和文化背景下运作，不可避免地塑造了它们特有的议程设置方式和利益偏好。东南亚智库呈现出与西欧和北美不同的发展模式。从发展阶段来看，除少数例外，第一批东南亚智库直到20世纪60年代才成立，而东南亚智库的繁荣发生在80年代末到90年代初。[⑤]经济全球化对智

---

① Mercy A. Kuo, Assessing Asia's Think Tanks: Ideas and Impact, The Diplomat, February 25, 2020, https://thediplomat.com/2020/02/assessing-asias-think-tanks-ideas-and-impact/.

② Diane Stone, Dynamics of Think Tank Development in Southeast Asia, Australia, New Zealand, and Papua New Guinea, in James G. McGann, R. Kent Weaver, *Think Tanks & Civil Societies: Catalysts for Ideas and Action*, Routledge, 2000, p.384.

③ Diane Stone, Think Tanks Across Nations: The New Networks of Knowledge, Policy Community, *NIRA Review*, Winter 2000; Diane Stone, Think Tanks and Policy Advice in Countries in Transition, Paper prepared for the Asian Development Bank Institute Symposium: “How to Strengthen Policy Oriented Research and Training in Vietnam”, Hanoi, 2005.

④ Tadashi Yamamoto and Susan Hubbard, Emerging Civil Society in the Asia Pacific Community, Singapore, Institute of Southeast Asian Studies and Japan, Japan Center for International Exchange. Conference Report, 1995, pp.1–40.

⑤ Diane Stone, Dynamics of Think Tank Development in Southeast Asia, Australia, New Zealand, and Papua New Guinea, in James G. McGann, R. Kent Weaver, *Think Tanks & Civil Societies: Catalysts for Ideas and Action*, Routledge, 2000, p.383.

库发展的影响在东南亚最为明显。东南亚智库有2/3是在1980年之后成立。

东南亚智库主要通过三种途径对政府决策施加影响:一是生产专业知识和思想观念;二是作为政治沟通的有效工具,疏通利益表达并为政府决策提供支撑和依据;三是建立跨国智库网络,推动东南亚区域治理。关注东南亚区域治理,是东南亚智库区别于其他地区智库的明显标志。

与欧美国家相比,智库并非处于东南亚各国公共和政治领域的关键位置。但是进入21世纪之后,东南亚各国面临着愈来愈复杂的全球挑战和国内社会经济问题。一方面,东南亚各国政府需要通过整合各阶层的专业知识来提高政府的决策质量;另一方面,东南亚各国政府的政策决策也需要智库为其合法性背书。东南亚地区的主要智库在一定程度上都具备生产专业知识和推动政治沟通的能力。

基于东南亚区域治理的现实需要,跨国智库网络的建立是应对区域共同挑战的自然逻辑。1988年东盟战略与国际问题研究所(ASEAN Institutes of Strategic and International Studies, ASEAN ISIS)智库网络宣告成立。目前,东盟战略与国际问题研究所由10个智库机构组成,每个东盟国家各有一个代表。东盟战略与国际问题研究所秘书处设在印尼战略与国际研究中心(CSIS),它成立的最初宗旨是致力于成为东盟各国特别是东盟组织的决策顾问,主席由各成员机构理事轮流担任;其目标包括加强发展研究促进区域合作、促进沟通和协调提升研究的有效性和效率、增进公众对东盟共同体面临问题的认识和理解、推进东盟合作。[①]东盟战略与国际问题研究所以备忘录、会议报告、工作报告等形式为东南亚区域治理建言献策,其平台和网络也已成为东南亚政策专家沟通信息的重要场所,构成了东盟机制下最重要的“二轨外交”工具。

---

① 刘文正、邓爱萍:《智库网络为东南亚战略决策贡献智慧——以东盟战略与国际问题研究所为例》,中国社会科学网,http://news.cssn.cn/zx/bwyc/202204/t20220407_5402368.shtml。

东南亚是中国周边外交的优先方向。中国是东南亚各国的好邻居、好朋友、好伙伴。研究东南亚智库的发展、特点及其在东南亚区域治理和国家治理中的角色与作用,有助于进一步深入理解东南亚政治,这对于加强中国与东南亚国家合作、中国与东盟合作具有积极意义。

第一章
菲律宾智库及其对国家治理和区域治理的贡献

1946年菲律宾独立建国后，大量智库成立，为菲律宾国家治理和东南亚区域治理提供政策建议和咨询服务。菲律宾智库数量较少、起步较晚但发展迅速，类型多样但国际影响力较弱。菲律宾智库对东南亚区域治理的贡献主要体现在区域安全稳定、人权保护和环境保护三个方面；对国家治理的贡献主要体现在为政府社会治理提供信息和政策建议、为国家经济发展提供政策建议、扩大政治民主化和完善地方政府治理水平、参与政府外交政策制定过程四个方面。菲律宾智库的这些特点及其贡献值得学界关注。

在菲律宾，虽然智库的数量和影响力不及发达国家，但为菲律宾国内治理乃至东南亚区域治理做出了重要贡献。

一、菲律宾智库的发展历程

在“智库”一词被正式提出并流行前，菲律宾就已经出现了类似的机构。1947年，天主教耶稣会在马尼拉雅典耀大学成立了社会秩序研究所(Institute of Social Order，Ateneo de Manila University，ISO)，这是菲律宾独立后成立的第一家现代意义上的智库机构。该机构的主要目标是为弱势群体提供社会资源和机会，研究实现社会民主化和社会公平的途径。到1998年，社会秩序研究所的研究领域涵盖了沿海资源管理等诸多方面，主要任务是通过研究改善菲律宾沿海地区渔民的生活条件，帮助其更好地适应不断变化的社会环境。社会秩序研究所目前作为菲律宾雅典耀大学的附属机构，持续开展社会治理方面的公共政策研究。有学者指出，东南亚国家智库的产生和发展受到民族主义、自由化程度和经济发展三重因素的影响，[①]菲律宾智库的发展也不例外。具体来看，菲律宾智库的发展大致经历了以下三个阶段：

第一阶段是从1946年菲律宾独立到1969年，可将其视为菲律宾智库的萌芽期。这一时期，菲律宾先后成立了4家智库。这些智库的出现与菲律宾获得民族独立和20世纪60年代实行开放政策及其所带来的经济发展息息相关。社会秩序研究所成立后，雅典耀大学洛约拉高地校区的社会科学学院于1960年成立了菲律宾文化研究所（Institute of Philippine Culture，IPC），该研究所主要从事有关菲律宾基层社会发展和文化交流的研究。1966年，东南亚教育部长组织（Southeast Asian Ministers of Education Organization）和菲律宾政府成立了东南亚地区农业研究中心（Southeast Asian Regional Center for Graduate Study and Research in Agriculture，SEARCA），该中心通过稳定农民收入、促进农业科技和营销方式创新，不断提高农户们的生活质量。1967年，菲律宾研究与传播中心（Center for Research and Communication，CRC）成立，现已成为菲律宾最重要的商业研究和咨询智库之一。

第二阶段是从1970年到1999年，可将其视为菲律宾智库的发展期。这一时期，菲律宾国内政治趋于稳定，经济开放力度进一步加大，30年间菲律宾一共出现了27家智库。20世纪90年代是菲律宾智库产生的高峰期，在这段时间诞生的智库中，有6家实力出众，居于东南亚区域乃至世界顶尖智库行列中。根据美国宾夕法尼亚大学“智库与公民社会项目”（TTCSP）发布的《2020年全球智库年度报告》（2020 Global Go To Think

① Teehankee J., Ramirez L. and Malbarosa A., “The role of think tanks and political institutes in the development of the political party system in the Philippines”, *Evidence-Based Policy in Development Network,* 2011, p. 5.

Tank Indey Report)，在“南亚、东南亚及太平洋地区(不包括印度)顶级智库”排行榜中，1977年成立的菲律宾发展研究所(Philippine Institute for Development Studies，PIDS)排名第33位，1988年成立的国际对话倡议组织(Initiatives for International Dialogue，IID)排名第87位，1989年成立的雅典耀大学经济研究与发展中心(Ateneo Center for Economic Research and Development，ACERD)排名第106位，1991年成立的国际关系与战略研究中心(Center for International Relations and Strategic Studies，CIRSS)及菲律宾战略和发展研究所(The Institute for Strategic and Development Studies，ISDS)[①]分别排名第71位和第24位，1996年成立的亚洲管理研究所里扎利诺·纳瓦罗竞争力政策研究中心(Asian Institute of Management Rizalino S. Navarro Policy Center for Competitiveness，AIM-RSN PCC)排名第69位。[②]

有些智库的诞生还与1971—1986年马科斯总统独裁统治产生的影响有关，如1982年成立的妇女资源研究中心(Center for Women's Resources，CWR)和1994年成立的政治与治理研究所(Institute for Politics and Governance，IPG)。妇女资源研究中心因不满马科斯独裁统治时期对女性权利的忽视和侵犯而建立，其宗旨是为赋权基层女性开展研究活动。政治与治理研究所的成立则是为了深化马科斯独裁政府下台后菲律宾的民主化进程。

第三阶段是2000年至今，可将其视为菲律宾智库的稳定期。这一时期，菲律宾一共新成立了9家智库，同发展期相比，增速明显放缓。在新成立的9家智库中，有7家智库集中诞生于21世纪的前5年，时间分布十分不均匀。这一时期受1997年亚洲金融危机和2008年国际金融危机的影响，菲律宾的经济增速明显放缓。2016年杜特尔特总统上台后，经济形势虽

① 战略和发展研究所虽被收录进美国宾夕法尼亚大学“智库与公民社会项目”发布的《2020年全球智库年度报告》，但该智库的官方网站链接已经失效，无法查询到该智库的确切信息和研究内容。

② James G. McGann, “2020 Global Go to Think Tank Index Report”, *TTCSP Global Go to Think Tank Index Reports* 18, 2021, pp. 108-113.

逐步好转，但人口增长速度过快、政治腐败、政府财政亏空等问题也日益凸显。因此，这一阶段成立的菲律宾智库的研究领域多集中在国内政治和社会治理方面，如2000年成立的联盟政策研究所（La Liga Policy Institute，La Liga）、2001年成立的雅典耀大学政府学院政策中心（Ateneo Policy Center, Ateneo School of Government，APC）、2001年成立的德拉萨大学杰西·罗布雷多治理研究所（Jesse M. Robredo Institute of Governance，De La Salle University，JRIG）、2003年成立的公共亚洲公司（Publicus Asia）、2004年成立的人民赋权治理研究中心（Center for People Empowerment in Governance, CenPeg）、2004年成立的布拉斯·奥普尔政策研究中心（Blas F. Ople Policy Center, Ople Center）和2017年成立的战略发展研究所（Strategia Development Research Institute，SDRI）。

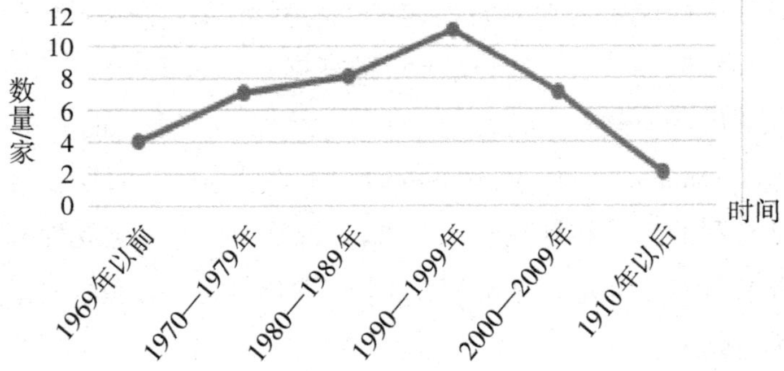

图1.1 菲律宾新成立智库数量的时间变化图

二、菲律宾智库的特点

根据美国宾夕法尼亚大学“智库与公民社会项目”发布的《2020年全球智库年度报告》，菲律宾有22个智库，在东南亚11个国家中排名第4位。[①]而事实上，根据公开资料，本书一共搜集到39家符合条件的菲律宾智库。这些智库在组织性质、研究领域等方面各有不同。

① James G. McGann, “2020 Global Go to Think Tank Index Report”, TTCSP Global Go to Think Tank Index Reports, 18, 2021, https://repository.upenn.edu/think_tanks/18.

(一)菲律宾智库的类型

智库的类型可分为自主独立型智库、准独立型智库、政府附属型智库、大学附属型智库四种。自主独立型智库是指研究活动不受任何利益集团、捐助者或政府的控制和影响,完全自主运作的智库,如菲律宾战略和发展研究所。准独立型智库是指虽名义上独立于政府,但在实际运作过程中还是会受到利益集团、捐助者、国际组织等机构或个人影响的智库。这些机构或个人为智库提供资金,以影响智库的运作,如由东南亚教育部部长组织(国际组织)成立的东南亚地区农业研究中心。政府附属型智库是指建立和运作资金来源于政府拨款,并属于政府正式结构一部分的智库,如菲律宾发展研究所。大学附属型智库是指建立和运作资金来自大学拨款,并且是大学的组成部分的智库,如雅典耀大学政府学院政策中心。

菲律宾智库中数量最多的是自主独立型智库,有21家,占到智库总数的一半以上。其次是大学附属型智库,有10家。自主独立型智库又可分为营利型智库和非营利型智库两种类型,如资源、环境和经济研究中心(Resources, Environment, and Economics Center for Studies, REECS)、公共亚洲公司属于营利型公司制智库,其特点是通常由私人所有,通过生产知识为指定客户提供有偿咨询和建议服务;人口研究与发展基金会(Demographic Research and Development Foundation, DRDF)、社会气象站(Social Weather Stations, SWS)则属于非营利型智库,这类智库在自主独立型智库中占比更高。

表1.1 菲律宾智库组织性质分类表

<table>
<tr><th colspan="2">类型</th><th>名称</th></tr>
<tr><td rowspan="2">自主独立型(21个)</td><td>非营利型(19个)</td><td>CRC, IMOA, IBon, CWR, DRDF, SWS, SMC, CEC, ISDS, IPG, AIM-RSN PCC, Tebtebba, ESSC, La Liga, CenPeg, ADRi, Ople Center, CEED, SDRI</td></tr>
<tr><td>营利型公司制(2个)</td><td>REECS, Publicus Asia</td></tr>
<tr><td colspan="2">准独立型(3个)</td><td>SEARCA, IID, Pulse Asia</td></tr>
<tr><td colspan="2">大学附属型(10个)</td><td>ISO, IPC, TWSC, SDRC, ACERD, LIDER, YC, ICHHD, APC, JRIG</td></tr>
<tr><td colspan="2">政府附属型(5个)</td><td>DAP, FSI, PIDS, LGA, CIRSS</td></tr>
</table>

（二）菲律宾智库的研究领域

菲律宾智库主要是社会科学研究所。就单个智库而言，多数菲律宾智库的研究领域难以概括出统一的所属范围，尤其是涉及经济政策和社会发展政策研究的智库。例如，儿童健康与人类发展研究所（Institute of Child Health and Human Development，ICHHD）、妇女资源研究中心等集中研究某一类人群权利和发展问题的智库，或像东南亚地区农业研究中心、联盟政策研究所等专门研究某一具体领域的智库的研究范围就十分具有针对性。而例如社会气象站、菲律宾发展学院（Development Academy of the Philippines，DAP）、社会变革环境科学研究所（Institute of Environmental Science for Social Change，ESSC）等智库的研究范围会涵盖社会发展的各个领域，通常具有交叉学科研究和综合性的特点。

考虑到菲律宾智库在研究领域方面兼具针对性和综合性的特点，可以将它们的研究领域大致分为经济与社会发展、政治发展、环境与自然资源研究三大类。其中，涉足经济和社会发展领域的智库数量最多，因为该研究领域涵盖的具体方向最广，具有综合性和交叉性；其次是政治发展研究领域，这一研究领域的智库又可以进一步划分为关注国内政治发展的内政型智库和关注外交政策与国际事务的外交型智库；数量最少的是涉及环境与自然资源领域研究的智库。

表1.2　菲律宾智库研究领域分类表

<table>
<tr><th colspan="2">类型</th><th>名称</th></tr>
<tr><td colspan="2">经济与社会发展领域（18个）</td><td>ISO，IPC，SEARCA，CRC，DAP，PIDS，SDRC，IBon，CWR，DRDF，SWS，ACERD，LIDER，AIM-RSN PCC，ICHHD，Pulse Asia，La Liga，Ople Center</td></tr>
<tr><td rowspan="2">政治发展领域（17个）</td><td>国内政治领域（7个）</td><td>LGA，IPG，APC，JRIG，Publicus Asia，CenPeg，SDRI</td></tr>
<tr><td>外交政策与国际事务领域（10个）</td><td>IMOA，FSI，TWSC，SMC，IID，CIRSS，ISDS，YC，Tebtebba，ADRi</td></tr>
<tr><td colspan="2">环境与自然资源领域（4个）</td><td>CEC，REECS，ESSC，CEED</td></tr>
</table>

（三）菲律宾智库的影响力

在东南亚区域，菲律宾的智库数量虽位居前列，但从《2020年全球智库年度报告》中的“南亚、东南亚及太平洋地区（不包括印度）顶级智库”排行榜来看，菲律宾智库的上榜数、排名、影响力等远不及新加坡、印尼和马来西亚等国的智库。[①]菲律宾只有6家智库上榜成为区域顶尖智库，占其智库总数的比例较小，表明菲律宾智库的总体建设水平较低，国际影响力比较不足。

此外，菲律宾一些智库的研究工作陷入停滞，无法继续为国家和区域治理贡献力量，影响力也随之下降。例如，根据第三世界研究中心（Third World Studies Center，TWSC）的官网，该中心最近一期的工作报告还停留在2016年，研究项目自2018年以来没有更新；[②]人口研究与发展基金会官网的研究成果停留在2018年，菲律宾新闻网站拉普勒（Rappler）在2020年4月最后一次转载了人口研究与发展基金会的研究成果，此后再没有媒体公开转载或报道与该智库相关的新闻与评论。[③]

总体而言，菲律宾智库具有五个方面的特点。第一，从类型上看，自主独立型智库数量较多，政府附属型智库数量较少，大多数智库与政府建立了合作关系。第二，从研究领域上看，经济和社会发展是菲律宾智库最重要的研究领域。第三，从工作内容上看，菲律宾智库多集科研、教学、知识传播任务于一体，任务多样。第四，从研究视野上看，菲律宾智库兼具微观研究和宏观研究、国内事务研究和国际事务研究。第五，从国际影响力上看，菲律宾智库的国际影响力相对有限，尚缺乏国际顶尖智库。

---

① James G. McGann, “2020 Global Go to Think Tank Index Report”, *TTCSP Global Go to Think Tank Index Reports* 18, 2021, pp. 108–113.

② http://twsc.upd.edu.ph/research.html.

③ “The coronavirus pandemic bares older Filipinos' vulnerability”, RAPPLER, April 7, 2020, https://www.rappler.com/moveph/257248-opinion-coronavirus-pandemic-bares-older-filipinos-vulnerability/?fbclid=IwAR0pXF8b03aDKj5IRrvz5fx1qezGkS6QdaZdTFa_PGjPYKfJ3BJrmmGs-DU.

三、菲律宾智库对东南亚区域治理的贡献

菲律宾的智库中，专注于外交政策与国际事务、国际发展和环境保护等领域的智库的研究成果和工作为东南亚区域乃至整个亚太区域的治理和发展做出了重要贡献。这些贡献主要体现在维护区域安全稳定、促进区域人权保护和促进区域环境保护三个方面。

（一）对区域安全稳定的贡献

一些菲律宾智库专注于为解决区域内的族群冲突、有序开发资源提供方案，或者为域内国家共同应对非传统安全威胁提供平台。国际对话倡议组织开展了一项名为“和平进程计划”(Peace Process Project)的项目，该项目通过采取冲突监测、对话平台建设和网络建设等方式，为研究和解决东南亚地区人与人、群体与群体之间的冲突及东南亚国家之间的政治冲突提供解决方案，为推进东南亚区域的和平进程做出了贡献。

阿尔伯特·德尔罗萨里奥战略与国际研究所(The Stratbase-ADR Institute for Strategic and International Studies，ADRi)认为，安全仍然是东亚和东南亚各国面临的一个主要问题，包括平衡域内各国对海洋资源的开发需求，合作应对恐怖主义、海盗和有组织犯罪等非传统安全威胁。同时，该智库认为，东南亚现有的区域机制和多边机构在处理安全事务时略显乏力，为此其发起并实施了“安全和东亚事务计划”，旨在为促进地区安全与稳定寻找手段、提供解决问题的场所。

（二）对区域人权保护的贡献

一部分菲律宾智库关注东南亚地区人权问题的改善，为保护劳工、女性、移民等群体的权利提供政策建议。布拉斯·奥普尔政策研究中心主要关注国际劳工的权利保护及跨国人口贩卖的问题。布拉斯·奥普尔政策研究中心建立了“人口贩卖者数据库”，用于记录、跟踪、监控人口贩卖集团，并记录严重剥削国际劳工的案例，为政府和相关国际组织营救被剥削者、打击贩卖人口行为提供数据和技术支持。该智库因此成为应对人口贩卖问题的精英智库，使得菲律宾成为第一个连续五年在美国国务院公

布的《2020年人口贩卖报告》中蝉联Ⅰ级类别排名的东盟国家。[①]

斯卡拉布里尼移民研究中心(Scalabrini Migration Center,SMC)致力于国际移民研究,并促进亚太地区移民与本地居民的相互了解。该智库通过出版学术季刊《亚洲与太平洋》,组织学术会议,与政府机构、学术界和移民保护组织开展合作,为移民群体和公共决策机构提供信息,保障移民的权利和尊严。

特波提巴土著人民国际政策研究和教育中心(Tebtebba-Indigenous Peoples' International Centre for Policy Research and Education, Tebtebba)旨在宣传土著人民的世界观,整合他们对个人和集体人权、可持续发展、气候变化、生物多样性、传统知识、习惯法、性别等重要问题的态度与观念,阐述和深化他们的观点和立场,向世界传递东南亚土著人民的声音,争取国际社会对他们的关注与保护。特波提巴土著人民国际政策研究和教育中心积极参与国际人权法及其他有关国际文书、政策和协定的制定过程,为《联合国土著人民权利宣言》(UNDRIP)的颁布施行做出了重要贡献。目前,特波提巴土著人民国际政策研究和教育中心在联合国经济及社会理事会(ECOSOC)中拥有特别的咨询地位。[②]

(三)对区域环境保护的贡献

另有一些菲律宾智库关注区域环境问题的改善和资源的合理开采,为东南亚地区的环境保护工作提供政策建议和活动平台。环境问题研究中心(Center for Environmental Concerns, CEC)积极与从事环境保护及资源开采监管的本地组织和国际组织建立伙伴关系,通过宣传、举办论坛和会议、参与国际协调行动等方式,不断深化亚太区域环境保护的进程。目前,环境问题研究中心是亚太地区民间社会组织参与机制(AP-RCEM)环境工作组的协调员,并担任联合国环境署亚太地区的民间社会代表,代表

---

① Susan Ople, "US lauds PH trafficking response: Database vs exploitation up", Blas F. Ople Center, July 26, 2021, http://www.blasoplecenter.com/blog/us-lauds-ph-trafficking-response-database-vs-exploitation-up/.

② https://tebtebba.org/index.php/about/who-we-are.

区域民间社会团体参加两年一度的联合国环境大会。环境问题研究中心还是国际矿业大会(IPCM)联合秘书处、亚太研究网络(APRN)、亚太地区基础和成人教育(ASPBAE)等国际组织的成员,同时也是一个旨在改善亚太地区环境、缓解气候变化的倡议(CLIMATE Asia Pacific)的发起方之一。[①]环境问题研究中心与国际合作伙伴一道,共同为东南亚区域的环境保护、自然资源管理和生态恢复做出贡献。

四、菲律宾智库对国家治理的贡献

大多数菲律宾智库的研究成果都对菲律宾的国家治理工作有所帮助,但并非所有智库都以提升菲律宾国家治理能力为目标和宗旨。通过梳理各智库的研究报告可以发现,专注于经济与社会政策、国内政治和外交事务领域的智库为菲律宾国家治理做出了重要贡献。这些贡献体现在为政府社会治理提供信息和政策建议、为国家经济发展提供政策建议、扩大政治民主化与完善地方政府治理水平,以及参与政府外交政策的制定过程四个方面。

(一)为政府社会治理提供信息和政策建议

很多菲律宾智库为菲律宾国内社会治理建言献策,它们的研究范围十分广泛,涵盖教育、医疗、民生、劳动力、营商环境、传染病防治等与国内社会和生产力发展有关的各个领域。菲律宾发展研究所于2019年7月公布了《2022—2025年计划研究议程》(以下简称《议程》)。《议程》围绕“第四次工业革命”“气候变化”“自由贸易协定”“国际竞争”四大主题,为进一步提升菲律宾的国家生产力,促进经济可持续发展与改善国内不平等的社会结构等问题提出政策建议,按照智库自身的能力和政府与决策者的需求,为菲律宾国内公共政策的形成和规划做出贡献。[②]

德拉萨大学社会发展研究中心(SDRC)侧重于对社会微观问题的研

① https://www.cecphils.org/local-and-international-networking/.

② “Proposed Research Agenda 2020-2025: Catching FIRe as the Global Economy Reshapes”, PIDS, July 31, 2019, https://www.pids.gov.ph/research-projects.

究，可以为政府相关部门有针对性地解决特定问题提供参考。根据中心官网提供的近五年（2018—2022年）的研究项目介绍，这些问题涉及儿童和青少年发展、劳动者权益保护、生态环境保护、传染病防治、基层治理等。①

社会气象站使用统计学的方法，用数据直接、客观地反映菲律宾国内的经济、政治、民生等社会问题。社会气象站以季度为单位，定期统计菲律宾国内的失业率、饥饿率、贫困率及民众对未来生活质量改善的信心程度，以此衡量菲律宾国内的民生状况。这些数据可以作为判断菲律宾国家经济发展情况和政府行政效能的风向标，鞭策和鼓励政府不断提高社会治理能力以提高人民的生活水平。

战略发展研究所的研究范围十分广泛。研究所内部分为6个研究团队，分别从事基础教育、环境管理、企业社会责任、包容性商业模式、灾害管理、性别与发展、劳工、领导力问题的研究，为政府及国际金融与发展机构提供知识和政策分析服务。

（二）为国家经济发展提供政策建议

一些智库专门为促进菲律宾国内经济政策的完善提供专业建议，这些建议涉及菲律宾国内企业的生存、腐败、税收、农业发展等方面。亚洲管理研究所里扎利诺·纳瓦罗竞争力政策研究中心侧重对菲律宾国内经济政策的研究。自2017年起，该智库的研究重点转向提升菲律宾国内中小企业的竞争力及其在国际经济竞争中的发展问题，为促进菲律宾中小企业的发展及政府相关部门的政策制定提供建议。此外，对于腐败、政治包容性、税收等社会热点问题，该智库也会进行针对性研究和回应。总体而言，该智库具有较大的社会影响力。根据其官网数据，从2011—2016年，中心共发表了56篇工作论文、24篇同行评议的期刊文章，出版了4本图书，举办了76场学术会议、论坛、研讨会等活动。②

---

①https://www.dlsu.edu.ph/research/research-centers/sdrc/projects/#1582015566938-8fc79c8c-9a04.

② https://aim. edu / research-centers / rizalino-s-navarro-policy-center-competitive-ness.

东南亚地区农业研究中心和联盟政策研究所关注菲律宾农业和农村经济的发展。农业和农村经济的可持续发展是联盟政策研究所的核心研究主题之一,它还特别关注自然灾害对农业发展的影响,通过研究和调查不断为菲律宾的农业发展提供政策建议和有效信息。东南亚地区农业研究中心的研究主要是通过国际合作来完成的,例如它与中国、泰国、越南等国的智库和高校合作开展了“菲律宾畜牧业、乳业和家禽业的国际基准研究”,该研究为菲律宾政府制定农业政策提供了必要的资料。

(三)扩大政治民主化与完善地方政府治理水平

促进菲律宾国内政治的民主化和提高地方政府治理水平也是菲律宾智库研究的一大主题,这些智库在促进民众政治参与和开放型政府建设方面表现突出。政治与治理研究所致力于提高民众的政治参与度和地方政府的良政建设。该研究所通过向民间社会组织(尤其是妇女组织)开展教育和宣传活动提升它们所联系群体的政治参与度,保障普通人的基本政治权利,推进菲律宾政治民主化进程。此外,研究所还通过开办治理学院提升地方政府官员的行政能力,以完善地方政府治理水平。

德拉萨大学杰西·罗布雷多治理研究所是一家专注于政府治理能力建设的、集研究和教育培训任务于一体的智库。该研究所的研究范围涵盖地方治理、权力下放、诚信政府与信息政务建设,为政策制定和政治体制改革提供知识参考和支持,为传统的治理问题寻找信息时代的解决方案。此外,德拉萨大学杰西·罗布雷多治理研究所还计划加强对公民监督、行政问责、预防腐败、税改政策等方面展开研究。

20世纪末的亚洲金融风暴暴露出菲律宾政府威权主义的弊端,促使阿尔伯特·德尔罗萨里奥战略与国际研究所关注开放型政府建设和行政透明度的制度化建设,从而推动了菲律宾政治民主化的发展。

(四)参与政府外交政策制定过程,维护菲律宾国家利益

外交型智库也是菲律宾智库的重要组成部分,参与到外交政策制定的关键环节中,为维护菲律宾主权和国家利益提供学术方面的建议。菲律宾外事服务学院(Foreign Service Institute,FSI)是隶属于菲律宾外交部的、从事外交政策研究的官方智库。该学院在《1991年菲律宾外事服务法》(Philippine Foreign Service Act of 1991)的授权下成立了国际关系与战略研究中心,该中心通过组织会议、圆桌讨论、讲座和论坛,建立起政府与学术界之间的交流渠道。国际关系与战略研究中心下设区域研究、传统安全研究、非传统安全研究、国际组织研究、东盟研究和特别项目研究六大部门,各具针对性地开展研究,为菲律宾外交政策的制定、审查和实施提供支持。

德拉萨大学杨应琳研究中心(Yuchengco Center,De La Salle University,YC)关注东亚地区国际关系的发展状况及菲律宾在区域架构中的位置。该中心通过学术研究、举办会议、发行出版物及其他有利于加强菲律宾与东亚其他国家社会、经济和政治联系的活动,加强菲律宾在区域政策宣传方面的领导地位;汇编和整合研究报告,提炼和传播中心的研究成果,为国家外交政策的制定提供知识性参考。

海洋与海事研究所(Institute for Maritime and Ocean Affairs,IMOA)开展有关菲律宾海洋事务的研究,鼓励公众参与对海洋问题的讨论,为政策制定者、立法者、科学家和学者提供了宝贵的资源和讨论平台。

五、结语

菲律宾智库经常举办不同类型的圆桌会议和论坛,与其他学术机构、国际组织、社会团体、政党和政府部门进行资源共享和公共政策讨论,或直接参与政府和区域机制的政策制定过程,对国内和区域治理提供专业建议。不过,很难评估某个智库的观点与某项具体政策的出台之间是否存在直接的因果联系,因此国内和区域治理取得进展和成效,智库的贡献只是其中的一个重要方面。目前,国内外学界对菲律宾智库的关注与研究还比较少,对菲律宾智库发展历程、特点及其贡献少有系统性的梳理,鲜有前人成果作为借鉴和参考,因此本章对菲律宾智库的总结主要来自对公开网络资料的梳理。作为一个初步探索的尝试,本章对菲律宾智库的基本情况和贡献的简要分析,希望可以促进国内学术界对菲律宾智库的关注。

詹姆斯·麦克甘(James G. McGann)教授将智库视作美国社会的第五阶层,认为智库在国家政策的制定中发挥着重要作用。菲律宾智库的国际影响力虽相对有限,但还是为菲律宾国内的政治、经济、社会和生态发展提供了不少政策建议,也为东南亚区域乃至亚太区域的机制建设及地区问题的解决做出了重要贡献。随着菲律宾政治改革的推进和国民经济的持续发展,菲律宾智库的未来发展值得关注。

附表 菲律宾智库基本情况表

智库名称	性质	成立年份	研究领域
雅典耀大学社会秩序研究所(ISO) Institute of Social Order, Ateneo de Manila University	大学附属型	1947	社会发展
菲律宾文化研究所(IPC) Institute of Philippine Culture	大学附属型	1960	文化与社会
东南亚地区农业研究中心(SEARCA) Southeast Asian Regional Center for Graduate Study and Research in Agriculture	准独立型	1966	农民与农业发展
研究与传播中心(CRC) Center for Research and Communication	自主独立型	1967	经济与营商环境
海洋与海事研究所(IMOA) Institute for Maritime and Ocean Affairs	自主独立型	1971	海洋与海事
菲律宾发展学院(DAP) Development Academy of the Philippines	政府附属型	1973	社会政策
外事服务学院(FSI) Foreign Service Institute	政府附属型	1976	外交政策与国际事务
第三世界研究中心(TWSC) Third World Studies Center	大学附属型	1977	外交政策与国际事务
菲律宾发展研究所(PIDS) Philippine Institute for Development Studies	政府附属型	1977	社会政策
德拉萨大学社会发展研究中心(SDRC) Social Development Research Center, de la Salle University	大学附属型	1977	社会政策
飞鸟基金会(IBon) IBon Foundation	自主独立型	1978	经济与社会
妇女资源研究中心(CWR) Center for Women's Resources	自主独立型	1982	女性权利

续表

智库名称	性质	成立年份	研究领域
人口研究与发展基金会(DRDF) Demographic Research and Development Foundation	自主独立型	1983	人口与发展
社会气象站(SWS) Social Weather Stations	自主独立型	1985	社会政策
斯卡拉布里尼移民研究中心(SMC) Scalabrini Migration Center	自主独立型	1987	国际发展
国际对话倡议组织(IID) Initiatives for International Dialogue	准独立型	1988	国际发展
地方政府学院(LGA) Local Government Academy	政府附属型	1988	国内政治
雅典耀大学经济研究与发展中心(ACERD) Ateneo Center for Economic Research and Development	大学附属型	1989	经济与公共政策
环境问题研究中心(CEC) Center for Environmental Concerns	自主独立型	1989	环境保护
国际关系与战略研究中心(CIRSS) Center for International Relations and Strategic Studies	政府附属型	1991	外交政策与国际事务
菲律宾战略和发展研究所(ISDS) The Institute for Strategic and Development Studies	自主独立型	1991	外交政策与国际事务
资源、环境和经济研究中心(REECS) Resources, Environment, and Economics Center for Studies	自主独立型	1992	环境与自然资源
拉斯阿利安发展与教育研究所(LIDER) Lasallian Institute for Development and Educational Research	大学附属型	1993	教育
德拉萨大学杨应琳研究中心(YC) Yuchengco Center, De La Salle University	大学附属型	1994	外交政策与国际事务
政治与治理研究所(IPG) Institute for Politics and Governance	自主独立型	1994	国内政治
亚洲管理研究所里扎利诺·纳瓦罗竞争力政策研究中心(AIM-RSN PCC) Asian Institute of Management Rizalino S. Navarro Policy Center for Competitiveness	自主独立型	1996	经济政策

续表

智库名称	性质	成立年份	研究领域
特波提巴土著人民国际政策研究和教育中心(Tebtebba) Tebtebba-Indigenous Peoples' International Centre for Policy Research and Education	自主独立型	1996	国际发展
社会变革环境科学研究所(ESSC) Institute of Environmental Science for Social Change	自主独立型	1997	环境与社会
儿童健康与人类发展研究所(ICHHD) Institute of Child Health and Human Development	大学附属型	1999	儿童健康与发展
亚洲脉搏调查公司(Pulse Asia) Pulse Asia Research, Inc.	准独立型	1999	社会调查
La Liga政策研究所(LLPI) La Liga Policy Institute	自主独立型	2000	社会政策
雅典耀大学政府学院政策中心(APC) Ateneo Policy Center, Ateneo School of Government	大学附属型	2001	国内政治
德拉萨大学杰西·罗布雷多治理研究所(JRIG) Jesse M. Robredo Institute of Governance, De La Salle University	大学附属型	2001	国内政治
公共亚洲公司(Publicus Asia) Publicus Asia, Inc.	自主独立型	2003	国内政治
人民赋权治理研究中心(CenPeg) Center for People Empowerment in Governance	自主独立型	2004	国内政治
阿尔伯特·德尔罗萨里奥战略与国际研究所(ADRi) The Stratbase-ADR Institute for Strategic and International Studies	自主独立型	2004	外交政策与国际事务
布拉斯·奥普尔政策研究中心(Ople Center) Blas F. Ople Policy Center	自主独立型	2004	社会政策
能源、生态与发展中心(CEED) Center for Energy, Ecology and Development	自主独立型	2015	环境与自然资源
战略发展研究所(SDRI) Strategia Development Research Institute	自主独立型	2017	社会政策

注:黑体标注的智库为上榜美国宾夕法尼亚大学“智库与公民社会项目”发布的《2020年全球智库年度报告》中“南亚、东南亚及太平洋地区(不包括印度)顶级智库”排行榜的6家菲律宾智库。

第二章
柬埔寨智库及其对国家治理和区域治理的贡献

内战之后,柬埔寨智库在政府支持下开始发展。在发展过程中,柬埔寨智库不仅呈现出发展速度与水平并行提高的趋势,还体现出政府导向与独立自主相结合、研究领域多样化的特点。柬埔寨智库在国家治理与区域治理中发挥了积极作用。在国内政治、经济、社会文化等问题上,柬埔寨智库积极为柬埔寨政府提供政策性建议。在东盟地区与大湄公河次区域层面,柬埔寨智库主动为促进区域治理发出"柬言"。

智库作为全球化时代的新兴行为体,在国际关系中的作用越来越不可忽视。虽然柬埔寨政府在内政外交决策方面处于核心地位,但柬埔寨智库在其中也发挥了一定作用。瑞士和平组织高级研究员朱莉·伯纳斯(Julie Bernath)认为:"柬埔寨智库优化了柬埔寨的知识生态,对柬埔寨政府的政策制定有一定影响力。"[①]美国宾夕法尼亚大学《2020年全球智库年度报告》显示,截至2020年,柬埔寨共有14家智库,其中,柬埔寨合作与和平研究所(Cambodian Institute for Cooperation and Peace,CICP)、柬埔寨发展资源研究所(Cambodia Development Resource Institute,CDRI)、柬埔寨经济研究所(Economic Institute of Cambodia,EIC)、柬埔寨资源收入透

---

① Julie Bernath, "Annex-strengthening knowledge ecosystems: Cambodia case study", *Swiss Peace*, November 15, 2021.

明度研究所(Cambodians for Resource Revenue Transparency, CRRT)、亚洲愿景研究院(Asian Vision Institution, AVI)等智库在柬埔寨国家治理中发挥重要作用的同时,也有着一定的区域和国际影响力。[①]对柬埔寨智库的研究有利于深化对柬埔寨政治运行模式的认识,科学预测柬埔寨行为,加强中柬双边关系。

一、柬埔寨智库发展历程

柬埔寨虽于1953年独立,但之后经历了长达30年的内战,国内政治不稳定,政权更迭频繁,直至20世纪90年代初,柬埔寨社会才趋于稳定,经济发展开始走向正轨。国内政治趋于稳定后,社会发展各方面诉求不断涌现,柬埔寨政府开始在政府以外的信息来源寻求非正式建议,柬埔寨智库正是顺应了此时的发展潮流,不断涌现并有所发展。

从时间范围来看,1990年以来,柬埔寨智库总体平稳发展,并未出现大规模的"智库热"。该时期的智库研究方向集中于柬埔寨和平与发展的需要,如1993年成立的柬埔寨合作与和平研究所注重向政府提供国内发展的政策性建议,政策导向性明显。此外,这一时期柬埔寨政府积极支持柬埔寨智库的发展,以1990年成立的柬埔寨发展资源研究所为例,其研究特色为"经济发展与援助",得到了柬埔寨各级政府的重视与支持。政府与智库密切合作,支持智库各方面的活动,甚至为智库发展提供相应指导。[②]

进入21世纪,随着国际格局的不断变化,东南亚的地缘政治地位愈发突出,东南亚次区域如大湄公河流域地区的合作深化。在这一大背景下,柬埔寨智库不仅面向柬埔寨国内发展需要,同时关注次区域、区域及国际合作问题,力求实现研究领域的全面发展。一方面,原有智库的研究方向趋向多元化,研究重点从政治、经济领域拓展至政治、经济、社会、文化等多领域。另一方面,以2003年建立的柬埔寨经济研究所与2008年成

---

① James G. McGann, "2020 Global Go To Think Tank Index Report", *TTCSP Global Go To Think Tank Index Reports* 18, 2021.

② 柬埔寨发展资源研究所, https://CDRI.org.kh/page/our—history2。

立的柬埔寨资源收入透明度研究所为例，这些新型智库关注网络安全等非传统安全问题及数字经济等新兴领域的同时，更加主动地面向国际，争取国际援助。此外，诸如柬埔寨合作与和平研究所等柬埔寨智库也逐渐呈现去官方化趋势，更加强调其作为非国家行为体的独立自主性，自主开展国际合作与交流。

总体而言，智库作为当前柬埔寨重要的社会力量，顺应了柬埔寨发展的需要及区域和国际形势的变化，在一定程度上推动了柬埔寨国家发展，也促进了柬埔寨融入区域化与全球化的进程。

二、柬埔寨智库的特点

智库研究有其自身特点，充分了解和把握这些特点，有助于加深对智库研究和智库成果的认识。[①]就目前来看，由于柬埔寨智库发展受政府的大力支持，因此柬埔寨智库在发展中体现出政府主导与独立自主相结合的特点。同时，出于柬埔寨社会全面发展的需要，柬埔寨智库的研究方向呈现多元化的特点。

（一）政府导向性与独立自主性相结合

在20世纪90年代智库发展初期，柬埔寨政府对智库给予了帮助和支持，智库也基本上服务于政府需要。时至今日，柬埔寨智库的研究方向仍具有强烈的政府导向性，在政治、经济、社会、文化等政府治理领域为政府建言献策，这既是柬埔寨智库发展初期与政府关系密切的惯性沿袭，也是柬埔寨智库的职能所在。如柬埔寨发展资源研究所等智库，其主要任务便是聚焦经济发展、科技创新、文化建设、民生福祉、生态环境、社会治理等方面，在这些领域开展持续研究，为政府决策提供有效智力支持。同时，柬埔寨智库在发展中也体现了自身的独立自主性。目前，柬埔寨智库逐渐摆脱其在90年代完全受政府指导的局面，培养出独立的运行团队、

① 王化冰：《健全智库成果转化及评价体系》，《中国社会科学报》第2433期，2022年6月23日。

完善组织架构、制定详细计划、积极与国际社会接轨。

(二)研究方向多元化,形成一定研究特色

随着国内外形势的变化,柬埔寨智库的研究领域越来越全面。在政治上,柬埔寨智库关注人权、青年领袖问题;在经济上,注重可持续发展问题,积极争取国际援助,发展国际贸易;在社会文化上,重视教育问题和科技创新。各智库在人权、创新、新兴经济等领域有不同的看法,并且在关注国内发展的同时,有效兼顾地区和国际对话与合作。比如,柬埔寨合作与和平研究所擅长就安全、经济、国家发展等问题,推动政、企、学界展开国内和区域性对话。[①]柬埔寨发展资源研究所通过在农业与农村发展、经济与贸易发展、教育与创新、自然资源与环境、治理与包容性社会这五个方面开展独立政策研究,为促进柬埔寨的可持续发展贡献了一定力量。[②]亚洲愿景研究院设立了湄公河战略研究中心、治理创新与民主研究中心、可持续发展研究中心、文化与和平研究中心、包容性数字经济研究中心等多个中心,旨在切实解决柬埔寨发展的具体问题。[③]可见,柬埔寨智库的研究方向呈多元之势,并以促进柬埔寨发展为主要研究目标。

与此同时,柬埔寨智库也存在各自的研究偏好,重点关注某一问题,形成了一定的研究特色。比如,亚洲愿景研究院集中关注大湄公河流域及东南亚问题,柬埔寨经济研究所注重柬埔寨经济与全球化的联系,柬埔寨发展资源研究所的研究重点在于柬埔寨的可持续发展,柬埔寨合作与和平研究所重点关注柬埔寨外交事务。这些各具研究特色的智库也取得了一定的成绩,如柬埔寨合作与和平研究所在"南亚与东南亚最佳智库"榜中排名第32位,在"具有杰出政策导向性智库"榜中排名第82位;柬埔寨发展资源研究所在"南亚与东南亚最佳智库"榜中排名第46位,在"最佳治理智库"榜中排名第49位;柬埔寨资源收入透明度研究所在"透明度与良治智库"榜中排名第17位。

---

① 柬埔寨合作与和平研究所,https://CICP.org.kh/who-we-are/。

② 柬埔寨发展资源研究所,https://CDRI.org.kh/page/about—CDRI。

③ 亚洲愿景研究院,https://www.asianvision.org/centres。

三、柬埔寨智库对国家治理的贡献

柬埔寨智库关注政治、外交、经济与社会文化等各个方面，并且均有较深入的研究，这为政府提供了参考性意见，促进了柬埔寨的发展。

（一）关心国家内政问题

受内战历史及和平思想的影响，柬埔寨智库对国内政治问题的关注度较高。柬埔寨自独立以后，政权更迭频繁，长期陷入内战当中，甚至出现“红色高棉”大屠杀事件，国内政治氛围较为压抑。到和平时期，随着柬埔寨逐渐与国际社会接轨，受民主化思潮影响，民众维权意识日益高涨。在此情况下，柬埔寨智库开始对政治参与、人权等问题密切关注。在政治参与问题上，柬埔寨智库向政府建议应提高政府官员和公众对公共政策的知情权，关注青年政治领袖问题。如柬埔寨发展资源研究所在《柬埔寨青年政治知识和参与的意见》中认为，随着社会经济的发展，柬埔寨青年的政治知识更加丰富，政治参与感也更强烈。[①]亚洲愿景研究院下属的治理创新与民主中心更是向政府推出了“青年政治领袖方案”（Young Political Leaders Program），旨在为柬埔寨各政党的年轻政治领袖提供一项创新培训方案——通过政府改革和体制改革，并将人工智能等高新技术作为政策分析工具，提供具体数据，以推动长效治理、促进公民参与。[②]在人权问题上，柬埔寨智库主要关注妇女、儿童的人权问题。柬埔寨合作与和平研究所在《柬埔寨的人权与土地权利》中建议将人权与土地权结合，考察柬埔寨土地政策对人权的影响。该研究所认为这能加深政府对土地政策落实的认识，加强柬埔寨边缘化人群的土地安全。[③]

---

① Yang Monyoudom, Leang Seakleng and So Hengvotey, “Understanding Political Knowledge and Participation of Cambodian Youth”, *Cambodia Development Review*, Vol. 24, Iss. 1, March 2020, pp. 7-13.

② 亚洲愿景研究院，https://www.asianvision.org/centres。

③ Alice BEBAN and POU Sovachana, “Human Security and Land Rights in Cambodia”, Cambodian Institute for Cooperation and Peace, https://cicp.org.kh/publications/human-security-and-land-rights-in-cambodia/.

（二）关切国内经济发展

柬埔寨曾是世界上最不发达的国家之一，直至2016年7月1日，世界银行才宣布柬埔寨正式脱离最不发达国家行列，成为中等偏下收入国家。柬埔寨经济的四大支柱为旅游业、加工业、建筑业和农业。由于多年来受到战争等因素的影响，柬埔寨的经济发展相对缓慢。近年来，随着政局趋于稳定，柬埔寨大力推动旅游业等支柱产业的发展，成功吸引了中国、韩国、日本等国家投资进驻，成为东南亚的新兴投资点之一。经济发展是柬埔寨和平以来最主要的发展问题，也是众多智库关注的重点。

柬埔寨发展资源研究所下属的农业与农村发展政策研究中心致力于解决农业领域的关键性问题，包括食品安全、农业价值链、农业可持续性发展和农村生计改善等问题。该机构发布《柬埔寨农产品贸易：结构、新潜力、新冠疫情的挑战与影响》报告认为，尽管新冠疫情对柬埔寨的农业部门并没有造成太大影响，但建议柬埔寨政府应在全球范围内探索更多潜在市场，扩大农产品出口。[①]柬埔寨发展资源研究所下属的另一研究中心——发展经济与贸易研究中心则提倡柬埔寨经济多样化，该中心在《大湄公河次区域青年、低技能和女工的就业前景》[②]报告中以性别和青年为主题，针对柬埔寨就业问题提出建议，并在《探索柬埔寨职业技能发展和工业转型的见解》[③]报告中就数字经济、职业技能培训等方面向柬政府提出意见。此外，对于"新冠疫情与经济发展"这一热点问题，柬埔寨发展资源研究所更是在其网站上开设"新冠疫情的研究与应对"（Covid-2019 Re-

① Sok Piseth, Yang Monyoudom and Houn Tynarath, "Cambodia's Agriculture-Food Trade: Structure, New Emerging Potentials, Challenges & Impacts of Covid-19", Department of Agricultural, Food, and Resource Economics, December 24, 2021.

② Vathana Roth, "Job Prospects for Youth, Low-skilled and Women Workers in the Greater Mekong Subregion", Greater Mekong Subregion Research Network, January 2019.

③ Veung Naron and Ven Seyhah, "Exploring Insights into Vocational Skills Development and Industrial Transformation in Cambodia", Cambodia Development Resource Institute, October 2021.

search and Respond)专栏,[①]对新冠疫情下的亚太地区数字化转型与普惠金融、包容性社会与发展等问题进行集中性研究,为柬埔寨政府提供了建设性建议。

亚洲愿景研究院下设的可持续发展研究中心重点关注柬埔寨可持续发展、环境管理及农村发展创新等问题,曾出版《柬埔寨到2050年实现脱碳之路》,对脱碳经济问题提出相关政见。[②]包容性数字经济研究中心重点关注数字经济发展,曾开办“数字谈话”(Digital Talk)系列讲座,讨论人工智能、数码时代、大数据等问题。[③]此外,亚洲愿景研究院还曾提出“TECHO 100 Villages”计划,为柬埔寨和亚洲的农村发展问题提出可供参考的解决方案。[④]

现实来看,柬埔寨智库作为重要的社会组织,是政府力量的重要补充,它们无一例外关注经济的可持续发展,从国内和区域两个层面促进经济发展,推动经济结构多元化和良性发展。

(三)关注国内文化与社会发展

近年来,柬埔寨政府愈发重视文化发展,并依托本国丰富的文化资源促进社会多元化发展。柬埔寨文化部曾在2014年开展“文化艺术行动计划”(2014 Culture and Arts Action Plan),以保护文化遗产,推动文化产业发展。[⑤]在政策影响下,柬埔寨智库纷纷响应号召,在社会文化领域向柬埔寨政府提出相关建议。

在文化问题上,亚洲愿景研究院曾推出“文化外交培训计划”(Cultural Diplomacy Training Program),旨在使参与者了解文化外交的起源和发

① 柬埔寨发展资源研究所,http://www.cdri.org.kh/covid19。

② Keo Piseth, Chheng Kimlong and Ngoun Kimly, “Cambodia's path towards decarbonization by 2050”, Asian Vision Institution, September 2021.

③ 亚洲愿景研究院,https://www.asianvision.org/digital—talk。

④ 亚洲愿景研究院,https://www.asianvision.org/programmes。

⑤ 柬埔寨文化艺术部,《2014年文化艺术行动计划》,http://www.mcfa.gov.kh/site/listsdoc/45。

展，并为柬埔寨文化外交做出贡献。[①]柬埔寨合作与和平研究所的《国家建设和民族认同——以德国为例》报告参考了德国促进国家认同的政策举措，认为在维护国家统一方面，拥有共同语言、文化和特殊的国家符号及集体的历史感等是塑造国家认同的重要因素，提出柬埔寨政府应从这些方面加以努力。[②]

在教育问题上，柬埔寨发展资源研究所的教育研究与创新中心针对柬埔寨的教育改革建言献策，在《新一代学校：解决柬埔寨长期无法提供优质教育的问题》报告中，该中心通过考察运营"新一代学校"的投资预算，向政府提出关于解决柬埔寨教育长远发展的举措。[③]同时，教育研究与创新中心在《全球知识社会中的柬埔寨中学后的教育和培训》中提出，研究发现由于全球知识社会的出现，柬埔寨政府有必要对柬埔寨的中学后的教育和培训系统（PSET）给予重视，以促进学生的未来职业化发展。[④]

在青年问题上，柬埔寨发展资源研究所民主治理与包容性社会中心在关于民间社会组织和青年公民参与的《柬埔寨的民间社会组织和青年公民参与》调查中发现，随着社会思潮的解放，柬埔寨青年出于不同目的加入不同组织，这些民间社会组织也积极鼓励青年参与公民活动，进而推动社会治理。[⑤]柬埔寨合作与和平研究所在对"红色高棉"时期在任官员的调查（《倾听红色高棉干部和当地居民的声音》）中发现，"红色高棉"时

① Eng Kokthay, "The Culture-Conflict Nexus and the Importance of Culture in Conflict Transformation", Avi Commentary, No. 1, 23 January, 2019.

② H. E. Amb. Joachim Baron von Marschall, "Nation Building and National Identity-the Case of Germany", The Cambodian Institute for Cooperation and Peace, April 6, 2016.

③ Vatana Chea Soklim Chen, "New Generation Schools: Addressing Cambodia's Chronic Inability to Deliver Quality Education", No. 60, May 3, 2021.

④ Eam Phyrom, Leng Phirom, Khieng Sothy and Song Sopheak (Eds.), "Cambodian Post-Secondary Education and Training in the Global Knowledge Societies", Cambodia Development Resource Institute, February 3, 2022.

⑤ Ang Len and Young Sokphea, "Civil Society Organisations and Youth Civic Engagement in Cambodia", CDRI, Working Paper Series No. 132, October 2021.

期的官员及其家属已较好融入当地社会，柬埔寨年轻一代对"红色高棉"印象较少，并认为柬埔寨社会需要达成社会共识，反省历史，避免历史重演。[①]

在自然资源与环境方面，柬埔寨智库近年重点关注气候变化问题，并将气候变化与其他议题如性别平等、贫困等联系起来。柬埔寨发展资源研究所自然资源与环境中心曾关注柬埔寨政府的气候变化项目，考察了该项目在贫困、性别、环境等方面的影响，在《政策建议：气候变化项目对柬埔寨的影响——脆弱性、贫困和性别》中提议，该项目应借助社会组织的力量，弥补政府不足；[②]同时还发布了《针对贫困和弱势群体的气候变化挑战：柬埔寨磅士威区的水和卫生项目案例》，向政府说明气候变化给弱势群体带来的不便。[③]总体而言，柬埔寨智库对社会文化的关注体现在文化、教育和自然环境等方面，覆盖较为全面。

四、柬埔寨智库对东南亚区域治理的贡献

东盟作为典型的地区安全复合体，是东南亚地区最重要的国际组织，也是东南亚国家协商和处理地区事务的重要平台。由于柬埔寨政府十分重视柬埔寨在大湄公河次区域与东盟的定位与发展，因此柬埔寨智库主要聚焦大湄公河次区域与东盟，通过出版学术研究成果、召开研讨会等方式，对东南亚区域治理做出贡献。

---

① Prof. Pou Sovachana, Pich Charadine, Dr. Bradley Murg, "Listening to Voices of the Khmer Rouge Cadres and the Local Residents", Cambodian Institute for Cooperation and Peace, September 1-3, 2017.

② Lonn Pichdara, Nong Monin, Duong Sivmuy and KEANG Saren, "Policy Recommendations: Impact of Climate Change Programs in Cambodia: Vulnerability, Poverty, and Gender", Cambodia Development Resource Institute, December 23, 2021.

③ Lonn Pichdara, Nong Monin, Chhaing Marong, Duong Sivmuy & Keang Saren, "Challenges of Targeting Poor and Vulnerable Groups to Reduce Climate Change Vulnerability: The Case of a Water and Sanitation Project in Kampong Svay District", Cambodia, *Springer Link*, January 1, 2022.

(一)为大湄公河次区域治理提供"柬言"

大湄公河次区域是中国与中南半岛国家合作的重要区域。对于柬埔寨而言,大湄公河次区域是柬埔寨经济发展的重要关切点,也是柬埔寨加强与他国交流合作、推动地区治理的重要支点。柬埔寨合作与和平研究所作为柬埔寨历史最悠久的外交政策智囊团,是柬埔寨开展第二轨道外交事务对话的主要平台,其代表性出版物为《大湄公河研究杂志》(JGMS)[①]和《外交简报》[②]。其中,《大湄公河研究杂志》第五卷考察了中美在湄公河的合作问题,新冠疫情、数字经济、气候变化对湄公河的影响,以及湄公河流域的水安全。[③]柬埔寨发展资源研究所曾提出"加强湄公河-澜沧江研究和政策对话计划"(Enhancing Mekong-Lancang Research and Policy Dialogue Program),重点关注湄公河-澜沧江国家的农业合作发展,提议建立湄公河次区域国家农业和农村发展智囊团网络,为促进湄公河-澜沧江国家对话提供政策建议。目前,该计划不仅拥有国家宣教与国际关系研究所(NIDI)、柬埔寨智慧大学(Paññāsāstra University of Cambodia)等国内成员,还吸纳了中国南方科技大学、国际水资源办公室(Office of the National Water Resources)等国际成员。柬埔寨合作与和平研究所以召开研讨会的形式,在2019年6月与2020年10月分别举办的"湄公河未来前景区域研讨会"与"湄公河可持续发展和未来网络研讨会"上,邀请柬埔寨和其他湄公河流域国家的专家学者共同探讨次区域面临的非传统安全与可持续发展问题。[④]

---

① 该杂志自2019年至今共有5卷,https://cicp.org.kh/cat/journal-of-greater-mekong-studies/。

② 该简报自2019年至今共有3卷,https://cicp.org.kh/cat/diplomatic-briefing/。

③ Ambassador Pou Sothirak, "Journal of Greater Mekong Studies", Cambodian Institute for Cooperation and Peace, Vol. 5, December 2021.

④ "Regional Workshop on Future Prospect of the Mekong River", Cambodian Institute for Cooperation and Peace, June 2019, https://cicp.org.kh/2019/06/14/regional-workshop-on-future-prospect-of-the-mekong-river-13-14-june-2019/; "Webinar on Sustainable Development and Future of the Mekong", Cambodian Institute for Cooperation and Peace, October 2020, https://cicp.org.kh/2020/10/27/webinar-on-sustainable-development-and-future-of-the-mekong-26-27-oct-2020/.

（二）为东盟治理发表“柬议”

2022年，柬埔寨担任东盟轮值主席国，致力于维护东盟基本原则的核心精神，引导东盟国家共同促进地区的和谐、和平与繁荣。[①] 值此契机，柬埔寨合作与和平研究所出版了《柬埔寨担任东盟主席：认知挑战与具体化整合》刊物，围绕东盟的地缘战略地位、东盟经济发展、东盟认同与特性、东盟教育等问题阐述柬埔寨任东盟轮值主席国后将采取的举措。[②] 同时，亚洲愿景研究院也出版了《柬埔寨2022年担任东盟主席国：优先事项和挑战》，主张进一步推动东盟地区共同体建设，在地缘政治上处理好东盟与中美日等大国的关系，优先解决东盟和平与发展等问题。[③]

柬埔寨合作与和平研究所、亚洲愿景研究院等智库积极组建或参与到地区论坛对话中，充分发挥在区域治理中的作用。2021年爆发的缅甸危机对东南亚地区安全构成持续挑战，如何尽量减少缅甸问题对东盟其他合作议程的干扰，采取有效措施缓解缅甸的人道主义压力，成为东盟的当务之急。[④]柬埔寨接任东盟轮值主席国后，尝试化解东盟与缅甸关系的僵局，力求在解决缅甸问题上取得突破。为配合政府行动，柬埔寨合作与和平研究所组织召开多次研讨会，如2021年6月的“处于十字路口的东盟：培养解决区域问题的集体力量”研讨会、2022年4月的“柬埔寨2022年担任东盟主席国：期待与可能性”主题研讨会，以及2022年6月的“缅甸在联合国的代表”网络研讨会，呼吁所有东盟成员国支持柬埔寨以和平方式与缅甸方接触，达成“东盟五点共识”。[⑤]

---

①《柬埔寨担任东盟轮值主席国将积极开展优先事项》，《亚太时报》2022年1月3日，https://www.ap-times.com/home/news/0/6/5332.html。

② PICH Charadine, “Cambodia's Chairmanship of ASEAN: Challenging Perceptions, Concretizing Consolidations”, Cambodian Institute for Cooperation and Peace, November 2021.

③ Leng Thearith, Cheunboran Chanborey etc. “Cambodia's ASEAN Chairmanship in 2022: Priorities and Challenges”, Asian Vision Institute and Konrad-Adenauer-Stiftung, 2021.

④ 鲍志鹏：《缅甸危机长期化及其对东盟的影响》，《印度洋经济体研究》2022年第3期。

⑤ “Cambodia's 2022 ASEAN Chairmanship: Expectations and Possibilities”, https://www.facebook.com/cicp.org.kh/videos/741899910090259.

在缅甸危机以外的东南亚区域治理问题上，柬埔寨智库秉持沟通协调的发展观念，共同探讨地区治理的方法。自2012年起，和平与冲突研究中心（CPCS）每年都会举办“和平实践者研究会议”（Peace Practitioners Research Conference），吸引亚洲地区的政要、学者等前往，共同探讨地区和平发展问题。亚洲愿景研究院多次联合邻国智库开展“亚洲愿景对话”（Asian Vision Dialogue），内容涉及“印太经济框架”（IPEF）、《区域全面经济伙伴关系协定》（RCEP）等多个地区性主题，从区域治理的全局和长远利益出发，表达见解、提出建议。[①]

可以看出，出于柬埔寨发展的需要，柬埔寨合作与和平研究所、亚洲愿景研究院等智库通过将柬埔寨国内问题与区域问题结合起来，不仅能在一定程度上有效解决柬埔寨的发展问题，还在双边关系、次区域、区域层面上为东南亚治理做出了一定贡献。

五、结语

作为柬埔寨政府大力推动发展的新兴机构，柬埔寨智库发展方兴未艾，其未来走向如何仍待进一步观察。柬埔寨是中国重要的战略伙伴，基于中国自身发展的需要，我们必须重视柬埔寨智库这一行为体的重要作用。一方面，要充分认识到柬埔寨智库对于柬埔寨国家治理及大湄公河次区域、东南亚区域治理的贡献，客观评价智库的影响。另一方面，要加强与柬埔寨智库的沟通对话，建立中柬智库常态化交流机制。

同时，柬埔寨智库的发展也可以给中国智库的发展提供一定经验。第一，要大力推进民间智库的建设，理顺智库与政府部门的关系。柬埔寨智库在发展初期虽受益于政府大力支持，但进入21世纪以来也越来越强调自身独立性，强调作为社会独立机构的责任。中国智库的现代化需要大力推进民间智库建设，并在政策上和对智库的宏观管理上做出重大革新，促进中国智库适应新时代的发展。第二，要加强智库专业化建设，完

① 亚洲愿景研究院，https://www.asianvision.org/asian-vision-dialogue。

善智库的管理体制。可以看到，柬埔寨智库虽然研究领域日趋多样化，但整体上同质性明显，不可避免地造成了一定程度的资源浪费。第三，加强国际交流与合作，提高国际化程度。柬埔寨智库在着重关注国内问题的同时，积极融入大湄公河次区域和东盟地区合作，将区域问题和国内问题相结合，不仅有利于更好地解决国内、区域问题，也能够提升智库知名度，提高国家软实力。中国智库在发展的同时要加强与各方面的交流，逐渐融入全球化进程中，努力树立自己的良好形象和公信力。

附表　柬埔寨智库基本情况表

智库名称	性质	成立年份	研究领域	重点关注区域
柬埔寨发展资源研究所(CDRI) Cambodia Development Resource Institute	自主独立型	1990	农业与农村发展、经济与贸易、教育与创新、自然资源与环境、治理与包容性社会	柬埔寨
亚洲愿景研究院(AVI) Asian Vision Institution	自主独立型	1991	治理创新、可持续发展、文化与和平、包容性数字经济	柬埔寨 湄公河流域 东南亚 东亚
柬埔寨合作与和平研究所(CICP) Cambodian Institute for Cooperation and Peace	自主独立型	1993	公共政策、人权、区域与国际合作、国内发展	东南亚 东亚
柬埔寨经济研究所(EIC) Economic Institute of Cambodia	自主独立型	2003	国内经济与全球化	柬埔寨
学习学院(LI) The Learning Institute	自主独立型	2005	环境保护、可持续发展、农业	柬埔寨
和平与冲突研究中心(CPCS) Centre for Peace & Conflict Studies	自主独立型	2008	防卫、安全与和平、领导力转型	东南亚 东亚 南亚
柬埔寨资源收入透明度研究所(CRRT) Cambodians for Resource Revenue Transparency	自主独立型	2008	可持续发展、公民参与、采掘业透明度	柬埔寨

续表

智库名称	性质	成立年份	研究领域	重点关注区域
吴哥研究与咨询有限公司 Angkor Research and Consulting, Ltd.	自主独立型	2013	安全与防卫、环境保护与可持续发展、治理与透明度	柬埔寨
大湄公河研究中心(GMRC) Greater Mekong Research Center	自主独立型	2017	经济转型、青年政治参与	大湄公河流域

第三章
老挝智库及其对国家治理和区域治理的贡献

老挝智库的发展大致呈现“筑基—萌芽—发展”三个阶段，在发展过程中，老挝智库形成了首都集聚、政府智库居多与研究集中在经济技术领域的特点。老挝智库主要通过参与地区对话论坛和参加地区治理网络建设两种方式对东南亚区域治理产生影响。在国家治理层面，老挝智库通过产出学术成果与创建对话平台，为国家治理做出一定贡献。

相较东南亚地区的印尼、新加坡、泰国等国而言，相对落后的老挝的智库建设起步晚、发展速度较慢。但近些年，随着老挝国家发展及地区合作的深化，老挝政府愈发重视智库的专业化发展，老挝智库的发展势头也处于上升趋势。据《2020年全球智库年度报告》，截至2020年，老挝国内有4所智库，其中，工贸经济研究所（Economic Research Institute for Industry and Trade，ERIT）列东南亚地区智库排名第109位，这是老挝智库首次出现在榜单上。为了更好地理解老挝智库在国家治理和区域治理中的作用，本章将首先介绍老挝智库的发展历程，概括老挝智库的特点，而后对其主要活动进行梳理和概括，并分析其在东南亚区域治理和国家治理中的作用。

一、老挝智库的发展历程

根据老挝智库的数量变化及发展过程中的一些特征，可将老挝智库的发展大致分为三个阶段。

（一）筑基期：1975—1989年

美国学者约翰·坎贝尔（John Campbell）与奥韦·皮特森（Ove Kaj Pedersen）曾指出："智库发展受政治体制、经济体制和历史文化的影响。"[①]受特殊的国情影响，在这一阶段，老挝虽未成立智库，但在国内已形成了一定的建设基础。

1945年，老挝宣布独立，随后便陷入长期的内战。直到1975年，老挝国内的共产主义组织推翻君主制政权建立起老挝人民民主共和国，确定老挝人民革命党为唯一执政党后，才为老挝的进一步发展创造了和平稳定的政治环境。1986年，老挝人民革命党确立以经济体制改革为先的革新路线，认为老挝要"继续建设和完善国家制度，为逐步迈向社会主义创造基本要素"[②]。随着革新开放的不断深入，老挝的生产关系不断完善，商品经济与市场经济水平有所提升，但这一经济发展模式的困境也不断显现：老挝的经济政策严重依赖自然资源开采和资本密集型产业。尽管这种狭隘的增长政策在过去几十年带来了持续的经济增长，但这一政策并未创造太多的就业机会，同时产生了大量的公共债务。因此，为摆脱发展困境，开发社会资本尤其是人力资源，建立自己本土智库的想法逐渐在老挝政界萌生，老挝政府希望通过建立起成熟可靠的智囊型研究机构，为国家发展战略的制定提供更加科学可行的意见与建议。

（二）萌芽期：1989—1997年

在老挝政府的支持下，1989年，老挝国家工商会（Lao National Chamber of Commerce and Industry，LNCCI）成立，这是老挝首个具有智库属性的机构，也是老挝最大和最具代表性的商会，目前在老挝万象直辖市及17个省的商业协会和团体拥有超过4000名成员。

---

① Campbell J. L., Pedersen O.K., "Knowledge Regimes and the National Origins of Policy Ideas", *Introductory Chapters*, 2014.

② 海贤、罗琴：《老挝革新开放以来社会主义建设的成就与经验》，《东南亚纵横》2020年第3期。

1997年7月，老挝正式加入东盟。为尽快适应并融入东盟市场，老挝国家计划委员会（State Planning Committee）成立了老挝国家经济研究中心（National Economic Research Institute，NERI），服务于老挝国家经济建设的实际需要，在国家经济的框架下研究不同的经济议题，为老挝社会经济发展提供决策咨询和智力支持。

（三）发展期：1997年至今

从20世纪90年代后半期开始，老挝经济陷入严重的金融失衡状态，特别是1997年亚洲金融危机的发生使老挝的经济形势不断恶化，[①]老挝货币基普大幅贬值，经济遭受重创。对此，老挝政府积极采取措施，努力摆脱金融危机造成的种种困难，而建设智库就是措施之一。1999年，老挝工商业部（Ministry of Industry and Commerce）牵头成立了工贸经济研究所，旨在为老挝工商业部和其他部门的政策制定提供相关研究基础。同时，该智库持续组织学者培训班等定期培训活动，为老挝经济研究领域培养高端人才。

2000年，老挝国立大学社会科学院下属的社科系（Faculty of Social Sciences of National University of Laos，FSS）作为智库机构正式独立，对外活动名称为老挝国家社会科学院。作为高校智库，老挝国家社会科学院致力于发挥高校人才跨学科、多背景的特色，通过提供高等教育、实习岗位等多种形式培养青年学者，在智库与高校之间形成人才流动与可持续培养发展，同时为未来社会科学、文化艺术等领域输送高学历人才。

综观老挝智库的发展历程，可以看出其总体呈现出“筑基—萌芽—发展”的发展形态。在第一阶段，老挝致力于探索具有国家特色的社会主义发展模式，重点放在经济领域，催生了对科学人才的培养并加强了对智库建设的重视。第二阶段中，由于刚起步发展，老挝智库尚未找准自身定位，且智库人才的培养存在周期性，因此在这一阶段，老挝智库的发展步伐较为缓慢。到第三阶段，老挝加强了对外开放力度，为智库的发展提供

① 志荣：《老挝经济社会发展现状与对策建议》，《东南亚纵横》2006年第1期。

了相关资金支持，如工贸经济研究所的“定期研究论坛”与“国家研究论坛”的成果出版就得益于“贸易发展基金项目”（Trade Development Facility）的支持。此外，老挝还设立了专门的国家研究基金（National Research Funding），鼓励老挝智库开展持续性的知识生产。在良好的国内外环境促成下，老挝智库得以进一步发展。

二、老挝智库的发展特点

老挝智库在其发展过程中形成了一些特点，具体体现在三个方面：一是首都集聚性；二是以政府智库和大学智库为主，除了老挝国家工商会外暂无独立智库；三是智库的研究主要集中于经济、技术和自然科学领域，其他研究领域的成果还相对较少。

（一）首都集聚性

老挝人民民主共和国，地处中南半岛北部，面积23.68万平方公里，人口96.9万（2021年），首都即最大城市为万象。从智库的地理位置来看，老挝现有的4所智库均位于首都万象，形成了首都集聚性的特征。首都集聚性的好处在于，一方面，智库集聚度与政治、经济资源集聚度高度一致，有利于智库靠近决策中心，贴近决策者需求，促进决策咨询需求与智库思想产品供给的双向融合，使得智库平台资源、知识资源、经费投入、数据库建设等多种发展要素条件能够得到满足；另一方面，在智库协同创新上，通过中央需求的驱动与调控措施的作用，智库能够形成更加明确的定位、发展规划与管理制度。[①]

（二）政府智库居多，独立性较弱

从隶属形态上看，只有老挝国家工商会完全独立，工贸经济研究所和老挝国家经济研究中心都隶属于政府。至于老挝国家社会科学院，其虽然是高校智库，但其上属机构老挝国立大学作为公立大学，经常需要接受

① 李瑞：《地方智库协同创新模式形成与发展研究》，吉林大学博士学位论文，2019年，第59~60页。

政府的大量资助，为政府项目服务，因此老挝国家社会科学院更像是大学内部架设的政策研究中心，通过生产科学知识、收集分析公共政策信息，为老挝培养实践型智库人才。

作为政府智库，工贸经济研究所和老挝国家经济研究中心主要根据老挝人民革命党的路线、国家社会经济发展计划等老挝国家重要发展战略，来制定自己的研究方向与研究计划。这种特点的好处在于，智库的工作围绕政府政策展开，所提建议与意见被政府认可与采纳的可能性高，也有利于扩大自身影响，但弊端在于知识的生产、审议和评估与主流话语保持高度一致，这在一定程度上削弱了智库的独立性，使得智库研究人员鲜能提出自己独立的政策主张，特别是具有前瞻性的主张。

（三）智库的研究领域主要集中于经济、技术领域

老挝为发展中国家，经济发展是老挝的发展重心，农业则是其经济的支柱性产业，在21世纪初，农业部门创造了老挝近一半的国内生产总值。近年来，为了实现经济的可持续发展，老挝政府转向寻求提高土地、渔业、森林等自然资源的利用效率。为服务于国家发展需要，目前老挝4所智库的研究领域主要集中于经济、技术领域，这从老挝智库的命名——老挝国家工商会、工贸经济研究所、老挝国家经济研究中心与老挝国家社会科学院，便可窥知一二。

其中，作为高校智库，老挝国家经济研究中心依托老挝国立大学，以提供短期培训项目为主，旨在为老挝经济建设培养本土技术人才。例如，老挝国立大学曾与澳大利亚国际农业研究中心（ACIAR）签订合作协议，[①]为部分老挝人才提供在澳大利亚大学或老挝国立大学及其他研究机构继续深造的机会。此外，法国研究与发展研究所（IRD）曾在老挝开展跨学科研究项目，旨在与老挝共同开展科研活动，合作培养学生和青年研究人员。[②]而老挝国家工商会作为政府与企业之间的纽带，通过举办研讨会、

① Australian Centre for International Agricultural Research, www.Aciar.gov.au.

② http://www.ird.fr/laos.

商务会议等方式，积极协助政府制定和调整商业政策及法律法规、调节政企关系、创造良好的国内营商环境等。

三、老挝智库对东南亚区域治理的贡献

老挝智库主要通过两种方式对东南亚区域治理做出贡献：一是智库代表参加中国-东盟智库战略对话论坛，加强与战略合作伙伴的互动交流，推动区域合作的开展；二是参与地区治理网络建设，在区域治理问题上发出老挝的声音。

（一）参与中国-东盟智库战略对话论坛，推动区域治理的合作

中国-东盟智库战略对话论坛自2008年开始举办，至今已成功举办了13届，论坛不仅为老挝智库与中国及东盟各国智库的交流合作提供了广阔空间，同时也给予了老挝智库一个发声的平台，为中国-东盟关系的进一步发展献计献策。2019年，恰逢中国与东盟建立战略伙伴关系16周年，也是中老建立全面战略合作伙伴关系10周年，老挝国家社会科学院副院长恩格西维丽(Amphivean Kadus Engelseviri)在"第十二届中国-东盟智库战略对话论坛"发言中指出，中老两国有着长久的传统友谊，未来，老挝将与中国在发展传统友谊的基础上加强彼此的交流互动。同时，与会的老挝国家社会科学院院长助理宋吉·苏格萨瓦(Songye Suksawa)也表示，老挝智库作为东盟国家智库机构的一部分，将持续发挥智库外交的作用，以智库合作助推中国—东盟合作。[①] 2021年12月，在"第十三届中国—东盟智库战略对话论坛"中，与会专家学者围绕"区域全面经济伙伴关系协定背景下中国—东盟合作的新机遇和新未来"主题，分别就"'双循环'新发展格局下中国—东盟合作的机遇与未来""后疫情时代中国—东盟合作的机遇与挑战""中国—东盟绿色经济与可持续发展

---

① 云倩：《第十二届中国—东盟智库战略对话论坛会议综述》，《东南亚纵横》2019年第6期。

合作”“深化中国—东盟数字经济合作”等议题进行了研讨。[①]其中，老挝智库参与到了数字经济、绿色可持续发展和公共卫生安全等重要议题的研讨当中，为构建更为紧密的中国—东盟命运共同体贡献了老挝智库的力量。

（二）参与地区治理网络建设

老挝智库参与地区治理网络的建设主要是通过加入智库联盟的方式。智库联盟是智库与其他不同类型的一家或多家智库、研究机构等共同组成的联盟，联盟有明确的研究目标，通过建立交流合作、联合研究课题、数据资源共享的协同创新管理制度，推动智库建设和提升智库成果质量，提升智库影响力，逐步扩展智库的发展空间。[②]

在2022年4月21日举行的博鳌亚洲论坛之“全球自由贸易港发展论坛”上，“海南自由贸易港—东盟智库联盟”正式成立。这一智库联盟由印尼战略与国际问题研究中心（CSIS）、中国（海南）改革发展研究院（China Hainan Reform and Development Research Institute）等9个亚洲国家的17家智库和相关学者发起，是连接亚洲各国和中国的重要学术网络与合作研究平台，通过举办论坛和活动、建立信息共享机制等方式，促进地区之间的战略对接、政策协同和经验互鉴。[③]对此智库联盟，老挝、印尼、柬埔寨等东盟国家纷纷积极响应，鼓励本国智库参与其中，为加强中国与东盟的全面战略合作汇聚智力支撑。

作为老挝多轨外交的平台之一，老挝国家社会科学院与各国政府、领

---

①《第十三届中国—东盟智库战略对话论坛在广西南宁成功举办》，中国日报中文网，2021年12月15日，https://gx.chinadaily.com.cn/a/202112/15/WS61b9c538a3107be4979fd41b.html。

② 李瑞：《地方智库协同创新模式形成与发展研究》，吉林大学博士学位论文，2019年，第87页。

③《海南自由贸易港—东盟智库联盟正式成立》，新华网，2022年4月21日，http://www.news.cn/world/2022—04/21/c_1128583304.htm。

导人交往频繁，同时它也是大湄公河次区域学术研究网络（GSARN）[①]和东盟大学网络（ASEAN University Network，AUN）[②]的合作伙伴，为大湄公河次区域建设贡献老挝之智。此外，老挝国家社会科学院与中国云南省社会科学院老挝研究所互动、合作密切。2010年9月，老挝国家社会科学院学者到访中国，与云南省社会科学院院长纳麒、副院长王文成进行交流座谈，就干部培训、少数民族研究、发展战略研究、扶贫问题研究等话题，老挝方表达出与中方建立合作机制、进一步深化合作的意愿。[③]2012年，云南省社会科学院副院长杨福泉访问老挝，与老挝国家社会科学院研究人员就地区旅游开发与环境、文化保护等问题进行交流。[④]2018年9月，云南省社会科学院副院长王文成率课题组赴老挝调研，并与老挝国家社会科学院领导进行了座谈交流，双方在座谈会上就两院的人才培养合作进行了深入交流。[⑤]

四、老挝智库对老挝国家治理的贡献

老挝智库在国家治理体系中发挥着重要作用，虽然各智库的研究重点不同，但从总体上看，现阶段老挝智库主要从提供学术成果、创建对话平台等方式对老挝国家治理做出贡献。

---

① 大湄公河次区域学术研究网络是一个对大湄公河次区域开展研究的智库联盟，旨在共享大湄公河地区生产的信息和知识，以加强相关地区国家之间的技术联动，促进大湄公河次区域社会经济的发展。目前，该网络的正式伙伴国有柬埔寨、中国、老挝、缅甸、泰国与越南六个国家，涉及十多个大学或智库，老挝国家社会科学院是其合作伙伴之一。

② 东盟大学网络成立于1995年11月，是一个由东盟成员国建立的亚洲大学联盟，旨在通过加强东盟高校之间的合作，促进东盟各国科学家、学者之间的合作，加强东盟国家学术型专业人才的人力资源开发。

③《老挝国家社会科学院学者与我院学者举行交流座谈》，云南省社会科学院，2010年9月21日，http://www.sky.yn.gov.cn/dtxx/ynxx/05382908895201014544。

④《我院杨福泉副院长一行访问老挝国家社会科学院并签订合作协议》，云南省社会科学院，2012年7月4日，http://www.sky.yn.gov.cn/dtxx/ynxx/11535979017529197 89。

⑤《云南省社会科学院王文成副院长率课题组赴老挝调研》，云南省社会科学院，2018年10月16日，http://www.sky.yn.gov.cn/jgsz/yjys/lwyjs/scjx/07271690161065744974。

（一）学术成果献智国家治理

在学术成果产出上最为丰富的是工贸经济研究所与老挝国家经济研究中心，它们主要是通过献智于国家公共政策与经济计划为国家治理做出贡献。

工贸经济研究所以论坛的形式将不同议题在定期研究论坛（Regular Research Forum）、国家研究论坛（National Research Forum）或国际研究论坛（International Research Forum）上进行讨论，讨论后形成公开的政策建议或总结报告。目前，工贸经济研究所公开的论文汇总出版物有《定期研究论坛总结》《老挝贸易研究文摘》和《国际和国家贸易研究论坛总结》。其中，《定期研究论坛总结》每两个月就会收集12篇研究论文进行一次集结出版。《国际和国家贸易研究论坛》第一卷于2013年5月出版，功能与《定期研究论坛总结》相似。而《老挝贸易研究文摘》则分别于2010年12月与2011年6月出版了第一卷和第二卷，第二卷主要研究了东南亚转型经济体老挝的对外贸易结构，认为“老挝在很大程度上遵循新古典主义工业化道路，政府采取适当的工业和贸易政策有利于老挝出口多样化和发展高附加值商品”[①]。

上述出版物通过关注老挝经济政策发展、分析国内外贸易状况，为老挝政府的有效治理提供了宝贵建议。例如，在2009年的《定期研究论坛总结》中，报告《大湄公河次区域区域一体化的政治经济学——利益相关者的分析》中在对区域一体化的利益攸关方、经济走廊项目的利益攸关方等进行整体分析后，为老挝作为利益相关者参与大湄公河区域一体化治理提供了建设性意见。[②]2010年的《定期研究论坛总结》聚焦1997年与

---

① “Lao Trade Resertch Digest”, Economic Research Institute for Industry and Trade, June 2011, Vol. 2, https://www. laomoic. org / eriit / index. php? option=com_phocadownload&view=category&id=22:volume-2&Itemid=59.

② “The Political Economy of Regional Integration in the Greater Mekong Sub-region: A Stakeholder Analysis”, Economic Research Institute for Industry and Trade, November 2009, https://www.laomoic.org/eriit/index.php?option=com_phocadownload&view=category&id=46:regular-research-forum&Itemid=59#.

2008年两次金融危机对老挝国际收支的影响，报告《1997年亚洲金融危机至2008年国际金融危机期间老挝的国际收支状况》对两次金融危机期间老挝的国内生产总值与汇率、官方储备情况进行研究，对老挝外汇管理与国内货币政策提出建议。[①]2011年的《定期研究论坛总结》精选三篇报告：《小型内陆经济体的出口——对老挝人民民主共和国公司产品目的地存活率的评估》《老挝人民民主共和国投资环境评估：促进非资源部门增长的政策》及《老挝人民民主共和国有机咖啡产品的出口》，其中前两篇报告参加了该年由世界银行万象办事处主办的“厄立特里亚贸易研究论坛”。《小型内陆经济体的出口》一文对老挝出口产业提出建议，认为老挝的出口产品应避免同质化取向，生产更具特色与专业性的产品，以获得更成功的出口机会，占据更大的市场；[②]《老挝人民民主共和国投资环境评估》针对老挝制造业增长放缓与竞争力低下的情况，分析了限制老挝企业发展的一系列因素，向老挝政府提出了“改革国内税收与金融投资环境、改善贸易程序”的建议。[③]此外，《定期研究论坛总结》中还有报告就老挝就业环境向政府提出政策建议，例如，《非正规工作对家庭收入的贡献：以首都万象妇女编织工作为例》关注到首都万象妇女编织工作面临的挑战，

---

① “Balance of Payments of The Lao P.D.R after Asian Financial Crisis in 1997 to Global Financial Crisis in 2008”, Economic Research Institute for Industry and Trade, https://www.laomoic.org/eriit/index.php?option=com_phocadownload&view=category&id=46:regular-research-forum&Itemid=59#.

② “Exporting from a small landlocked economy: An assessment of firm-product-destination survival rates in the Lao PDR”, Economic Research Institute for Industry and Trade, February 2, 2011, https://www.laomoic.org/eriit/index.php?option=com_phocadownload&view=category&id=46:regular-research-forum&Itemid=59#.

③ “Lao PDR Investment Climate Assessment: Policies to Promote Growth in Non-resource Sectors”, Economic Research Institute for Industry and Trade, November 25, 2011, https://www.laomoic.org/eriit/index.php?option=com_phocadownload&view=category&id=46:regular-research-forum&Itemid=59#.

建议政府出台相关政策改善这一行业的工作环境；[①]《接触农业对农场生产力和收入的影响：以养猪企业为例》则建议政府让私营农业企业参与到农业发展中，以改善老挝政府农业预算赤字的问题。[②]

老挝国家经济研究中心主要关注老挝外贸的国际竞争力培养，其官网最早的公开成果有《老挝的服装制造业：集群和技术能力》[③]《中国—东盟自由贸易区与当地产业竞争力——以老挝人民民主共和国主要产业为例》[④]《老挝的服装业：技术能力、全球生产链和竞争力》[⑤]三篇论文，为老挝特色产业的发展建言献策。此外，智库研究人员布万维拉旺（Buavanh Vilavong）、西提罗斯·拉斯芬（Sitthiroth Rasphone）曾在《东亚论坛》（EAF）刊物上发表文章，其中布万维拉旺2016年6月发表的《老挝服装业的艰难时期》一文是对《老挝的服装业：技术能力、全球生产链和竞争力》的补充。2019年布万维拉旺独立发表了《老挝的快速经济增长路径避免了宏观经济悬崖》一文，2020年1月与西提罗斯·拉斯芬共同完成《老挝即将脱离最不发达国家地位》一文，两篇文章基于老挝国内生产结构变化的现状（第

---

① "The contribution of informal work to household income: the case of women's weaving work in Vientiane capital", Economic Research Institute for Industry and Trade, August 17, 2012, https://www.laomoic.org/eriit/index.php?option=com_phocadownload&view=category&id=46:regular-research-forum&Itemid=59#.

② "The impact of contact farming on farm's productivity and revenue: Evidence from Charoen Pokphand (CP) contact farming on pig raising", Economic Research Institute for Industry and Trade, https://www.laomoic.org/eriit/index.php?option=com_phocadownload&view=category&id=46:regular-research-forum&Itemid=59#.

③ Rajah Rasiah, Vanthana Nolintha and Latdavanh Songvilay, "Garment manufacturing in Laos: clustering and technological capabilities", *Asia Pacific Business Review*, April 2011, Vol. 17, No. 2, pp. 193-207.

④ Leebouapao, Leebeer & Insisienmay, Sthabandith & Nolintha, Vanthana, "ASEAN-China Free Trade Area and the Competitiveness of Local Industries: A Case Study of Major Industries in the Lao People's Democratic Republic", Working Papers on Regional Economic Integration 98, Asian Development Bank, 2012.

⑤ Vanthana Nolintha and Idris Jajri, "The Garment Industry in Laos: Technological Capabilities, Global Production Chains and Competitiveness", Working Papers DP-2015-13, Economic Research Institute for ASEAN and East Asia.

一产业占国内生产总值份额下降,第二三产业的份额上升),对老挝快速增长的经济与经济结构的转型成果给予了肯定,并向政府就维持经济转型成果提供了一些建议。例如,《老挝的快速经济增长路径避免了宏观经济悬崖》一文指出,虽然老挝正在脱离“最不发达国家”群体,但仍需改善国家营商环境,从解决经商限制、增加人力资本投资、改善交通基础设施等方面着手,促进私营部门的发展,减少预算赤字。[①]《老挝即将脱离最不发达国家地位》一文指出,老挝未来政策的重点应放在提高生产能力上,同时还应特别关注人力资本及信息和通信技术的发展。[②]

老挝国家工商会通过在万象召开的全国代表大会(NCC)为商会的进一步发展制定行动计划。例如,在2020年9月出版的老挝国家工商会第八届全国代表大会的会议成果《2017—2020年活动报告和2021—2023年行动计划》[③](The Activities of LNCCI 2017-2020 and Action Plan 2021-2023 Report)中,老挝国家工商会对2017—2020年老挝的商业经济形势进行了总结,认为营商环境、中小企业发展、东盟与区域经济一体化的国际背景等都是影响老挝经济发展的重要因素。同时,老挝国家工商会还参与制定了《2021—2025年业务部门的发展战略》(Business Sector Development Strategy 2021-2025)、《老挝人民民主共和国2021—2023年商业部门发展战略详细实施计划(3年)》(Detailed Plan For The Implementation Of The Business Sector Development Strategy In Lao PDR 2021-2023),内容涉及改善营商环境、发展中小企业和服务中心、老挝产品推广等多个方面。

---

① “Laos’ rapid economic growth path has so far avoided macroeconomic cliffs”, East Asia Forum, February 9, 2019, https://www.eastasiaforum.org/2019/02/09/laos-rapid-economic-growth-path-has-so-far-avoided-macroeconomic-cliffs/.

② “Laos on course to graduate from least developed country status”, East Asia Forum, January 1, 2020, https://www.eastasiaforum.org/2020/01/01/laos-is-on-course-to-graduate-from-least-developed-country-status/.

③ “The Activities of LNCCI 2017-2020 and Action Plan 2021-2023 Report”, Lao National Chamber of Commerce and Industry, September 24, 2020, https://lncci.la/the-7th-lncci-general-assembly-document/.

（二）创建平台助力国家建设

由于一国面临的国际国内问题瞬息万变，智库需要构建并运用平台机制“整合各方面社会力量和智力资源，形成有机、统一的研究体系”[①]，从而在各类复杂形势中整合社会各界力量，生产出更多服务社会的思想产品，更好地服务于国家治理。[②]

老挝国家工商会是老挝智库中搭建对话平台最活跃的一员，主要体现在其与外资的商业对接中。2021年10月29日，老挝国家工商会与美国共同主办了第二届聚焦老挝发展的“印太商业论坛”。论坛中，与会双方讨论了“增强老挝中小企业的数字能力以加速经济复苏”“技术领导者如何在COVID-19背景下创新”等主题，交流了对数字化发展趋势的见解。

（三）积极参与中老铁路的建设工程

老挝是东南亚唯一内陆国，没有出海口，加之本国经济不发达，交通基础设施落后，导致其招商引资、对外开放受到严重限制，被视为东南亚唯一的“陆锁国”。为摆脱工业化发展困境，2014年老挝政府提出了“变陆锁国为陆联国”的战略规划，计划在东盟区域经济一体化和中南半岛建设框架下，通过互联互通将老挝打造成连通周边国家的重要交通枢纽和地区经济合作与人文交流的联络国。老挝“变陆锁国为陆联国”战略规划与中国“一带一路”建设优先方向——基础设施互联互通相契合，中老铁路建设正是满足这一契合需求的途径。随着中国—东盟全面战略伙伴关系的深化，与泰国、马来西亚和新加坡相连接，中老铁路将成为中国—中南半岛经济走廊的重要交通动脉，带动老挝成为中南半岛陆上枢纽及中国—东盟互联互通的关键节点。[③]

---

① 徐宁：《以平台化智库助力国家治理现代化》，《中国社会科学报》2020年10月22日。

② 施蕾蕾、孙蔚：《中国特色平台型智库的形成与发展路径探析》，《智库理论与实践》2022年第7期。

③《中老铁路推动“一带一路”建设走深走实》，光明网，2021年12月4日，https://news.gmw.cn/2021—12/04/content_35358583.htm。

中老铁路的建设对于老挝发展的意义重大，因此无论是在建设中老铁路期间还是建成后，老挝智库都积极参与其中，更好地促成战略对接。老挝国家经济研究中心的研究人员对老挝的战略地位进行分析，认为老挝地处东盟经济体中心，建议沿着高铁路线建设经济特区、自由贸易区、物流园区、智慧城市、生态城、高科技园区等，以充分发挥老挝作为中国与东盟十国连接枢纽这一突出优势。[①]中老铁路通车后，2022年5月5日，老挝国家工商会与昆明南亚东南亚国际物流研究院在线上举行了“中老铁路运营联通及沿线产业开发建设”的专题会议，并签署了合作谅解备忘录。两国智库建立的对话协商机制对推进中老铁路运营联通有智力支持作用，也为政府制定政策、反映行业诉求、协调解决困难和问题提供了专业、可靠的决策咨询服务。随着中老铁路的开通运营，中老智库交流对于把中老铁路维护好、运营好，把中老铁路沿线产业开发好、建设好具有重要意义。[②]

五、结语

尽管老挝的智库建设始于1989年，但直到最近几年老挝智库才迎来属于自己的发展机遇，目前呈现良好的发展态势。由于老挝的智库建设与发展时间相对较短，老挝智库的知识生态系统还相对年轻，正如《强化知识生态系统：老挝案例研究》中所指出的那样：“老挝智库正处于转型期，从研究到形成政策的过程尚未制度化，活动尚未体系化，因此智库产出的成果有限、作用有限。”[③]

---

① “Lao think tank suggests to maximize Laos-China railway”, China Economic Net, November 6, 2018, http://en.ce.cn/Business/topnews/201811/06/t20181106_30716575.shtml.

②《中老智库达成共识推进中老铁路运营联通》，云南网，2022年5月11日，https://m.yunnan.cn/system/2022/05/11/032075732.shtml。

③ Annex-strengthening knowledge ecosystems: Laos case study, de Riel, Sandra; Keoka, Khamlouang; Bouahom, Bounthong, November 15, 2021, https://idl-bnc-idrc.dspacedirect.org/handle/10625/60926.

现阶段，老挝作为一个经济社会发展迅速的发展中国家，人民生活水平正逐步提高，但仍存在着较大的贫富差距。老挝《“九五”国家经济社会发展规划（2021—2025年）》(9th Five -Year National Social-Economic Development Plan, 2021-2025)指出，改革经济结构将成为国家经济社会发展的主要目标，以进一步减少贫困和收入差距。[①]而具有“政府智库居多、经济研究为主”特点的老挝智库，它们的研究领域在很大程度上受政府战略和政策的影响，因此可以预见老挝智库仍将主要服务于老挝经济建设领域。

附表　老挝智库基本情况表

智库名称	性质	成立年份	研究领域
老挝国家工商会（LNCCI） Lao National Chamber of Commerce and Industry	自主独立型	1989	经济、贸易、工商
老挝国家经济研究中心（NERI） National Economic Research Institute	政府附属型	1997	经济
工贸经济研究所（ERIT） Economic Research Institute for Industry and Trade	政府附属型	1999	经济
老挝国立大学社会科学院（FSS） Faculty of Social Sciences of National University of Laos	大学附属型	2000	政治、经济、文化

① “9th Five-year National Socio-Economic Development Plan (2021-2025)”, Lao FAB document repository, February 8, 2022, https://laofab.org/document/view/5031.

第四章
缅甸智库及其对国家治理和区域治理的贡献

探究缅甸智库的发展历程、特点与研究贡献，有助于我国理解缅甸政府内政外交的制定依据与决策过程。通过对相关专业材料和历史文献的系统梳理与归纳整合，可以发现，缅甸智库大致经历萌芽探索与持续发展两个阶段，并且在这一过程中表现出“精准发力、后来居上，相对独立、议题广泛，接轨国际、努力发声，顺应潮流、耕耘网络”四项特征。缅甸智库积极参与东南亚区域与缅甸国家的治理进程，在东南亚区域治理中，主要体现在“扩大外联网络、构建‘缅甸朋友圈’，推行二轨外交、贡献‘缅甸智慧’，进行媒体交流、发出‘缅甸声音’”三个方面；而在国家治理中，缅甸智库则通过“投身政策研究、提升政府治理水平，引导社会舆论、增加政策合法性，开展专业培训、培养后备管理人才”三种方式为国家的政策制定与执行、人才的培养和输送贡献力量。

缅甸联邦共和国地处中南半岛西部，国土面积约676578平方公里，是一个拥有5458万(2020年4月)人口的多民族国家。[①]其东北部与中国毗邻，自古以来，两国就是山水相连的友好邻邦，人民之间的传统友谊源远流长，以“胞波”(兄弟)相称。1950年6月8日，中缅两国正式建立外交关系，时至今日，缅甸仍是我国开展周边外交、推动“一带一路”建设、构建

① 《缅甸国家概况》，中华人民共和国外交部网站。

“人类命运共同体”的重要一环。然而对于曾长期处于“自我封闭”状态的缅甸来说，因与国际社会接触的时间相对较短，国家各项建设也相对滞后，缅政府亟需颁布更有效的法令、提供更优质的公共服务来平衡与满足国内100多个族裔群体的生活需要与利益诉求，并在此基础上制定出积极、可持续的国家发展战略，对于一个欠发达国家的政府而言，这无疑是一项艰巨且复杂的任务。

根据亚洲基金会2018年发布的《管理变革：缅甸的行政决策》中的分析，高质量的综合数据与政策分析有助于减轻决策者解决该国经济和社会问题的压力，而作为高水平人才集聚地的专业智库恰好可以解决此项技术难题，成为缅甸政府决策制定的有益助力。[①]依据现有收集到的材料信息，当前缅甸国内共有10家专业智库，其中3家智库入围美国宾夕法尼亚大学《2020年全球智库年度报告》“南亚、东南亚及太平洋地区（不包括印度）顶级智库”排行榜，发展势头不容小觑。[②]因此，剖析缅甸智库的发展历程、特点与研究贡献，不仅有助于理解缅甸政府内政外交的制定依据与决策过程，还可以小见大，探析该国数十年来的国家发展历程，加深中缅两国人民对彼此的了解。

一、缅甸智库发展历程

虽然相较于周边国家而言，缅甸智库的起步较为滞后，但在其建设过程中，能做到一直与国内外政府及民间组织开展合作，针对缅甸的内政外交状况提供相应的政策优化方案。总体而言，缅甸的智库建设大致经历了萌芽探索与持续发展两个时间阶段。

---

① Su Mon Thazin Aung and Matthew Arnold, “Managing Change: Executive Policy-making in Myanmar”, The Asia Foundation, May 11, 2018, https://asiafoundation.org/publication/managing-change-executive-policymaking-in-myanmar/.

② James G. McGann, “2020 Global Go to Think Tank Index Report”, January 27, 2021, https://repository. upenn. edu / cgi / viewcontent. cgi? article=1019&context=think_tanks, pp. 111-114.

(一)萌芽探索时期:1992—2011年

1992—2011年为缅甸智库的萌芽探索时期。在此之前,受国内政局与政治传统的影响,缅甸的各项政治决策都由其代理军事领导人自行决断,有关政策也都围绕有影响力的个人或团体来制定。不仅如此,缅甸国内可用于进行政策分析的社会与经济议题的确切统计数字或评估材料也较为缺乏。[①]在相对受限的社会环境下,缅甸的专业智库建设缺乏必要的生存空间与学术土壤。直到1992年7月,缅甸国家恢复法律与秩序委员会才基于内阁第37/92号通知,建立了第一个真正意义上的专业智库——缅甸战略与国际问题研究所(Myanmar Institute of Strategic and International Studies,MISIS),该机构历经数次重组,最终于2004年7月成为缅甸外交部下属机构。该研究所是一家致力于国际关系与外交政策研究的专业学术机构,日常主要的研究任务即聚焦东南亚及周边区域的国际关系议题,通过对中国、东盟、印度等国的外交政策动态进行追踪,为缅甸政府提供决策所需的相关资料内参和政策建议。[②]作为东亚智库网络(Network of East Asian Think Tank,NEAT)与东盟战略与国际问题研究所成员之一,缅甸战略与国际问题研究所还格外重视增进同国外知名智库的友谊与合作关系,希望通过密切的学术往来与专业合作向世界展现缅甸国内的真实形象,同时加深对缅甸外交政策、立场与行动依据的理解。[③]

在这一时期,同样具有代表性的还有缅甸亚洲发展研究所(The Asian Development Research Institute,ADRI),该机构创立于2001年,是亚洲发展基金会(Asian Development Foundation,ADF)的成员之一,主要关

---

① "Strengthening Policy Institutes in Myanmar", The Asia Foundation, 13 May 2016, https://asiafoundation.org/wp-content/uploads/2016/05/Strengthening-Policy-Institute-in-Myanmar_ENG.pdf.

② 张添:《缅甸智库的兴起及其活动》,《缅甸国情报告(2015)》,社会科学文献出版社,2015年,第95~96页。

③ Myanmar Institute of Strategic and International Studies, Ministry of Foreign Affairs of the Republic of the Union of Myanmar official website, https://www.mofa.gov.mm/mofa-3/misis/.

注社会、经济及移民领域的政策议题，是当时缅甸唯一研究国内外市场与大湄公河次区域（Great Mekong Subregion Cooperation，GMS）的研究机构。不过随着缅甸政府的实际需要与机构调整，该智库已于2011年停止运作，被具有相同经济职能的研究智库所取代。[①]

（二）持续发展时期：2011年至今

2011年至今为缅甸智库的持续发展时期。随着吴登盛（Thein Sein）政府的上台，缅甸开启全方位的社会改革与民主转型。出于满足国内发展需求、整合内部社会资源和加强国际社会联系等多方面的现实需要，吴登盛政府迫切需要一批拥有专业知识的社会精英组成专门的政治顾问团体，来为政府制定过渡政策、引导社会舆论与增进外界认知、提供高水平且有时效性的政策咨询服务。[②]在这一时期，缅甸国内的专业智库与政策研究机构如雨后春笋般迅速成长起来，其中有影响力与代表性的组织分别是2012年成立的缅甸发展与资源研究所（Myanmar Development and Resources Institute，MDRI）、2013年成立的缅甸政策和研究合作伙伴（Myanmar Partners in Policy and Research，MPPR）与绿莲花（缅甸）（Green Lotus Myanmar）、2014年成立的塔昂政治研究所（Tagaung Institute of Political Studies，TIPS）与缅甸发展研究所（Myanmar Development Institute，MDI）、2016年成立的缅甸战略与政策研究所（The Institute for Strategy and Policy —Myanmar，ISP）、2017年成立的缅甸综合发展研究所（The Myanmar Institute for Integrated Development，MIID）及缅甸和平与安全研究所（The Myanmar Institute for Peace and Security，MIPS）。

缅甸发展与资源研究所是一家具有官方背景的智库，总部位于仰光，时任总统经济顾问吴敏（U Myint）博士在2011年5月举行的缅甸农村发展与扶贫研讨会上首次提出建设议案，并于次年经缅甸内政部批准正式成立，时任总统首席政治顾问吴哥哥莱（U Ko Ko Hlaing）出任总负责人。

① 张添：《缅甸智库的兴起及其活动》，《缅甸国情报告（2015）》，社会科学文献出版社，2015年，第88页。

② 同上，第86页。

该研究所旨在作为专业的政策咨询团体,“全面而有效地应对国内的贫困问题,并且帮助规划与实施具有引领缅甸经济和社会改革进程意义的重大计划和建设项目,从而实现国家经济与基础设施建设的长足发展”①。由于成员们的个人威望(多为总统府顾问团成员),加之出色的专业水平与广泛的研究方向,研究所很快便声名鹊起,成为缅甸国内外最受瞩目的政策研究机构之一。在日常运作过程中,研究所根据研究领域的分野,下设战略与国际关系研究中心(Centre for Strategic and International Studies, CSIS)、法律事务研究中心(Centre for Legal Affairs, CLA)及经济与社会发展研究中心(Centre for Economic and Social Development, CESD)。②

缅甸政策和研究合作伙伴是一家2013年于仰光成立的非官方智库,专门从事与缅甸妇女、儿童健康安全相关的学术研究和项目开发工作。该智库在成立之后便与缅甸政府、社区和国际非政府组织达成合作,旨在消除缅甸女性在怀孕分娩过程中存在的关键技术性障碍,并且帮助女性与青年儿童改善居所周边的卫生设施建设状况和服务质量,使之能够自主选择自己所要从事的职业与发展道路。③

绿莲花(缅甸)是一家法国、缅甸合办的非官方智库,于2013年7月在仰光开设了第一家办事处。自成立以来,该智库一直以实际行动促进绿色经济在缅甸的可持续发展,力图使缅甸政、商界与民间社会组织相信,绿色经济可以为所有人带来繁荣,而不是为少数人带来增长。截至目前,该机构已在可再生能源、有机农业、生态旅游、公共交通与绿色城市等领域联系、倡导并建设了具体的绿色项目,试图帮助缅甸成为其创立宗旨中

① “Economist proposes formation of development resource institute”, Myanmar Times, May 30, 2011, https://www.mmtimes.com/national-news/2692-economist-proposes-formation-of-development-resource-institute.html.

② Centre for Economic and Social Development official website, https://mdricesd.wordpress.com/.

③ Myanmar Partners in Policy and Research official website, https://www.myanmar-partners.org/about.html.

所描述的“世界上最绿色的国家”[①]。

塔昂政治研究所是一家于2014年8月成立的政策研究机构，旨在运用批判性思维，通过经济、社会和战略等分析维度开展对当代缅甸社会政治进程及国际战略事务的研究工作。[②]由于在传统安全、军民关系与国防事务等领域享有较高的学术声誉和影响力，该研究所多次在“美国之音”及《华盛顿邮报》《纽约时报》等西方媒体上，围绕缅甸国内形势、2020年大选与和平进程等话题撰写特稿或发表评论。[③]

缅甸发展研究所是一家由缅甸国家计划与经济发展部联合韩国外交部共同筹备建设的公共经济智库，于2017年2月正式获准成立。[④]该研究所在缅甸各部门官员组成的中央委员会指导下运行，旨在通过学术研究、人员培训与能力建设来为政府出台科学、有效、可行的经济发展战略提供专业支持和人才保障。目前，研究所已在金融部门改革、宏观经济政策、基础设施和投资规划等领域开展广泛的研究活动，并定期发布有关政策简报、经济公报及工作文件，以此向社会公众传达、解释政府近期的重要经济改革举措。[⑤]

---

① Green Lotus (Myanmar) official website, http://www.green-lotus.org/.

② The Tagaung Institute of Political Studies, Yellow Places, https://yellow.place/zh/the-tagaung-institute-of-political-studies-yangon-myanmar.

③ See “Myanmar Gears Up for November Election”, VOA news, https://www.voanews.com/a/east-asia-pacific_myanmar-gears-november-election/6195996.html; “In Myanmar coup, grievance and ambition drove military chief's power grab”, The Washington Post, https://www.washingtonpost.com/world/asia_pacific/myanmar-coup-military-suukyi/2021/02/09/ac385fca-675b-11eb-bab8-707f8769d785_story.html; “General Kicked Off Facebook Can Still Glorify Military at Grandiose Museum”, The New York Times, https://www.nytimes.com/2018/11/26/world/asia/myanmar-rohingya-military-museum.html; “In Myanmar, new parties challenge Suu Kyi's grip on power”, Reuters, https://www.reuters.com/article/myanmar-politics-idINKCN1Q30YH.

④《韩斥资助缅成立发展研究院》，环球网，https://china.huanqiu.com/article/9CaKrnJFyx1。

⑤ Myanmar Development Institute, South-South Galaxy, https://my.southsouth-galaxy.org/en/data/myanmar-development-institute-government-agency.

缅甸战略与政策研究所是一家成立于2016年的独立、无党派专业智库，致力于通过开展以善政、联邦、人权政策为导向的研究分析，利用多媒体工具的公共宣传、能力建设培训和领导层对话的方式来推动缅甸的政治转型进程，并在此过程中激发国民的政治参与意识。[①]

缅甸综合发展研究所是一家位于缅甸仰光的非营利研究机构，旨在促进缅甸国内少数民族社区参与国家的经济、社会和政治转型进程。成立之初，研究所便与缅甸政府、社区、当地民间社会组织及国际组织的技术专家达成合作，为加快国家综合发展能力贡献力量。目前，研究所主要开展以下四个领域的项目研究：第一，自然资源管理，包括环境保护、气候变化、河流湖泊、农村生计及农业价值链；第二，社会治理与发展，涉及公民社会强化、性别平等、社会保护和地方治理；第三，农业、粮食安全和营养供给；第四，平等与人权。[②]

缅甸和平与安全研究所是一家2017年成立的独立、无党派政策研究组织，致力于支持、巩固缅甸的和平进程，促进国内众多族裔和政治群体之间的民族和解。在运营过程中，该研究所坚持务实态度与问题导向，呼吁缅甸和平进程中的所有利益相关方进行集中讨论，并且主张借鉴其他国家的经验，选择能够更好地为缅甸人民服务的安全替代方案和司法机制保障。目前，研究所主要关注四个研究领域，分别为联邦制和宪法改革、和平进程中的安全对话、冲突监测和分析，以及和平与发展建设。[③]

可以看出，缅甸智库建设在2011年经济改革与社会转型之后迎来了较为迅速的发展，无论是在智库数量、成果质量还是国际影响力上都有了显著提高。然而随着近年来缅甸国内政治局势的动荡，众多智库都不同

---

① The Institute for Strategy and Policy-Myanmar official website, https://www.isp-myanmar.com/.

② The Myanmar Institute for Integrated Development official website, https://www.mmiid.org/.

③ Myanmar Institute for Peace and Security official website, https://mips-mm.org/.

程度地遭遇发展难题，其中部分智库更是深陷关门停业、官网失效的困境之中。但随着国内政局的逐步稳定，相信缅甸智库定能重新焕发生机活力。

二、缅甸智库发展特点

缅甸的智库建设无论是在起步时间，还是现有智库的数量与质量上都落后于周边的东南亚邻国，在国内外的声誉与影响力也和西方知名智库不可同日而语。然而“麻雀虽小，五脏俱全”，在国外各级政府、社会组织的倾力协助与国内专家学者、社会精英的辛勤耕耘下，缅甸成功在短暂且缺少关注度的十几年内，建立起了一套多领域、有层次、高影响的研究机构体系，为缅甸国内乃至整个东南亚地区的区域治理与合作进程贡献“缅甸智慧”。基于已掌握的研究资料，可将缅甸智库的建设发展概括为“精准发力、后来居上，相对独立、议题广泛，接轨国际、努力发声，顺应潮流、耕耘网络”这四项特点。

（一）精准发力、后来居上

如前所述，缅甸智库在建设时间与政府投入力度上明显滞后于多数的东南亚国家，但得益于智库领导层与科研带头人对资源投入的优化配置、研究领域的准确选择，以及推广策略的科学制定，使得缅甸多家智库在短期内实现异军突起，综合实力获得国际学术界的广泛认可。根据美国宾夕法尼亚大学《2020年全球智库年度报告》，截至2020年，共有3家缅甸智库入围“南亚、东南亚及太平洋地区（不包括印度）顶级智库”排行榜，分别为排名第37位的缅甸战略与国际问题研究所、第94位的塔昂政治研究所，以及第103位的缅甸战略与政策研究所。[①]回溯2014年以来的《全球智库指数报告》，也都可从中发现缅甸智库的身影，其中缅甸战略与国际问题研究所和塔昂政治研究所是“南亚、东南亚及太平洋地区（不包

① James G. McGann, “2020 Global Go to Think Tank Index Report”, January 27, 2021, https://repository.upenn.edu/cgi/viewcontent.cgi?article=1019&context=think_tanks, pp.111-114.

括印度)顶级智库"排行榜上的常客,[①]缅甸发展研究所及和平与安全研究所也在成立不久之后便多次入围"年度全球最佳新智库榜单"。[②]虽然从总体来看,缅甸专业智库的排名与入围数量依旧不甚理想,但考虑其成立年份、社会环境与资源投入情况,其"量少质优"的建设特点与近年来较为迅速的发展势头仍旧值得各方的关注与期待。

(二)相对独立、议题广泛

根据本章最后的《缅甸智库基本情况表》可以发现,除了缅甸战略与国际问题研究所、缅甸发展与资源研究所与缅甸发展研究所外,缅甸的大多数智库都为非营利、非官方、非党派性质的,隶属关系与财政收支上的独立性在很大程度上保证了缅甸智库在政策立场上的中立性与研究议题中的专业度。在国内大的社会制度背景下,缅甸智库虽说难以完全摆脱来自上层政府的政治影响,但从宏观视角来看,面对国内及国际发生的焦点事件时,缅甸智库的专业人士大都能从客观的分析视角出发,以全面、科学的理性思维和研究方法还原事件背后的演变和发展逻辑,从而为缅甸政府与社会公众了解事件真相,以及后续的政策制定与舆论走向提供专业维度上的支持与引导。

从表中可以看出,缅甸智库的数量虽然不多,但涉及的研究领域十分广泛,且彼此间的分工较为清晰,呈现出"多点开花、全面发展"的研究态势。例如,作为外交型智库的缅甸战略与国际问题研究所和塔昂政治研究所都在进行缅甸外交政策与国际关系问题研究,但区别在于,前者主要关注缅甸双边及多边关系、东盟区域治理与国际政治热点问题,而后者则聚焦于传统安全、政治转型及军民关系领域。缅甸发展与资源研究所作为前总统府顾问团建立的综合性专业智库,其日常的项目研究与科研活动主要依据研究领域的不同交由下属研究中心自行开展。其中,战略与

---

① James G. McGann, "2014-2020 Global Go to Think Tank Index Report", https://repository.upenn.edu/think_tanks/.

② 缅甸发展研究所入围2014—2016年度"最佳新智库",而和平与安全研究所则入围2019年度"最佳新智库"。

国际关系研究中心主要负责缅甸国内及国际政治局势的综合研判、大战略与政治转型路径的深度探究，以及相关国际关系学者与管理专业人士的培训工作；法律事务研究中心主要涉及国际国内法律的相关事务与改革进程，并定期开设针对法律专业人士的培训课程；经济与社会发展研究中心则深耕国家治理、宏观经济改革与包容性发展议题，通过开展学术科研、数据统计、交流访问和教育培训，为缅甸的社会转型与经济可持续发展提供技术支持。[①]智库间的分工协作与领域互补改善了缅甸政策分析领域的研究效率与资源配置，为缅甸的政治转型、经济建设与外交策略提供了理论依据和方法论指导。

（三）接轨国际、努力发声

作为专业领域内的后发国家，要想在激烈行业竞争中追赶并超越对手，缅甸智库需要采取科学、超前的发展战略。因此，秉持着成为世界一流智库的长远目标，缅甸智库在建设之初便十分重视国际层面的专业需求与传播渠道，常常与来自世界各地的政府、企业及社会组织就共同开展项目研究达成意向合作，在增强自身科研实力的同时，也对外展示了缅甸学界严谨治学、热情待客的良好形象。例如，缅甸战略与国际问题研究所在举办国际研讨会和研究论坛的过程中就收获了来自日本笹川基金会（Sasakawa）、德国汉斯·赛德尔基金会（Han Seidal Foundation，HSF）、孔拉德·阿登纳基金会（Konrad Adenauer Stifung，KAS）与弗里德里希·艾伯特基金会（Friedrich Ebert Stiftung，FES），以及新加坡的东南亚研究所（ISEAS）等一众国际知名研究机构的支持与合作；[②]缅甸和平与安全研究所的合作层面涵盖荷兰政府、欧盟、国际发展研究中心、和平与冲突研究中心、多伦多大学等政府、国际组织与研究机构；[③]绿莲花（缅甸）更是由来自

---

① 张添：《缅甸智库的兴起及其活动》，《缅甸国情报告（2015）》，社会科学文献出版社，2015年，第91~92页。

② 同上，第95页。

③ Myanmar Institute for Peace and Security official website, https://mips-mm.org/partners/.

法缅两国的专家学者和社会精英共同成立的非官方专业智库。[①]在众多合作伙伴的支持与背书下，缅甸智库的学术声誉与国际影响力获得了显著提高，开始在国际层面的专业研讨会与权威主流媒体上发出来自缅甸的学术声音。[②]

（四）顺应潮流、耕耘网络

近年来，世界正加速步入信息化、网络化时代，以互联网为主要载体的新媒体借助其差异化、全覆盖的产品内容与传播渠道正在逐步颠覆原有的世界传媒和舆论格局，并且将在未来成为国际舆论与国家对外宣传的主要战场。[③]对于旨在扩大自身在国际舞台上专业影响力的缅甸智库来说，进一步制定专门的网络化发展与新媒体宣传战略，建立起能够输出自身专业观点与政策主张，并沟通国内外广大"Z世代"群体的社交媒体平台，成为其接下来组织建设和外联拓展的工作重点。除了早已不再活跃的缅甸亚洲发展研究所以外，其余缅甸智库都已建立了展示自身研究成果与学术活动的官方网站，缅甸战略与政策研究所更是在智库网络化转型的浪潮中先人一步，首先在脸谱网、油管网、推特网等这些极具国际影响力和传播力的社交平台和视频网站上开设了官方账号，并且定期更新机构的相关研究成果，或是发表对某些国际热点事件的研究看法，得到不少的评论反馈与点赞支持。这为智库准确把握国际上对于特定议题的专业需求和舆论走向起到了巨大的助推作用，也为其下一步的发展方向与研究重点提供了相关的民调依据。[④]

① Green Lotus Myanmar official website, http://www.green-lotus.org/who-are-we/.

② "Functional Cooperation in the South China Sea", July 3-4, 2014, https://aprcasia.com/public/document/1503913729.pdf.

③ 郑保卫、叶俊：《中外媒体交流与合作：现状、问题及对策》，《西南民族大学学报（人文社科版）》2015年第9期。

④ Myanmar Development Institute's twitter, https://twitter.com/mdi_myanmar.

三、缅甸智库对东南亚区域治理的贡献

作为连接印太两大洋、沟通亚澳两大洲的“十字路口”,东南亚因具有的重大地缘区位优势而备受世界瞩目。然而自1967年东南亚国家联盟成立以来,始终缺乏足够资源来填补正式组织结构中政策分析的真空地带。[①]因此,身为东盟组织成员国,缅甸各界对东南亚治理的参与和贡献将给本国乃至整个东南亚地区的发展、转型与升级提供极大助力。作为国家外交的思想“掮客”与政策倡导者,[②]缅甸智库虽相较邻国智库来说参与程度有限,但也通过各种路径、渠道为国家参与东南亚区域治理施加影响。

有研究表明,智库在外交决策过程中的影响力在很大程度上取决于该国的决策模式,也部分取决于外交政策领域的开放度,以及智库同政府关键部门的关系紧密度。[③]在缅甸,受过往执政传统的影响,政府领导人与政策制定者对于处理外交事务的兴趣不大,当迫切需要做出决策之际,更多倾向于向国际智库与政策研究机构寻求政策制定所需的相关信息。[④]在此情形下,缅甸智库很难参与进外交事务的核心决策圈施加直接影响,不过,凭借机构成员的前官方背景,部分智库借助人脉关系与学术声望形成具备一定影响力的政治-学术共同体,代表国家参与到东南亚区域治理的进程之中。总的说来,缅甸智库对东南亚区域治理的贡献大致可概括为扩大外联网络、构建“缅甸朋友圈”;推行二轨外交、贡献“缅甸智慧”;进行媒体交流、发出“缅甸声音”这三个方面。

---

① Diane Stone, “The ASEAN-ISIS network: Interpretive communities, informal diplomacy and discourses of region”, *Minerva*, Vol.49, No.2, 2011, pp.241-262.

② James Smith, *Idea Brokers:Think Tanks and the Rise of the New Policy Elite*, New York: The Free Press, 1991; Donald Abelson, *Do Think Tanks Matter? Assessing the Impact of Public Policy Institute*, Montreal: McGill-Queen's University Press, 2002.

③ 陈菲:《外交型智库与巴西外交政策》,《拉丁美洲研究》2016年第5期。

④ “How Think Tanks Help Policymakers Create a More Equitable and Prosperous Myanmar”, PR Newswire, November 19, 2018, https://www.prnewswire.com/news-releases/how-think-tanks-help-policymakers-create-a-more-equitable-and-prosperous-myanmar-867061019.html.

（一）扩大外联网络、构建“缅甸朋友圈”

“众人拾柴火焰高”，东南亚的区域治理需要地区内外各方力量的群策群力才能“开花结果”。如前所述，在近二十年的发展建设历程中，缅甸智库与世界各国政府、研究机构、知名高校、国际组织建立了常态化联系机制与关系网络，共同就东南亚区域内的治理项目开展研究合作。例如，2014年1月18日，缅甸战略和国际研究所与新加坡国际事务研究所（SIIA）在仰光共同主办了题为“缅甸担任东盟主席：前进之路”的会议。会议邀请来自东盟战略国际研究智库网络的专家学者共同讨论包括南海和大国博弈、东亚峰会和20国集团、东盟经济共同体和东盟宪章在内的一系列与缅甸担任东盟主席国相关的政策问题；[①]2019年10月，缅甸综合发展研究所与国际粮食政策研究所（IFPRI）合作主办了关于粮食安全和营养发展的国际会议，旨在支持和改进东南亚粮食计划的政策制定与落地执行。[②]来自世界各地的合作伙伴与缅甸智库一道，共同组成了优化东南亚区域治理的“学术朋友圈”，为提升“缅甸智慧”的国际影响力拓宽了专业路径与传播渠道。

（二）推行二轨外交、贡献“缅甸智慧”

作为与第一轨道（政府）外交相对应的概念，二轨外交由美国外交官约瑟夫·蒙特威尔（Joseph Montville）于1982年首次提出，指代身处冲突或争端的组织或者国家之间所进行的一种非官方的、非正式的接触和互动，其目的是通过寻找战略方法、影响舆论与组织人力、物力资源等方式解决

① “Myanmar's Chairmanship of ASEAN: The Way Forward in Yangon”, The Singapore Institute of International Affairs official website, January 18, 2014, http://www.siiaonline.org/myanmars-chairmanship-of-asean-the-way-forward-in-yangon/.

② “MIID And IFPRI Hosts International Conference On Evolving Agrifood Systems In Asia”, The Myanmar Institute for Integrated Development official website, November 4, 2019, https://www.mmiid.org/miid-and-ifpri-hosts-international-conference-on-evolving-agrifood-systems-in-asia/.

所面临的冲突与挑战。[①]由于具备开展二轨外交所需的专业政策知识与半官方的背景身份，各国专业智库与研究机构往往受本国政府指派，在双边、多边正式会谈开始前通过举办会议、论坛、讲座等形式，就彼此间对待政策议题的立场、看法、态度深入交换意见，在增进各国间了解的同时，也为政府制定决策与国家的形象推广提供了相关政策信息和媒介渠道。

在缅甸，具有前官方背景的缅甸战略与国际问题研究所和缅甸发展与资源研究所承担了这样的角色，通过多次举办或出席国际、区域性的学术交流研讨会，它们成功向世界展现缅甸国内的真实形象，并且增进与会政、商界来宾和专家学者对缅甸东南亚政策、立场与行动依据的理解和支持。缅甸战略与国际问题研究所曾分别于2014年和2016年出席了“南海功能性合作”研讨会与中国—东盟智库网络（NACT）人文交流工作组会议，在会上就南海局势与人文交流议题，表达了缅甸当局希望域内东南亚国家与中国通过友好磋商的方式妥善处理问题分歧、实现互利共赢的政策立场。[②]缅甸发展与资源研究所下属战略与国际问题研究中心也曾于2015年8月与中国云南大学缅甸研究中心共同承办“联合国成立70周年与东南亚的发展”国际学术研讨会，来自中国、缅甸、柬埔寨、老挝、新加坡和德国等国的专家学者、观察员、非政府组织、智库及新闻媒体代表等50余人参加了本次研讨会。在会上，与会专家学者和观察员围绕“联合国改革对东南亚发展的意义与影响”“缅甸与联合国”等主要议题进行了自由

① Joseph Montville, “The Arrow and the Olive Branch: A Case for Track Two Diplomacy”, in John W.MacDonald, Jr. and Diane B.Bendahmane,eds., *Conflict Resolution:Track Two Diplomacy*, Washington, D.C.: Foreign Service Institute, 1987, pp.5-20.

② Roundtable on “Functional Cooperation in the South China Sea” at Myanmar Institute of Strategic and International Studies (Myanmar ISIS), July 3-4, 2014, https://aprcasia.com/public/document/1503913729.pdf; NACT Working Group Meeting on Promoting People-to-People Exchanges between ASEAN and China through Cooperation in Culture, 16 May 2017, https://en.cfau.edu.cn/module/download/downfile.jsp?classid=0&filename=4641dbc982c9444a88d659f68a1eb99a.pdf.

而深入的研究与探讨,受到各国政、学界的广泛关注与鼎力支持。[①]缅甸智库利用成员的个人声望与专业影响力从政府承接开展二轨外交的使命职责,在为东南亚治理议题贡献来自缅甸学术智慧、收获广泛赞誉的同时,也通过内外部各种渠道直接接触与影响缅甸的决策制定者,向与会高级官员传递智库的观点主张和政策建议。

(三)重视媒体传播、发出"缅甸声音"

专业智库的公众知名度与政策影响力是一个需要不断积累的线性上升过程。在现阶段,知名度与影响力较低的缅甸智库往往会通过与国内外知名媒体开展交流合作的方式提高自身在学界及社会各层面的专业声望,期望以此形成舆论效应来影响决策者们在东南亚治理领域的政策制定过程。例如,在博鳌亚洲论坛2019年年会期间,缅甸战略与国际问题研究所联合秘书长吴钦貌林(Khin Maung Win)就接受了来自中国人民网的独家专访。在采访过程中,他指出,国际合作组织应设定更明确的目标,通过协同各成员国家或地区做出切实的行动来达成共赢的局面。而要实现区域性的和平、安全、繁荣和共同发展,就需要各方协同合作,增强互信。[②]塔昂政治研究所成员索敏昂(Soe Myint Aung)在2017年5月伦敦政治经济学院东南亚论坛(the LSE Southeast Asia Forum,SEAF)上发表演讲,通过论坛官网的报道,向世界传达该智库对于新一届缅甸政府的外交政策将对东南亚局势产生何种影响的独到看法。[③]

除此之外,一些缅甸智库借助互联网与新媒体平台发布自身就东南亚政策议题所撰写的研究报告和分析文章,在提升学术思想与专业水平的同时,也依靠新媒体平台的强大传播力,成功扩大了作品的受众范围。

---

①《"联合国成立70周年与东南亚发展"学术会议在仰光举行》,环球网,2015年8月30日,https://world.huanqiu.com/article/9CaKrnJOYg9。

②《缅甸战略与国际问题研究所联合秘书长:世界需要共享发展成果》,人民网,2019年3月29日,http://world.people.com.cn/n1/2019/0329/c1002-31003666.html。

③ Soe Myint Aung, "Leadership Change in Myanmar and its Implications for Foreign Policy", LSE Southeast Asia Blog, August 30, 2017, https://blogs.lse.ac.uk/seac/2017/08/30/leadership-change-in-myanmar-and-its-implications-for-foreign-policy/.

例如，缅甸战略与国际问题研究所于线上发表《气候变化对东盟国际事务的影响：风险和机会倍增效应》与《加强湄公河非传统安全问题上的伙伴关系——澜沧江合作：缅甸的人口贩运问题》两篇专业文章，受到国内外多家研究机构的积极转载；[①]缅甸发展研究所也在推特上发表其成员参与亚太论坛东盟议题讨论的推文。[②]虽然截至目前，横向对比新加坡、印尼等邻国智库，缅甸智库对于东南亚治理领域的学术著作与媒体报道仍旧不多，但随着国内政局的稳定与持续的投入建设，其在未来的影响力必将进一步提升。

四、缅甸智库对缅甸国家治理的贡献

“国家治理”是现代国家的特有概念，兴起于20世纪80年代，指代的是国家政权的所有者、管理者和利益相关者等多元行动者通过在一个国家的范围内对社会公共事务进行合作管理的方式，来增进公共利益、维护公共秩序，进而实现善政的政治进程。[③]作为旨在回应社会多元利益诉求、协调现有政策范式与当代善治和经济管理进程的重要行为体，[④]智库正在国家治理过程中扮演着关键角色。在缅甸的现代化进程中，缅甸智库在帮助政府应对严峻复杂的社会政治经济局势与多元治理挑战方面发

① “Impact of Climate Change on ASEAN International Affairs:Risk and Opportunity Multiplier”, Online Burma/Myanmar Library, December 5, 2019, https://www.burmalibrary.org/en/impact-of-climate-change-on-asean-international-affairsrisk-and-opportunity-multiplier;“Enhancing Partnership in Non-Traditional Security Issues in Mekong-Lancang Cooperation: Human Trafficking Issue in Myanmar”, Policy Commons, February 18, 2020, https://policycommons.net/artifacts/1552530/enhancing-partnership-in-non-traditional-security-issues-in-mekong-lancang-cooperation/2242339/.

② Myanmar Development Institute's twitter, November 24, 2017, https://twitter.com/mdi_myanmar/status/933881422720335872?cxt=HHwWgICo-ZeN6PUZAAAA.

③ 何增科：《理解国家治理及其现代化》，《马克思主义与现实》2014年第1期。

④ Stone Diane, “Think Tanks and Policy Advice in Countries in Transition”, 2005, p.2. https://think-asia.org/bitstream/handle/11540/3624/2005.09.dp36.think.tanks.jfppt.pdf?sequence=1.

挥了不可替代的重要作用。具体来说,包括投身政策研究、提升政府治理水平;引导社会舆论、增加政策合法性;开展专业培训,培养后备管理人才三个方面。

(一)投身政策研究、提升政府治理水平

学界一般认为,产出高质量的政策研究报告是专业智库的"名片"和基础功能。[①]在社会深入变革、转型的时代,以传统精英单一式决策模式为主的缅甸政府越来越难以就国家庞杂的公共治理事务做出即时有效的政策应对。作为"连接知识与权力的桥梁",缅甸国内的专业智库一方面可以利用自身在专业领域广博的政策知识,针对特定领域为政府收集、提炼大量决策所需的真实数据信息,提高政策制定过程中的科学性;[②]另一方面,智库内部的专家学者也可依据其自身多元知识结构与深厚学术功底,在现有研究成果的基础上,提出分析、解决特定领域政策问题的评估模型和方法工具,以其创新性为政府决策提供专业建议和权威咨询,帮助有关决策者应对公共问题复杂化和动态化所带来的挑战。[③]

在这一领域,缅总统府下属的缅甸发展与资源研究所经济与社会发展研究中心成绩最为突出,该中心致力同缅甸联邦、州和地区政府、企业代表、商会,国际多边机构及民间社会组织等各行业群体开展政策对话,通过出席或举办研讨会、发表专业论文和学术刊物、提交政策简报和研究报告等方式参与政府的政治决策进程,为有关部门的政策制定提供实证建议。例如在2012年5月,研究中心应缅总统办公室要求,与国家计划和经济发展部展开合作协商,共同制定"经济和社会改革框架"(the Framework for Social and Economic Reform,FESR)。该框架于同年年底获得政府批准,并作为缅甸2012—2015年国家各行业及政府举措的

①③ 王延飞等:《从智库功能看情报研究机构转型》,《情报理论与实践》2015年第5期。

② 张欣、池忠军:《发挥智库在公共治理中的作用》,《理论探索》2015年第1期。

经济和社会改革指南。[1]自成立以来，缅甸发展与资源研究所与其下属的经济与社会发展研究中心在支持缅甸的政治、经济和社会改革方面发挥了重要作用。

除此之外，缅甸战略与政策研究所同和平与安全研究所也采取多种形式为政府决策提供数据分析和评估模型。战略与政策研究所根据内部专家学者长期对国家和平进程、民间社会的研究成果，将缅甸难民、新冠人数、外国投资等各项社会数据通过冲突与和平、政治经济学、新冠疫情形势、人权侵犯行为这四个类别划分进行科学统计与系统分析；[2]和平与安全研究所则根据75个全国冲突动态指标开发出一套基于乡镇的冲突监测系统(The Township-based Conflict Monitoring System，TCMS)，同时在缅甸的4个州和4个地区内使用14个现场监视器来收集额外数据和验证开源信息，从而提升了智库的研究科学性、咨政权威性与在政府内部的影响效力。[3]

(二)引导社会舆论、增加政策合法性

作为国家公共治理的关键要素，良性、正向的社会舆论在发展中国家政府建设过程中发挥了不可替代的重要作用。[4]塑造良好社会舆论氛围的基础就是通过政治社会化与各领域专业知识的宣传普及，使公众形成理性的行为认知与科学的生活方式，从而有效维护社会秩序和人民生产生活的有序稳定，形成一种积极正面的政治认同氛围。[5]兼具“咨政”与“启民”两项功能的专业智库需完美契合以上的社会利益诉求，智库通过

① “The Framework for Social and Economic Reform”, Centre for Economic and Social Development official website, https://mdricesd.files.wordpress.com/2015/04/paper-fesr-2012-15-jan-2013.pdf.

② The Institute for Strategy and Policy-Myanmar official website, https://www.isp-myanmar.com/isp-data-matters/.

③ Conflict Monitoring & Analysis, The Myanmar Institute for Peace and Security official website, September 25, 2018, https://mips-mm.org/conflict-monitoring-analysis/.

④ Sina Odugbemi, “Public opinion, the public sphere, and quality of governance: An exploration”, Governance reform under real-world conditions. Citizens, stakeholders, and voice, 2008, p.15.

⑤ 张欣、池忠军:《发挥智库在公共治理中的作用》,《理论探索》2015年第1期。

出版学术刊物、发表媒体评论、制作电视广播节目等宣传形式，运用领域内专业知识就政府出台的各项政策法令与公共治理过程中社会公众所关心的政策问题予以剖析、解惑，在帮助公众看清社会问题的根源本质的基础上转变其看待问题的分析视域，进而引导形成公共理性的舆论走向，为后续的政策执行扫清障碍。

在自身机构建设与影响力推广过程中，缅甸智库尤为注意对社会舆论的利用与引导。例如，缅甸战略与政策研究所在日常进行政策研究的同时，还出版了专门的战略政策杂志，制作了网络节目“姚部长的开放馆”（Yaw Mingyi Zayat），旨在与缅甸民众就国内社会近期发生的热点问题进行讨论。其中，杂志专注于理论上的研究分析，呈现出质量极佳的新闻清晰度和可读性风格。每期杂志内都有来自各领域的专家学者就社会的各项焦点议题撰写文章，还有访谈和书评，极大地拓宽了杂志的社会影响力。而“姚部长的开放馆”则是一档时长2~3个小时的网络节目，包含预先录制的专题报道、采访与实时的小组讨论和在线问答等环节。节目通过网络进行直播放送，而后通过缅甸民主之声进行二次编辑与广播。自2018年首播以来，该节目共组织了9场讨论活动，不仅为观众提供了日常新闻头条以外的政治知识，还从中长期视角强调了缅甸发展的关键问题，为众多拥有政治意识的缅甸民众提供了一个参与和研讨的“知识论坛”。[①]

（三）开展专业培训，培养后备管理人才

人才是智库生存和发展的核心要素，也是智库核心竞争力的构成。[②]作为政策思想的生产和传播机构，专业智库不仅能够吸引、汇聚来自国内外的大批科研专家、专业学者从事各领域的理念生产和政策咨询活动，还可借助“旋转门”机制下前政府官员、外交大使的人脉关系，为政府各部门的后备管理干部及各行业社会精英、研究人员提供专门的能力建设计划与培训课程讲习班，在培养专业素养与分析思维的同时，也为其积累社会

① “Communication and Outreach”, The Institute for Strategy and Policy-Myanmar official website, https://www.ispmyanmar.com/what-we-do/communication-and-outreach/.

② 孟磊：《论美国智库的功能和运行机制》，《外语研究》2019年第6期。

资本、拓宽人际关系网络提供了优质的社交平台。[①]

具有官方背景的缅甸发展与资源研究所自成立伊始就设立了相关的培训项目，机构下属的战略与国际关系研究中心更是缅甸国内极具影响力的研究教学机构。该中心开设了工商管理学、公共管理及哲学等硕博专业课程，在训练学员分析思维与研究方法的基础上，也培养其参与政策讨论、影响关键决策者所需的政策知识和专业技能。目前，战略与国际关系研究中心已为缅甸政府、社会输送了一大批各层次、多领域的专业人才，他们多已成为国内外各行业的精英高管，开始为缅甸的内政建设与外交策略贡献力量；[②]同样，缅甸战略与政策研究所也开设了“新兴治理领导者”与“青年研究员倡议”的培训课程，旨在为缅甸未来的国家过渡转型与科研事业发展输送后备干部与专业人才。[③]

五、结语

对于经历社会政治环境长期动荡、受政府封闭决策历史传统影响的缅甸智库来说，发展历程无疑伴随着艰难与困苦。但借助2011年经济改革与社会转型的宝贵机遇，缅甸智库积极广揽人才、拓展关系网络，在投身学术研究与项目合作的同时积极开展影响力建设与品牌推广战略，努力参与东南亚区域治理与国家内政外交的政策制定过程。目前，多家智库已经收获国际同仁的专业认可与合作青睐，开始在“供应商”和“工匠”的角色定位上绽放光彩。然而受限于国内政治局势与基础设施建设，缅甸智库的发展势头在近期有所减缓。未来，缅甸社会的发展态势将如何演变，缅甸智库在其中将发挥何种作用还有待进一步的观察与研判。

---

① Nay Yan Oo, “Why Myanmar needs foreign-policy think tanks”, Asia Times, 31 July 2017, https://asiatimes.com/2017/07/myanmar-needs-foreign-policy-think-tanks/.

② The Center for Strategic and International Studies official website, https://www.csis-mm.com/.

③ “Capacity Building”, The Institute for Strategy and Policy-Myanmar official website, https://www.ispmyanmar.com/what-we-do/capacity-building/.

附表 缅甸智库基本情况表

智库名称	性质	成立年份	研究领域	重点关注区域
缅甸战略与国际问题研究所(MISIS) Myanmar Institute of Strategic and International Studies	政府附属型	1992	国际关系、外交政策、区域治理	缅甸 东南亚 中国
缅甸亚洲发展研究所(ADRI) The Asian Development Research Institute	自主独立型	2001	社会、经济、移民	缅甸 东南亚
缅甸发展与资源研究所(MDRI) Myanmar Development and Resources Institute	政府附属型	2012	战略与国际关系、经济与社会事务、法律事务	缅甸 东南亚
缅甸政策和研究合作伙伴(MPPR) Myanmar Partners in Policy and Research	自主独立型	2013	公共卫生、妇女权益、社会服务	缅甸
绿莲花(缅甸) Green Lotus Myanmar	自主独立型	2013	可持续发展、环境治理、绿色经济	缅甸
塔昂政治研究所(TIPS) Tagaung Institute of Political Studies	自主独立型	2014	国际事务、和平与安全、军民关系	缅甸 东南亚
缅甸发展研究所(MDI) Myanmar Development Institute	政府附属型	2014	金融部门改革、宏观经济政策、可持续发展计划	缅甸
缅甸战略与政策研究所(ISP) The Institute for Strategy and Policy—Myanmar	自主独立型	2016	公共政策、民主治理、联邦原则与实践、人权研究	缅甸 东南亚 中国
缅甸综合发展研究所(MIID) The Myanmar Institute for Integrated Development	自主独立型	2017	环境保护与治理、农业发展与粮食安全、社会治理与性别平等	缅甸
缅甸和平与安全研究所(MIPS) The Myanmar Institute for Peace and Security	自主独立型	2017	联邦制与宪政改革、安全对话、冲突监测分析、和平与发展	缅甸

第五章

马来西亚智库及其对国家治理和区域治理的贡献

受马来西亚政治变迁的影响，马来西亚智库经历了从起步到蓬勃发展再到转型的演变过程，呈现出虽智库派系林立，但品牌特色鲜明，发展态势良好之特点，深刻影响着马来西亚内政外交。对内，马来西亚智库为国家治理提供智力支持、平台支持及人才支持。对外，马来西亚智库通过提供思想产品、主办各类会议对话及建立政策网络，以主动的姿态接近东南亚同行或者政策制定者，宣传自身战略和思想的同时促进东南亚地区治理。

自1957年独立至今，在半个多世纪的时间里，马来西亚先后经历了从仿效西方议会民主转向威权政治，再到政治转型的发展阶段。[①]虽然马来西亚的政治探索之路走得并不平坦，但马来西亚仍能在保持原有政治制度不变的情况下，通过体制内的自我变革来推动国家进步。[②]而在这一过程中，离不开马来西亚智库的建设与发展所带来的积极影响。加拿大公共政策研究所(IRPP)认为，马来西亚智库明显提升了马来西亚政府在

① 郑佳:《国内有关战后马来西亚政治发展研究概述》,《南亚东南亚研究》2021年第6期。

② 李龙、梁伦博、唐翀:《马来西亚智库的现状、特点与启示》,《南亚东南亚研究》2018年第3期。

国际环境日益复杂化下的应变能力。[①]"论智库"网站创始人恩里克(Enrique Mendizabal)同样表示,马来西亚智库的发展对国家经济与社会发展贡献明显,并带有修正作用。[②]伴随着马来西亚的发展,在国家治理与对外区域治理上,马来西亚对智库的需求日益扩大。

一、马来西亚智库发展历程

总体而言,马来西亚智库的发展历程大致可以分为起步探索、快速发展与转型发展三个阶段:

(一)起步探索阶段:1974—1985年

尽管1957年马来西亚宣布独立,但由于开国元首拉赫曼基本上延续了殖民地时期马来西亚的发展,加上此时一些西方智库已在马来西亚设立办事处并提供咨询服务,因此在拉赫曼政府时期,马来西亚还未出现本土智库的身影。

直至1970年,拉扎克上台并推行"新经济政策"后,为满足"新经济政策"在实践推行中产生的新需求,并减少马来西亚在自身发展政策上对于外国专家的依赖,1974年,马来西亚理科大学成立政策研究中心(Centre for Policy Research,CPR),这是马来西亚首个本土智库,以关注马来西亚本土发展为主,对于马来西亚的社会和经济问题形成初步研究基础。

1983年,在马哈蒂尔的支持下,马来西亚战略与国际研究所(Institute of Strategic and International Studies,ISIS)正式成立。对内,马来西亚战略与国际研究所重点研究马来西亚的经济、社会发展问题。对外,马来西亚战略与国际研究所积极参与二轨外交活动,专注于马来西亚的对外关系以及东南亚地区、国际社会的各种问题,为马来西亚以及东南亚的和平与发展做出贡献。如今,马来西亚战略与国际研究所也被视作马来西

---

① John W. Langford, Brownsey K. Lorne, eds. "Think tanks and governance in the Asia-Pacific region",IRPP, 1991, p.13.

② Nachiappan, Karthik, Enrique Mendizabal, and Ajoy Datta, "Think Tanks in East and Southeast Asia", 2010, p.14.

亚最具国际影响力的智库。[①]

作为第三世界国家，马来西亚在大国阵营之间维持着独立自主的姿态的同时，在国际上积极为发展中国家发声。第三世界网络（Third World Network，TWN）就是在此背景下，于1984年马来西亚主办的一场主题为“第三世界：发展还是危机？”的国际会议上应运而生的。第三世界网络是一个独立的、非营利性智库，主要研究发展中国家和南北事务，以“南方”视角探索经济、环境等全球性问题，力求加深世界对发展中国家的理解。

（二）蓬勃建立阶段：1985—2000年

尽管马哈蒂尔在这一时期将马来西亚威权体制推向顶峰，但这一时期也是马来西亚各领域发展最快的时期。借助这快速发展的东风，为讨论与解决发展中出现的各类问题，马来西亚许多政党及政客把目光投向智库建设上，希冀智库发挥“智囊团”作用。因此，在这一时期，各种类型的马来西亚智库纷纷成立并在各自的研究领域有所建树。

1985年，时任马来西亚副总理安瓦尔创立马来西亚政策研究所（Institute Kajian Dasar，IKD），该智库主要关注人文、发展、青年、妇女、劳工等马来西亚的社会问题，旨在为马来西亚政府提供在文化、教育、经济等方面制定政策的基础。发展研究所（Institute for Development Studies，IDS）同样成立于1985年，这是一所由马来西亚沙巴州政府资助成立的地方区域性智库。1986年，马来西亚经济研究院（Malaysian Institute of Economic Research，MIER）成立，该智库以马来西亚发展中面临的经济、金融和商业问题为导向，承接公共和私营部门委托的经济研究项目，就宏观经济发展和未来经济前景提供建议。同年，战略分析与政策研究所（Institute of Strategic Analysis and Policy Research，INSAP）成立，其初始运营资金来源于马来西亚华人工会（MCA），研究方向为经济政策及华人商务。1992

---

① Ahmed Babatunde Adeosun, “Think-Tank and Foreign Policy: A Comparative Study of the Nigerian Institute of International Affairs (NIIA) and the Institute of Strategic and International Studies (ISIS) Malaysia”, *European Journal of Social Sciences Studies*, 2019.

年，为掌控马来西亚的伊斯兰教发展方向，[①]马哈蒂尔内阁宣布成立马来西亚伊斯兰教研究所(Institut Kefahaman Islam Malaysia，IKIM)，旨在通过如研讨会、讲习班、论坛和出版物等多种活动与形式，向马来西亚人民提供对伊斯兰教教义的正确理解。1993年，马来西亚海事研究院(Maritime Institute of Malaysia，MIMA)成立，其前身为马来西亚海事研究所，主要研究与马来西亚海上利益相关的问题。亚洲战略领导研究所(Asian Strategy & Leadership Institute，ASLI)同样成立于1993年，该智库的所有权与管理权均由谢富年基金会(Jeffrey Cheah Foundation)持有，该基金会是马来西亚教育行业的龙头企业。与马来西亚战略与国际研究所功能相似，亚洲战略领导研究所对内主要关注马来西亚的经济与社会问题，对外关注国际事务。值得一提的是，为改进国家治理和增进国家凝聚力，亚洲战略领导研究所后来成立了公共政策研究中心(Centre for Public Policy Studies，CPPS)作为下属的研究机构。如今，公共政策研究中心作为独立智库而存在，其研究领域涵盖马来西亚国家治理的一系列主题。[②]

(三)转型发展阶段:2000年至今

进入21世纪后，马来西亚政治转型进程明显加快，无论是反对党力量的不断壮大，还是市民参政意识的广泛觉醒，均有力地推动了马来西亚的社会转型与政治变革。[③]马来西亚的国家政策社会化转型与主流思想的转变，深刻推动了关注公共政策的智库的产生与发展，这一时期成立的智库，研究目光更多地下沉到民众中，聚焦环境保护、可持续发展、消除贫困、改进民生等方面，旨在提高马来西亚政府治理效力，提升马来西亚国际竞争力。

---

① Zubair Hasan, "Nature and significance of Islamic economics", *Journal of Economic and Social Thought*, 2016, No.3, pp.400-416.

② 林丽玲、黄颖欣:《马来西亚智库的运行机制》,《开放导报》2014年第4期。

③ 郑佳:《国内有关战后马来西亚政治发展研究概述》,《南亚东南亚研究》2021年第6期。

2001年，SEDAR研究所（SEDAR Institute）成立，该智库重点关注如何构建“马来西亚民族”（Bangsa Malaysia）[①]的身份认同、人权保障等问题。2007年，时任马来西亚总理巴达维赞助成立伊斯兰教高级国际研究所（International Institute of Advanced Islamic Studies，IAIS），旨在关注伊斯兰思想的现实意义。同年，马来西亚理科大学将成立于1974年的政策研究中心和成立于2004年的国际研究中心（CIS）合并，成立政策研究和国际研究中心（CenPRIS），重点关注扶贫、族群关系等公共事务问题，并依托大学培养相关学术人才。2010年，民主与经济事务研究所（Institute for Democracy and Economic Affairs，IDEAS）成立，该智库以马来西亚的公共政策为主要研究对象，旨在促进马来西亚的包容性社会建设。2018年，KSI亚太战略研究所（KSI Strategic Institute for Asia Pacific）成立，该智库的特色在于提供公共政策研究、风险分析、政企关系等商业咨询服务。同年，乔哈尔社会科学院（Jauhar Academy of Social Sciences，JASS）成立，该智库隶属于柔佛君主主义俱乐部（Johor Royalists Club），旨在促进柔佛州社会科学研究的发展。

二、马来西亚智库的特点

马来西亚智库的特点随其发展历程而演变，具有独特的过程性特点。由于马来西亚智库多因党派利益而成立，因而在早期，马来西亚智库由于后台背景不同，呈现出鲜明的派系之分。又因为这些智库的发展定位是服务于本派利益，具有明确的导向性，故而在发展中，智库也呈现出专业化、品牌化的特色。近年来，随着马来西亚政局的不断变换，不同派系斗争形势跌宕起伏，各自旗下智库的发展亦受影响。为寻求可持续性发展，不少智库积极探索转型升级方式，试图减少后台影响，加强自身独立性。

---

① 马哈蒂尔的“2020年宏愿”计划（Vision 2020）中提到，要在2020年之前建立“马来西亚民族”（Bangsa Malaysia），强调马来西亚国民对于“马来西亚人”的身份认同。

（一）早期特点：派系绑定、政客掌控

马来西亚的智库大多依靠政党或有影响力的政客而成立，在人事任命和资金来源等方面均与出资的政客有裙带关系，因此早期的独立性、客观性相对不足。如由马哈蒂尔内阁筹建成立的马来西亚战略与国际研究所，首届董事会中，一半以上的成员来自马哈蒂尔政府的核心部门，如常务总干事诺丁·索比（Noordin Sopiee）是马哈蒂尔的私人顾问，副总干事易卜拉欣（Ahmad Zabri Bin Ibrahim）是马来西亚公务员培训中心国家公共行政学院（INTAN）的副主任。尔后，马哈蒂尔首次任期内（1983—2003年）身边的得力助手也陆续出任马来西亚战略与国际研究所的重要位置：总理府研究部主任乔哈（Jawhar）于1990年担任马来西亚战略与国际研究所副总干事，后任主席；马来西亚工业发展局①（MIDA）局长苏龙（Sulong）于1990—1997年担任主席；国家经济行动委员会（NEAC）②工作组的成员马哈尼（Mahani）于2007年5月被任命为该智库总干事。③值得一提的是，马来西亚战略与国际研究所的启动资金源于马哈蒂尔政府两千万马来西亚林吉特的捐赠，如今，马来西亚政府仍继续为该智库提供办公与科研场所。

此外，马来西亚伊斯兰教研究所、马来西亚经济研究院与亚洲战略领导研究所的成立与发展也与马哈蒂尔相关。马来西亚伊斯兰教研究所由马蒂哈尔内阁于1992年成立，马哈蒂尔试图通过马来西亚伊斯兰教研究所，将伊斯兰教在马来西亚的诠释与发展掌控在自己的权力之下。④成立马来西亚经济研究院这一构想首先出现在马哈蒂尔政府的经济专家小

---

① 马来西亚工业发展局是马来西亚的主要政府机构，负责促进和协调马来西亚的工业发展。

② 1998年，马哈蒂尔政府设立国家经济行动委员会工作组，该工作组为政府机构，专门制定马来西亚从1997年金融危机中经济复苏的政策。

③ “ISIS Personalities, Past and Present”, ISIS Focus: Issue No. 188 & 189, January - June 2008, https://www.jstor.org/stable/resrep13537.14.

④ Zubair Hasan, “Nature and significance of Islamic economics”, *Journal of Economic and Social Thought*, 2016, No.3, pp. 400-416.

组(the Prime Minister's Economic Panel)中,后在马来西亚无形贸易委员会(Council on Malaysian Invisible Trade)的促进下,该智库得以成立。马来西亚经济研究院每年能收到马来西亚政府的财政拨款,用于经济、金融和商业领域的研究项目。而亚洲战略领导研究所的首位董事长便是与马哈蒂尔私交甚密的谢富年(Jeffrey Cheah),马哈蒂尔的长子米尔占·马哈蒂尔(Mirzan Mahathir)也曾出任亚洲战略领导研究所的董事长。

有马哈蒂尔的先例后,其他政客与政党竞相效仿,纷纷成立智库为己方提供智力支持。马来西亚前副总理安瓦尔与穆斯林青年运动(Angkatan Belia Islam Malaysia)的创始人共同创立了马来西亚政策研究所,并委任安瓦尔的政治伙伴卡玛鲁丁(Kamaruddin Jaafar)为首任董事长。[①] 第六任马来西亚总理巴达维(Badawi)在其出任马来西亚副总理(1999年)时赞助成立了智慧与技术发展中心(Centre for Intellectual Promotion and Technological Advancement),第七任马来西亚总理纳吉布·拉扎克(Najib Razak)在其出任教育部部长(1996年)时也成立了一个名为马来西亚策略研究中心(Malaysian Strategic Research Centre)的智库。[②]除党派外,许多州政府也纷纷建立地方智库,以便进行决策参考,如沙巴人民团结党(Parti Bersatu Sabah)领袖杰费里(Jeffrey Kitingan)创立了地方智库发展研究所,而杰费里的兄长拜林(Pairin Kitingan)正是当时沙巴州州长。

由于这些智库与政党以及政客的利益深度绑定,这些智库的研究方向、立场,甚至是发展前途,都深受幕后支持者影响。20世纪70年代,拉扎克政府十分关注农村发展问题,故而政策研究中心受拉扎克倡议,针对农业、土地等问题进行深入研究。而到了80年代,随着拉扎克政府的落

---

① Khoo Su-ming, "Think tanks and intellectual participation in Malaysian discourses of development", Stone. D., Denham, A. y Garnett, M. *Think tanks across nations: A comparative approach.* Manchester University Press, Manchester, Reino Unido, 1998.

② 智慧与技术发展中心(Centre for Intellectual Promotion and Technological Advancement)与马来西亚策略研究中心(Malaysian Strategic Research Centre)目前或已处于停摆状态,互联网上并无太多关于这两个智库的相关信息,作者仅在《Think tanks and Malaysian development》一文中发现提及这两个智库的内容。

幕，马哈蒂尔上台后的施政重点转向经济快速发展，政策研究中心的研究领域不再受重视，该智库的发展就此停滞。1997年金融危机的爆发见证了巫统派系的分裂，也见证了马哈蒂尔和安瓦尔的决裂。[①]1998年，因与马哈蒂尔在应对金融危机的方式和理念上存在分歧，时任马来西亚副总理安瓦尔被革职和被捕入狱。[②]同为进行伊斯兰教研究的智库，马来西亚伊斯兰教研究所与马来西亚政策研究所的发展随着马哈蒂尔与安瓦尔的政治斗争受到了明显的影响，由于安瓦尔失势，马来西亚政策研究所屡受打压，发展情况远不如马来西亚伊斯兰教研究所。[③]

（二）发展中特点：各具特色、品牌明确

如前所述，由于这些智库一开始由政党或政客资助成立，聚焦政客及国家急需解决的问题，有自身的主攻方向，以便提供决策参考。因此，这些智库在长期且深入地对特定政策领域的研究与追踪中，不但形成了对该领域敏锐洞察与对相关问题的精确把握，更形成了自己的特色和品牌。

在经济领域，马来西亚经济研究院凭借长期致力于马来西亚国内的经济、金融和商业等问题的研究，已发展成为马来西亚经济问题研究的“龙头”智库。在海事领域，有长期从事与该国海事利益相关的国内、地区和全球问题研究的马来西亚海事研究院。在公共政策领域，公共政策研究中心凭借其无党派和非意识形态立场，在该研究领域颇有影响力。在伊斯兰教研究领域，有伊斯兰高级国际研究所与马来西亚伊斯兰教研究所，其中，伊斯兰高级国际研究所会定期出版《伊斯兰与文明复兴》刊物，马来西亚伊斯兰教研究所更是拥有马来西亚第一大伊斯兰广播电台（马

---

① 陈戎轩、傅聪聪：《马来西亚社会转型与马来族群政党分裂——基于社会分裂结构理论视角》，《东南亚研究》2021年第3期。

② 余雷：《政治系统论视角下马来西亚一党独大制的演变》，北京外国语大学硕士学位论文，2021年。

③ Seyyed Vali Reza Nasr, *Islamic leviathan: Islam and the Making of State Power*, Oxford University Press, 2001, p.126.

来西亚半岛IKIM电台)。在外事领域,马来西亚战略与国际研究所主要关注如何促进亚太国家之间政策沟通,而第三世界网络关注发展中国家的建设与需求,定期出版月刊《第三世界复兴》、双月刊《第三世界经济学》和发布南北发展公报。在地方,则有专注于本地区发展研究的沙巴发展研究所、槟城研究所(Penang Institute)、乔哈尔社会科学院、沙捞越发展研究所(SDI)等。由于有清晰的战略定位与使命,马来西亚的智库在品牌化、特色化发展之路上越走越扎实,不断积累和培育基于自身资源特点的知识生产优势,也形成了重要政策影响力。

(三)现今特点:拔新领异、转型独立

美国宾夕法尼亚大学《2020年全球智库年度报告》指出,截至2020年,马来西亚共有27家智库。[①]尽管马来西亚智库数量较少,且大多数智库建立仅十几年时间,但质量普遍较高,获得了全球认可的综合实力和较大的地区影响力。在《2020年全球智库年度报告》的排行榜中,排名前150名的智库(不包括美国)中马来西亚有2所,分别是亚洲战略领导研究所(第119名)、马来西亚战略与国际研究所(第137名)。[②]在2020年全球顶级智库(含美国)排行榜中,公共政策研究中心跻身第102名。在"南亚、东南亚及太平洋地区(不包括印度)顶级智库"排行榜中,前10位中有2家马来西亚智库,分别是马来西亚战略与国际研究所(第4名)和公共政策研究中心(第7名);而在前110位中马来西亚智库占据7席。[③] 可见,马来西亚智库虽受国内政治变迁影响,且起步晚发展慢,但在马来西亚国内与东南亚仍享有一定声誉。

尽管在成立之时,马来西亚大多数智库具有政府背景,经费充足、独立性较弱。有学者研究指出,但随着智库的发展,越来越多的马来西

① James G. McGann, "2020 Global Go to Think Tank Index Report", January 27, 2021, https://repository.upenn.edu/cgi/viewcontent.cgi?article=1019&context=think_tanks, p.45.

② Ibid., pp.55-60.

③ Ibid., pp.107-110.

亚智库开始强调转型与经费来源渠道的多元化，并且只接受不附加条件的捐赠，以避免利益团体、捐赠者对研究的干预，保障自身独立性，以便长期或跨年度研究规划的开展。像政府智库马来西亚战略与国际研究所、马来西亚经济研究院、马来西亚海事研究院等都转向服务收费、捐赠等形式吸纳资金，避免过分依赖某一单独经费来源。自主经营也在一定程度上确保了智库的独立性与灵活性，使得智库在研究时能保持中立，研究成果也更有说服力，继而增加了智库的影响力。如拒绝接受国际资助且主要通过提供咨询服务来获得经费的公共政策研究中心，就在《2020年全球智库年度报告》中的“亚洲最佳智库”位列第7，且在多项榜单中表现出色：2020年顶级教育政策智库（第47名）、2020年顶级社会政策智库（第67名）、2020年宣传最佳智库（第39名）、2020年高透明度和良好治理智库（第30名）、2020年最佳管理型智库（第65名），以及2020年最佳独立智库（第120名）。而其他独立智库，如第三世界网络与民主与经济事务研究所均入围2020年顶级国际发展政策智库（第75名与第125名）。

三、马来西亚智库对马来西亚国家治理的贡献

如前所述，马来西亚大多数智库有着深厚的政府背景，智库人员与政界高层、业界精英等频繁互动，且智库特色鲜明、专业性强。因此，马来西亚智库有着重要的政策影响力、知识传播力及人才培养能力，为马来西亚国家治理做出不凡贡献。

（一）马来西亚国家治理的“战略顾问”

自独立以来，在马来西亚的各项发展问题中，核心的莫过于经济发展问题，给出对于经济发展问题的建议，一直是马来西亚智库的研究热点。从1966年起，马来西亚政府每5年都会发布一个新的发展计划，引领马来西亚发展。1971年，敦拉萨政府在第2个马来西亚五年计划框架下提出了20年“新经济政策”（1971—1990年），而受拉扎克总理所托，政策研究中心的研究项目之一便是面向新经济政策中的“消除贫困”目标，针对马

来西亚农业及贫困人群的问题进行研究。① 1991年，马哈蒂尔政府在第6个马来西亚五年计划框架下正式提出"'2020宏愿'国家发展计划"（Vision 2020），力争将马来西亚建设成发达的工业化国家。在该计划的制定过程中，马来西亚战略与国际研究所发挥了关键性的作用，马哈蒂尔提出"2020宏愿"的报告文本《马来西亚：迈向前进之路》，就来自马来西亚战略与国际研究所。②此后，"2020宏愿"这一长期战略规划就嵌入了马来西亚的五年计划当中，二者相辅相成，而作为"2020宏愿"的制定方，马来西亚战略与国际研究所在马来西亚政府每次公布五年计划时，都积极促成战略对接。如在2006年，该智库就多次联合政府官员开办研讨会，研究如何将"2020宏愿"计划与马来西亚第9个五年计划相对接。③而在马来西亚战略与国际研究所的带动下，加之21世纪后马来西亚的政策环境逐渐变得开放包容，许多马来西亚智库也有机会为五年计划的制定建言献策。拥有经济数据库的马来西亚经济研究院会发布月度、季度及年度的经济分析报告，并定期做出经济预测。在马来西亚五年计划中"财政预算"这一块，马来西亚政府会充分参考马来西亚经济研究院研究员的建议与报告。④

由于马来西亚是在英国殖民地的基础上，各州组合起来成立的一个独立、统一的联邦国家，各州之间缺乏作为一个国家共同存在的历史积累以及由此而产生的必要的凝聚力和认同感。⑤ 而由此衍生的身份认同问

---

①③ Khoo Su-ming, "Think tanks and intellectual participation in Malaysian discourses of development", Stone. D., Denham, A. y Garnett, M. *Think tanks across nations: A comparative approach.* Manchester University Press, Manchester, Reino Unido, 1998.

② "The Role of ISIS Malaysia In The Track Two Process", ISIS Focus: Issue No. 188 & 189, January - June 2008, https://www.jstor.org/stable/resrep13537.9.

④ "Sharpening Pemulih to enable holistic national pandemic recovery", Institute of Strategic Analysis and Policy Research, July 24, 2021, https://insap.org.my/wp-content/uploads/2021/07/MCA-insap-Proposals-for-Strengthening-National-Recovery-Plan-RV-JY-Final-1.pdf.

⑤ 张榕：《宪政民主化道路上的马来西亚政党制度》，《东南亚纵横》2015年第5期。

题、央地关系问题及地方规划与发展问题等都是困扰马来西亚联邦政府的国家治理难题。作为马来西亚政府的“战略顾问”,受政府所托,不同的马来西亚智库发挥特长,制定出可供各级政府参考的解决方案,以期为其科学决策提供智力支持。

在身份认同问题上,对于“国家原则”(Ruku Negara)[①]的贯彻与时代适用性一直是政府关注的重点。2020年,马来西亚战略与国际研究所在“国家原则”提出50周年之际,向联邦政府提交了16项将“国家原则”与科技创新领域相融合的建议。[②] 2020年9月,KSI亚太战略研究所邀请马来西亚国家团结部副部长郑联科、马来西亚总理府经济事务部副部长约瑟夫(Arthur Joseph Kurup),以及众多企业领导、学者、公民代表等参加研讨会,共同探讨未来向社会各个层面的人输出“国家原则”这一价值观的方式。

央地关系问题是民主与经济事务研究所的重点承接命题,该研究所提交的多份政策简报如《联邦与州关系的政治经济学:中心如何影响外围分配资源》《重振联邦制精神:新马来西亚的权力下放政策选择》《新经济政策的50年:重新审视其对社会凝聚力、民族团结和马来西亚邦沙的影响》等,为马来西亚联邦政府建言献策。

政策研究和国际研究中心主要关注城市治理问题,发布多项如《吉兰丹州哥打巴鲁市的城市土地所有权问题研究》《乔治市中心的土地所有制模式》《槟城住宅群研究》等土地政策研究,向马来西亚联邦政府提供政策意见。[③] 发展研究所作为沙巴州政府的官方智库,重点研究如何结合联邦政府的整体利益规划与沙巴州地方利益偏好。1994年,在联邦政府投

① 1970年,为促进各民族的团结,以及培养国民爱国的精神,马来西亚联邦政府公布了“国家原则”(Ruku Negara):信奉上苍,忠于君国,维护宪法,尊崇法治和培养德行。此举旨在促进马来西亚各民族间的最大团结。

② “Rukun Negara and Innovation”, KSI Strategic Institute for Asia Pacific, August 24, 2020, https://kasi.asia/publications/rukun-negara-and-innovation/.

③ “Director's Message”, Centre for Policy Research and International Studies, https://cenpris.usm.my/index.php.

入5亿令吉的专项发展资金背景下，发展研究所与联邦政府共同牵头制定"沙巴1995—2010年发展规划"，将其作为沙巴州的主要发展战略，旨在使沙巴州更好地融入马来西亚联邦。[①] 此后，发展研究所也陆续提交了如《盆仙干区发展潜力》等政策报告。其他地方智库也同样积极为州政府提供决策参考。

作为海洋国家，马来西亚的国家安全和利益与海洋息息相关，因此与海洋相关的所有事务研究对于马来西亚而言十分重要。马来西亚海事研究院下设海事安全与外交、海洋法律与政策、沿海和海洋环境、海洋经济与产业、马六甲海峡五个研究中心，并定期出版研究院公报，为与海事相关的政府部门提供专业咨询服务，促进马来西亚海洋政策的制定和实施，如马来西亚最新提出的"国家海洋垃圾政策和行动计划(2021—2030年)"就由马来西亚环境及水务部与马来西亚海事研究院的沿海和海洋环境中心共同研讨和制定。

(二)马来西亚国家治理的"交往中介"

马来西亚智库通过成果出版，以及组织研讨会、报告会和峰会等方式，促进各界对马来西亚各领域问题进行深入互动和探讨，发挥了智库的政策解读和政策普及的中介作用。

在经济领域，目前的马来西亚正处于第12个五年计划阶段，由于五年计划经常落实不到位，民间存在质疑制定五年计划必要性的声音。对此，马来西亚经济研究院发表《我们仍需要"五年计划"吗?》，向公众解释政府制定"五年计划"的必要性。部分民众对于新冠肺炎疫情下马来西亚政府实施的"国家复苏计划"(NRP)有不同的意见，马来西亚经济研究院先后发表文章《"国家复苏计划"是经济的重置策略》与《财政政策决定的要求》，向公众解释为什么马来西亚政府要实行"国家复苏计划"[②]，并解读

① Diane Stone, Andrew Denham, eds. *Think Tank Traditions: Policy Analysis Across Nations*, Manchester University Press, 2004.

② "NRP a reset strategy for economy", Malaysian Institute of Economic Research, June 18, 2021, https://www.mier.org.my/post/nrp-a-reset-strategy-for-economy.

即将出台的《财政责任法》对于促进马来西亚发展的作用。[①]而面对颇具争议的马来西亚2022年预算案，马来西亚经济研究院通过召开报告会，邀请总理府经济事务部的官员、马来西亚特许税务协会（CTIM）主席等，向各界说明2022年预算案中“有限但有效”的做法将刺激经济增长，能有效减轻新冠肺炎疫情给马来西亚带来的负面影响。[②]

公共政策研究中心则以“公开对话”的特色形式，搭台让政府官员、相关行业代表、公民代表等围绕某一公共问题进行充分对话和辩论，促进不同观点的交流及政策共识的达成。2018年10月8日，公共政策研究中心邀请房屋及地方政府事务部部长卡玛鲁丁（Zuraida Kamaruddin）举行“公开对话”，向公众说明马来西亚经济适用房的开发进展情况。[③]2019年2月14日，公共政策研究中心邀请马来西亚教育部部长马智礼（Maszlee Malik）和马来西亚教育协会主席易卜拉欣（Ibrahim Ahmad Bajunid），与教育工作者、教育企业代表等开展了一场关于马来西亚教育的“公开对话”，各方就马来西亚教育改革问题充分交换意见。[④]2019年11月27日，公共政策研究中心上属机构亚洲战略领导研究所组织“国家建设对话”，邀请马来西亚高级公职人员、部分行业领袖、私营企业和学术界代表等，探讨马来西亚的脱贫战略、性骚扰法案等社会问题。

---

① “The demands of deciding on fiscal policy”, Malaysian Institute of Economic Research, December 8, 2021, https://www.mier.org.my/post/the-demands-of-deciding-on-fiscal-policy.

② “A compassionate budget for 2022”, Malaysian Institute of Economic Research, November 12, 2021, https://www.mier.org.my/post/a-compassionate-budget-for-2022.

③ “5 agensi perumahan mampu milik diletak bawah KPKT – Zuraida”, New Straits Times Press, October 8, 2018, https://www.bharian.com.my/berita/wilayah/2018/10/483306/5-agensi-perumahan-mampu-milik-diletak-bawah-kpkt-zuraida.

④ “Open Dialogue on Malaysian Education”, Centre for Public Policy Studies, February 15, 2019, https://www.asli.com.my/files/editor_files/files/Media%20Releases/PR%20-%20Open%20Dialogue%2014%20Feb%202019.pdf.

峰会,顾名思义就是"高峰""先锋"会议之意,往往是高精尖的团体或人物的聚会,讨论成果在论调上具有权威性和引导性。作为马来西亚智库的后起之秀,KSI亚太战略研究所以积极承办峰会而出名。目前,该智库已举办了5届马来西亚经济峰会、4届全国教育与学习峰会、3届马来西亚医疗保健会议,以及马来西亚银行、金融峰会与马来西亚房屋及产业峰会,促进政策制定者与行业内专家对该行业的形势进行分析交流,为政府部门提升治理能力、制定产业发展政策提供智力支持。

(三)马来西亚国家治理的"人才培育中心"

长期以来,由于马来西亚智库在各研究领域中的定位明确,因此智库的专家都是在行业内理论基础和实践经历丰富,具有深刻思想和创新见解的专家和学者。这得益于马来西亚智库加强与政府、学校、企业、社会组织等部门的联系,逐渐形成多主体共同参与的人才培养合作机制,为马来西亚国家治理源源不断输送人才。政策研究和国际研究中心依托马来西亚理科大学,除了开展经济学、政治学、社会学等研究方向的硕士生与博士生的培养工作外,还常年开设各类专业的培训班,为教师和学者提供进修培训。此外,民主与经济事务研究所、战略分析与政策研究所等智库与马来亚大学等高等学府签署研究生培养协议,选拔优秀研究生在智库内部进行科研并提供奖学金用以论文研究,同时开设了面向各类社会团体的相关专业进修班。而由于马来西亚政策研究所与马来西亚青年理事会(Majlis Belia Malaysia)联系密切,因此马来西亚政策研究所有机会得以深入接触马来西亚青年穆斯林群体,向其提供教育项目,定期举办智库人才培训班,旨在培育马来西亚穆斯林青年政治人才。目前,该智库已培养1名州务大臣、2名副部长和24名国会议员或州议员。

四、马来西亚智库对东南亚区域治理的贡献

作为东南亚地区大国,马来西亚积极承担区域治理的相应责任和义务。紧跟马来西亚政府步伐,马来西亚智库通过供给思想产品、搭建对话平台、构建研究网络等方式,为东南亚区域治理提供思想和平台支持。

(一)供给思想产品

以新冠肺炎疫情为例,疫情暴发后,针对新冠肺炎疫情在东南亚地区的蔓延,马来西亚许多智库都展开了多元研究,以政策简报、研究报告等形式为应对疫情所引发的东南亚地区卫生治理危机供给公共思想产品。根据智库网站发布的公开信息,马来西亚战略与国际研究所于2020年1月至2022年6月在该议题上产出了3本专著、6期《聚焦"伊斯兰国"》(*ISIS focus*)报告及12篇政策简报,针对疫情之下的国际医疗、疫苗分配、政治经济秩序重建等多元议题展开讨论并提出具体政策建议。民主与经济事务研究所于2020年1月至2021年6月针对新冠肺炎疫情的相关议题共发表了17篇研究报告,针对疫情所产出的思想产品更加聚焦于疫情所引发的有关地区经济、粮食安全等方面的次生危机,呼吁第三世界国家加强抗疫合作。

近年来,海洋塑料垃圾治理逐渐受到东盟各国政府的关注,成为东盟各国多边环境合作的重要议题之一。以研究海事问题而享誉东南亚地区的马来西亚海事研究院积极组织和参与相关研讨会,提出有效建议。2021年10月,马来西亚海事研究院沿海和海洋环境中心负责人应邀做题为《海洋垃圾的来源、途径及相关挑战》的报告,以完善联合国环境规划署(UNEP)《从污染到解决方案:对海洋垃圾和塑料污染的全球评估》的内容,为第五届联合国环境大会(UNEA 5.2)提供决策信息。[①] 2021年10月,在"热带科学国际会议(TropSc 2021)"上,马来西亚海事研究院沿海和海洋环境中心负责人就加强东南亚热带地区"蓝色经济"的可持续发展合作提出了相关政策框架。[②]2022年2月的"东亚峰会(EAS)——海洋污染防治研讨会"上,马来西亚海事研究院马六甲海峡中心负责人做题为《印

① "MIMA at UNEP's Launch Event From Pollution to Solution: A global assessment of marine litter and plastic pollution", Maritime Institute of Malaysia, October 26, 2021, https://www.MIMA.gov.my/news/MIMA-at-uneps-launch-event-from-pollution-to-solution.

② "International Conference on Tropical Sciences (TropSc 2021): Contributions to Sustainability", Maritime Institute of Malaysia, October 26, 2021, https://www.MIMA.gov.my/news/international-conference-on-tropical-sciences-tropsc-2021.

度-太平洋地区塑料碎片的监测和研究》的汇报，为减少印度—太平洋地区海洋塑料污染提供潜在解决方案和途径。[①] 2022年3月的“亚洲无塑料河流论坛”中，马来西亚海事研究院负责主持“基于证据的塑料政策”这一议题，为湄公河等河流沿岸地区的塑料污染治理建言献策。[②]

气候治理也是马来西亚智库尤其是第三世界网络关注的话题，第三世界网络仅在2022年上半年就发表了22篇关于气候变化的资政报告。而自2008年起，第三世界网络连续向《联合国气候变化框架公约》（UNFCCC）缔约方大会[③]和技术执行委员会[④]提交政策建议，如《给UNFCCC技术执行委员会：解决知识产权问题》《应对气候变化的多边金融结构：关键要素》《“全球目标”中的共同愿景和分担责任》《气候谈判中的部门方法：发展中国家的考虑》，代表第三世界提出治理诉求与建议，同时也丰富了东南亚地区关于气候治理的思想产品。

（二）搭建话语交流平台

智库是政策讨论的发起者，能积极为各方政策主体的交流、互动、对话与辩论搭建平台，通过主办国际会议、开展国际议题倡议活动、作为中立方组织和主持多方对话等方式，创造一个“集聚的空间”，将政策共同体联合起来。[⑤]在马来西亚政府的大力支持下，马来西亚智库在涉及区域治

---

① “East Asia Summit（EAS）Workshop on combatting marine pollution”, Maritime Institute of Malaysia, February 15, 2022, https://www.MIMA.gov.my/news/east-asia-summit-eas-workshop-on-combatting-marine-pollution.

② “Addressing sources of marine litter in the region”, Maritime Institute of Malaysia, March 14, 2022, https://www.gov.my/news/addressing-sources-of-marine-litter-in-the-region.

③ 为应对气候变化，1992年5月通过了《联合国气候变化框架公约》（《公约》）。《公约》于1994年3月生效，截至2016年6月底共有197个缔约方。《公约》缔约方大会是其的最高机构。由拥有选举权并已批准或加入《公约》的国家组成。《公约》缔约方大会负责监督和评审《公约》的实施情况。缔约方大会将签订该框架《公约》的各缔约方联合在一起，共同致力于《公约》的实施。缔约方大会自1995年起每年召开一次会议。

④《公约》框架下的常设机构。

⑤ 柏必成：《政策运行过程视角下的智库角色与功能》，《行政科学论坛》2020年第9期。

理的对话平台供给方面越来越积极、主动，通过圆桌会议、论坛等形式促进政府与国内外专家学者、利益攸关方之间，甚至政府不同部门之间的对话。

亚太圆桌会议（Asia-Pacific Roundtable）由马来西亚战略与国际研究所和东盟战略与国际问题研究所于1987年共同发起，主旨是增进亚太地区国家的互信。该论坛会议每年举办一次，是亚太地区最重要的智库论坛之一，每年均有300名以上来自亚太及世界各地的政界、学术界人士参加会议，就地区重大战略问题进行坦诚的对话，以寻求应对亚太地区所面临的挑战，为国家提供决策建议。此外，由马来西亚战略与国际研究所创建的马来西亚首个高级别非官方国际论坛——马来西亚战略与国际研究所国际事务论坛，其影响也在扩大。

自1993年成立以来，亚洲战略领导研究所发起并组织了许多高水平的国际会议及论坛，如东盟商业和投资峰会（ASEAN Business and Investment Summit）、亚太房地产会议（Asia-Pacific Real Estate Conference）、亚洲全球领导力论坛（Asia Global Leadership Forum）、不结盟运动商业论坛（Non-Aligned Movement's Business Forum）、伊斯兰会议组织商业论坛（OIC Business Forum）、东盟领袖论坛（ASEAN Leadership Forum）和亚洲经济峰会（the Asia Economic Summit）等，汇集了东南亚地区及国际社会的政、学、媒、企业界的相关人物，为相关领域的精英提供交流与分享的平台。值得一提的是，亚洲战略领导研究所主办了2019年东盟可持续发展峰会（ASD2019），几乎所有东盟国家的部长和政府高级官员都参加了会议，重点就东盟地区在经济、社会和环境方面的可持续发展问题进行研究。

KSI亚太战略研究所作为马来西亚近年来发展势头较好的智库，同样积极搭建对话平台。2019年6月，作为马来西亚智库代表，KSI亚太战略研究所与东盟商业咨询委员会等共同举办“2019东盟共同体领导与伙伴论坛”，泰国外长敦·巴穆威奈（Don Poramatwinai）以时任东盟轮值主席国代表的身份出席并致辞，该论坛汇聚了来自政府、商界、学术界、智库和民间社会组织的诸多领导人，讨论东盟在新的全球时代面临的挑战。[①]2020年2月，主办“东南亚智慧城市基础设施论坛”，针对东盟城市的基础设施建设和公共安全构建进行研讨。[②] 2021年10月，主办“2021年东盟领导力与伙伴关系论坛”，邀请马来西亚旅游、艺术与文化部部长苏克里(Shukri)、文莱第二外长艾瑞万(Erywan)、柬埔寨商业部部长潘索萨(Pan Sorasak)、泰国朱拉隆功大学东盟研究中心执行主任迟拉西瓦教授(Suthiphand Chirathivat)、尤索夫·伊萨克东南亚研究所高级研究员梅农(Jayant Menon)等，共同探讨影响东盟未来可持续性发展的因素。[③]2022年5月，联合吉隆坡经济俱乐部、《中国日报亚洲版》举办区域经济论坛“2022亚洲经济与创业峰会”(AEES)，讨论亚洲商业和工业的发展趋势、战略挑战和存在问题。[④]

(三)参与构建东南亚地区治理政策网络

如今在东南亚地区，越来越多的智库自发组织起来共同建立政策网络，联合多方资源来解决日益复杂化的地区性问题。智库加入地区政策网络，既可以借助合作的其他组织和智库快速地收集到各国的第一手信息，还可以通过展开联合项目的方式与不同智库合作，进而提升自身的研究水平。[⑤]此外，政策网络的不同成员会就地区性问题提供多种视角的有

---

① “2019 ASEAN Community Leadership and Partnership Forum”, Kingsley Advisory and Strategic Initiatives, June 23, 2019, https://kasi.asia/events/2019-asean-community-leadership-and-partnership-forum/.

② “Southeast Asia Smart Urban Infrastructure Forum”, Kingsley Advisory and Strategic Initiatives, February 18, 2020, https://kasi.asia/events/southeast-asia-smart-urban-infrastructure-forum/.

③ “Asean Leadership and Partnership Forum 2021”, Kingsley Advisory and Strategic Initiatives, October 7, 2021, https://kasi.asia/events/asean-leadership-and-partnership-forum-2021/.

④ “Asia Economic and Entrepreneurship Summit 2022”, May 31, 2022, Kingsley Advisory and Strategic Initiatives, https://kasi.asia/events/asia-economic-and-entrepreneurship-summit-2022/.

⑤ 周达谋、刘清、李宏:《智库的国际影响力认知框架》,《智库理论与实践》2021年第4期。

效解决方案，通过整理综合多样性的方案和多元性的观点，可以积累形成独特的知识体系，从而得出更好的创新建议，有助于促进区域合作。

马来西亚战略与国际研究所、发展研究所与马来西亚伊斯兰教研究所等马来西亚智库在参与构建东南亚地区治理政策网络上十分主动，一方面向外传播马来西亚的观点和立场，另一方面也听取来自不同国家专家和学者的看法，相互了解、增进互信。

马来西亚战略与国际研究所是东南亚国家的战略研究机构联盟——东盟战略与国际问题研究所的创始成员之一。作为半官方的智库网络，东盟战略与国际问题研究所自成立伊始就致力于促进东盟内部的战略决策，为推动大东盟的形成、东盟共同体的建设，以及亚太地区的对话与合作做出了重要贡献。同时，马来西亚战略与国际研究所也是东亚智库网络的成员，东亚思想库网络的成立旨在汇集东盟与中日韩（10+3）国家的学术资源，为东亚与东南亚合作提供智力支持。此外，马来西亚战略与国际研究所还是太平洋经济合作理事会（Pacific Economic Cooperation Council，PECC）的成员机构，这是由工商企业界、政府和学术界三方人士组成的非政府间国际组织，定期制定和倡导亚太区域政策倡议，并为亚太经合组织会议的工作组提供信息和分析支持。2020年12月，太平洋经济合作理事会第27届大会由马来西亚战略与国际研究所主办。

马来西亚伊斯兰教研究所与印尼伊斯兰思想和文明研究所（INSISTS）等东南亚伊斯兰学术圈联系密切，也曾派代表参加印尼伊斯兰经济论坛等活动，与阿拉伯国家及一些发展中国家有着密切的联系，并与东盟组织开展了相应的区域合作，不仅为东南亚“涉伊斯兰问题”的治理献计献策，还积极推动了马来西亚成为伊斯兰世界中重要的东南亚角色。而发展研究所也加入地方智库联盟——地方行动与经济发展协会（Commonwealth Association for Local Action and Economic Development）与亚太发展研究和培训协会（Association for Development Research and Training Institutes），积极搭建基于地方智库的知识协同创新网络平台。

五、结语

马来西亚智库虽然起步发展晚，但在马来西亚政治力量的推动下，智库得以迅速发展。马来西亚智库是知识、权力和资源的集中产物，[①]智库与政客们可以说是相互成就，政客们的资源促进了智库的迅速发展，智库从政策研究、政治决策等方面对政客们提供有效支持。因此，在经历了四十余年的发展后，马来西亚智库的影响力已经渗透到了马来西亚内政外交的方方面面。对内，马来西亚国家治理中各处都有着智库的身影，包括经济发展、公共政策、环境与可持续发展等领域。对外，在东南亚国家智库中，马来西亚智库的国际化水平比较高，大都建有英文网站并发布多语种研究成果，通过“走出去”和“请进来”的方式，强化人员国际交流，重视项目的跨国合作研究，常常组织各类国际性的论坛，以扩大国际影响力。

尽管发展势头较好，但面对马来西亚政治的日益复杂化，如何应对时势变化，如何减少对相应党派或政客的依赖，如何加强运营的自主独立性，是马来西亚智库未来发展需要思考的重要问题。然而多年来，马来西亚智库在成果转化、国际化建设等方面积累了不少有益经验，对中国智库的建设与发展有一定的借鉴意义。

附表 马来西亚智库基本情况表

智库名称	性质	成立年份	研究领域	重点关注区域
政策研究中心（CPR） Centre for Policy Research	大学附属型 （马来西亚理科大学）	1974	经济、社会问题	马来西亚
战略与国际研究所（ISIS） Institute of Strategic and International Studies	政府附属型 （马哈蒂尔内阁）	1983	对外关系、东南亚地区、国际社会事务	马来西亚 东南亚 国际社会

① 梁文博：《政治变迁与马来西亚智库发展》，暨南大学硕士学位论文，2018年。

续表

智库名称	性质	成立年份	研究领域	重点关注区域
第三世界网络（TWN） Third World Network	自主独立型 （槟城消费者协会）	1984	南北问题	发展中国家
马来西亚政策研究所（IKD） Institute Kajian Dasar	政府附属型 （安瓦尔）	1985	穆斯林青年与人文	马来西亚
发展研究所（IDS） Institute for Development Studies	政府附属型 （沙巴州政府）	1985	沙巴州地区事务	沙巴州
马来西亚经济研究院（MIER） Malaysian Institute of Economic Research	政府附属型 （马来西亚无形贸易委员会）	1986	经济	马来西亚
战略分析与政策研究所（INSAP） Institute of Strategic Analysis and Policy Research	自主独立型 （马来西亚华人工会）	1986	经济政策、华人问题	马来西亚
马来西亚伊斯兰教研究所（IKIM） Institut Kefahaman Islam Malaysia	政府附属型 （马哈蒂尔内阁）	1992	伊斯兰教事务	马来西亚
马来西亚海事研究院（MIMA） Maritime Institute of Malaysia	政府附属型 （联邦政府）	1993	海洋事务	马来西亚 东南亚地区 全球
亚洲战略领导研究所（ASLI） Asian Strategy & Leadership Institute	自主独立型 （谢富年基金会）	1993	经济、社会、国际事务	马来西亚 亚洲
公共政策研究中心（CPPS） Centre for Public Policy Studies	自主独立型 （亚洲战略领导研究所）	—	公共政策	马来西亚
SEDAR研究所 SEDAR Institute	—	2006	民族	马来西亚

续表

智库名称	性质	成立年份	研究领域	重点关注区域
伊斯兰教高级国际研究所(IAIS) International Institute of Advanced Islamic Studies	政府附属型(巴达维)	2006	伊斯兰教事务	马来西亚
政策研究和国际研究中心(CenPRIS)	大学附属型(马来西亚理科大学)	2007	公共政策	马来西亚
民主与经济事务研究所(IDEAS) Institute for Democracy and Economic Affairs	自主独立型(英国支持)	2010	公共政策	马来西亚
KSI亚太战略研究所 KSI Strategic Institute for Asia Pacific	—	2018	公共事务、国际事务	马来西亚亚太
乔哈尔社会科学院(JASS) Jauhar Academy of Social Sciences	自主独立型(柔佛君主主义俱乐部)	2018	柔佛州事务	柔佛州

注:本表系笔者根据网页信息整理得出,不与《2020年全球智库年度报告》完全一致,仅供参考。

第六章
泰国智库及其对国家治理和区域治理的贡献

泰国智库依托于泰国的经济发展及社会转型的需求,不断推进自我能力建设,经过三个阶段的发展,呈现出地理分布相对集中、对政府和大学依赖性较高、研究内容多样的特点。泰国智库不仅在国家间关系、国内经济转型、基础设施建设、环境治理、高等教育改革等国家治理领域积极建言献策,还在推进区域一体化认同、推动区域改革等区域治理领域颇有建树。对泰国智库的基本情况及其贡献进行梳理,不仅有助于了解泰国的政策走向与东南亚区域研究的前沿,也对中泰关系和中国智库发展有益。

目前泰国比较活跃、影响力较大的智库有16家。美国宾夕法尼亚大学《2020年全球智库年度报告》指出,泰国发展研究所(Thailand Development Research Institute,TDRI)、能源与环境资源开发研究中心(Centre for Energy Environment Resources Development,CEERD)、泰国环境研究所(Thailand Environment Institute,TEI)、朱拉隆功大学知识库(The Chulalongkorn University Intellectual Repository,CUIR)、安全与国际研究所(Institute of Security and International Studies,ISIS)、亚太贸易研究和培训网(Asia-Pacific Research and Training Network on Trade,ARTNeT)、朱拉全球网(Chula Global Network,CGN)7家智库入选"南亚、东南亚及太平洋地区

(不包括印度)顶级智库”。①

一、泰国智库发展历程

泰国的君主立宪体制和传统的精英政治环境使得专家成为精英统治中不可或缺的力量,②不过,与欧美发达国家相比,泰国智库起步较晚。泰国经济的发展与国家现代化的需求推动了泰国智库的产生与发展。总体而言,可将泰国智库的发展分为萌芽、稳步成长和蓬勃发展三个阶段。

20世纪60至80年代是泰国智库的萌芽阶段。二战结束后,在冷战和世界趋于两极化的大背景下,泰国成为以美国为首的资本主义阵营中的一员。越南战争爆发后,泰国成为美国在中南半岛上的一个重要立足点。在此种紧张的政治环境下,这一时期泰国成立的智库很少,成立的智库也多将研究重点放在意识形态斗争等高政治领域,对经济、文化事务的关注较少。

亚洲研究所(International Institute of Asian Studies,IAS)、德瓦旺社·瓦罗巴甲外交学院(Devawongse Varopakarn Institute of Foreign Affairs,DVIFA)、国家发展管理研究所(National Institute of Development Administration,NIDA)和玛希隆大学人口与社会研究所(Institute for Population and Social Research of Mahidol University,IPSR)均成立于这一阶段。1967年,亚洲研究所成立,③其宗旨是促进亚洲学术研究的繁荣,提高民众对亚洲事务的兴趣以及对泰国、亚洲和世界其他国家的认知程度。同年,德瓦旺社·瓦罗巴甲外交学院成立,④其成立的初衷是帮助政府进行情报搜集和分析。1966年,国家发展管理研究所成立。⑤成立之初,国家发展管理

① James G. McGann, “2020 Global Go to Think Tank Index Report”, TTCSP Global Go to Think Tank Index Reports 18, 2021, pp. 107-113.

② 常翔:《泰国涉华研究智库发展研究》,《东南亚纵横》2021年第2期。

③ https://xuewen.cnki.net/CJFD-DLYZ198801019.html.

④ https://dvifa.mfa.go.th/.

⑤ https://www.nida.ac.th/en/.

研究所的任务主要是为政府培养中高层次的行政管理及政策研究人才。后来由于泰国经济形势一度低迷，国家发展管理研究所开始将关注点转向促进经济增长、缓解通货膨胀、稳定汇率等方面。1971年，玛希隆大学人口与社会研究所成立，[①]其研究内容主要是人口迁徙、老龄化、环境等与城市化进程有关的问题，目前已发展成为亚洲顶尖的人口问题研究与培训中心之一。

20世纪80年代至21世纪初是泰国智库的稳步成长阶段。20世纪70年代的经济滞涨迫使资本主义国家进行经济政策和产业结构调整，前泰国国王普密蓬·阿杜德于1974年提出将"适度经济"原则作为治国理念，[②]追求实现长期稳定、可持续发展的泰国经济。20世纪80年代，泰国抓住全球产业革命的机遇，积极调整国内产业结构，提高制造业的比重，实现了经济的持续增长。[③]进入20世纪90年代，泰国政府加强对农业的投入，鼓励制造业和服务业的发展，外贸比重有所提高，进出口结构发生巨大改变。到1995年，泰国人均收入超2500美元，步入中等收入国家行列。

泰国经济高速发展及经济转型的同时，技术落后带来的生产效率低下、生态环境恶化、基础设施建设滞后等问题相继出现，推动了新一批智库的诞生。1984年，泰国发展研究所在加拿大国际开发署的资助下创立；[④]公共政策研究所（Institute of Public Policy Studies，IPPS）于1985年在泰国社会科学协会的支持下成立；[⑤]1987年，人与森林研究中心（RECOFTC）在联合国粮农组织、瑞士政府和泰国农业大学的共同推动下成立；而泰国环境研究所则于1993年成立，[⑥]重点关注泰国环境问题。

---

① Institute for Population and Social Research of Mahidol University（IPSR），https://ipsr.mahidol.ac.th/ipsrbeta/en/About.aspx?CategoryId=3.

② 中国人民共和国商务部：《泰国经济状况》（2015年版），http://th.mofcom.gov.cn/article/ddgk/zwjingji/201608/20160801373878.shtml。

③ 薛谋洪：《80年代的泰国经济》，《国际问题研究》1991年第1期。

④ https://tdri.or.th/en/about/mission/.

⑤ https://www.fpps.or.th/index.php?topic=aboutippseng.

⑥ https://www.tei.or.th/en/about.php.

21世纪初至今是泰国智库的蓬勃发展阶段。大约从2009年起,泰国政府开始对智库发展给予高度重视,泰国智库随之呈现快速增长的局面,由此进入了新的发展阶段。依托于以互联网为核心的信息革命的不断发展,世界经济由传统工业向以第三产业为主的知识服务型经济转变,世界经济形势相应地出现变化。这一阶段,泰国智库的研究内容更加多样,开始关注网络、数据、数字安全等新兴领域。朱拉隆功大学全球网络成立于2009年,其成立目的是将朱拉隆功大学的各学科和各方面知识结合起来,为学术创新提供支持。2008年的世界金融危机致使泰国经济遭受重创,泰国智库因而将研究重点更多转到重振国内经济上,一些知名度较高的智库开始尝试与国外高校和政府建立伙伴关系,通过学术论坛、学者互访、高校教学交流等方式提升国际影响力。

二、泰国智库的特点

泰国智库既具有东南亚国家智库的一般特点,又具备自身特色。具体而言,泰国智库有以下特点:从地理分布来看,泰国智库高度集中在曼谷都市区附近;从隶属关系来看,泰国智库与政府呈现互相依赖的关系,同时又与大学之间的联系密切,智库与高校相互促进发展;从研究内容来看,泰国智库的研究内容多样化,以经济研究为主,其他研究为辅。

(一)地理分布集中

泰国地处中南半岛中部,国土面积51.3万平方公里,根据行政划分,共有77个府、795个郡和81个次郡,与首都曼谷同级的行政区有50个。[①]泰国的16个知名智库的办公地点均在曼谷,《2020年全球智库年度报告》中入选“南亚、东南亚及太平洋地区(不包括印度)顶级智库”排行榜的7家泰国智库也都位于曼谷,2010年后成立的智库也大多分布在曼谷都市区周围。将智库设置在曼谷能够获得更便利的基础设施服务和更多的人才及财政资源。

①《泰国国家概况》,中华人民共和国外交部网站。

（二）与政府相互依赖

智库的发展离不开政府的支持，泰国智库的发展与政府政策及其支持密切相关。若智库的研究工作缺乏政策和资金的支持，则会导致研究质量低下。泰国7家地区顶级智库中有3家的运作资金主要来源于政府的专项拨款，智库研究人员大多具有在政府或高校任职的经历，政府与高校及其附属研究机构存在资源共享关系，智库的研究项目多在政府的支持下进行，研究成果也为政府所用。

政府在制定政策时需要智库发挥其在专业领域中的作用，但智库与政府之间的相互依赖是不平衡的，智库在面对风险时所表现出的脆弱性显然比政府高。泰国政府是智库资金、人脉资源、成果权威性的提供者，一旦智库意见与政府相左，政府很有可能停止对智库的支持。此外，智库为争取政府支持以实现更好的发展，对政策性研究的重视程度超过学术性研究，因此智库的独立性实际上是在被削弱的。

（三）智库与高校相互促进

高校是智力资源与人才的主要聚集地，智库发展与高校学科建设息息相关。欧美发达国家的知名智库往往与高校存在密切关系，泰国一些智库也是如此。

1917年成立的朱拉隆功大学是泰国的顶级学府之一。在朱拉隆功大学内，有不少享有国际盛誉的研究中心，如亚洲研究所、社会研究所、泰国研究所、国际与安全研究所、环境研究所、欧洲研究中心、和平与冲突研究中心、中国研究中心、穆斯林研究中心、湄公河研究中心、移民研究中心。此外，玛希隆大学、清迈大学、国立法政大学等高校下也都设有研究所，这些研究所长期从事政策咨询与学术研究，承接泰国政府主导的对内对外项目。

智库与高校互促发展能够取得双赢的效果。依托高校资源，智库更有条件开展高质量的项目合作，产出切实可行、政策性和学术性并举的研究成果。高校则借助智库实现学术成果快速转化，也拓展了学生的就业渠道，为学生毕业后进入智库工作提供了机会。

（四）研究内容多样化

随着世界形势的日趋复杂化，政府承载的对内对外职能不断增多，泰国智库的研究内容也日趋丰富。泰国智库的研究内容从萌芽阶段注重意识形态问题研究，到稳步成长阶段以经济发展和商业问题研究为主，再到近年来在关注经济发展的同时，也开始关注城市化和工业化发展带来的一系列诸如环境保护、老龄化、城乡差距、人权保护等问题。虽然泰国智库的研究内容总体上呈现日益丰富的趋势，但各个智库之间研究内容同质化明显，缺乏一些必要的创新性。

三、泰国智库对东南亚区域治理的贡献

前泰国总理英拉曾经指出："泰国在东盟国家中的地理位置具有一定优势，即泰国在东盟十国交往中处于中心位置……泰国拥有良好的海陆空交通运输体系……泰国的目标是实现东盟一体化。"[①]可见，泰国相对优越的地理位置、与世界各国广泛的外交联系、与东盟国家间高水平的政治互信等因素是支撑泰国及其智库在推进东南亚区域一体化过程中发挥作用的重要条件。[②]在泰国政府的支持下，泰国智库在东盟区域治理事业中发挥了积极作用。

（一）增强区域多边经贸合作

地区一体化是二战后，尤其是冷战结束后区域发展的一个重要趋势。泰国作为东盟创始国之一，在推进东盟经济一体化过程中发挥着举足轻重的作用。亚太地区贸易研究和培训网络是一个由学术机构及智库组成的开放性区域网络，关注可持续发展背景下的贸易和投资便利化、技术和

① 梁霞：《泰国部分政要和专家对泰国加入东盟共同体的认知》，《南洋资料译丛》2015年第1期。

② 任志远：《泰国在东盟区域经济一体化进程中的地位、作用及其发展趋势》，《东南亚纵横》2019年第3期。

创新政策等问题及其解决手段。[①]自成立以来，亚太地区贸易研究和培训网络始终致力于提高本区域相关贸易和投资应用研究的数量和质量。

2019年6月，亚太地区贸易研究和培训网络出版《国际贸易引力模型：用户指南（R版）》，[②]报告指出，通过应用引力模型，东盟发现取消关税可以产生积极的贸易创造效应，因此建议通过改进东盟自由贸易区内的海关程序，统一各国的互认产品标准等非关税措施来进一步扩大东盟内部的贸易创造价值。研究报告的发表为推动东盟贸易自由化提供了方法论指导，得到了东盟自由贸易区的理事会的青睐。2021年，在东盟自由贸易区理事会第35次会议（AFTA 35）上，东盟各部长总结了《东盟商品贸易协议》（ASEAN Trade In Goods Agreement）的落实情况，指出2021年东盟内部关税撤销率达到98.6%。[③]

与此同时，东盟各国高度重视区域内数字经济融合，多年来从区域和国家两个层面均连续出台了重大规划，如相继签订《东盟电子商务协议》和《东盟数字融合框架》，希望将东盟打造成为一个有竞争力的全球数字经济中心。对此，泰国暹罗智库（SIAM）的《暹罗数据科学杂志》（*SIAM Journal on Mathematics of Data Science*）多次就电子支付成本这一议题做出前沿分析，向政府反馈支付便利化的好处及提供施政建议，并得到泰国政府积极响应，泰国政府呼吁国内银行开展数字化改革，简化支付手段。2019年，泰纳昌银行（TBank）加入了老挝的“邻国银行电子支付服务计划”，暹罗商业银行（SCB）和泰京银行（Krungthai）也分别在柬埔寨和新加坡开展电子支付服务。2020年六七月，泰国在东盟各成员国间的跨境支付服务中使用标准化二维码技术，旨在通过该地区的数字化平台

---

① “An overview of ARTNeT: the first decade and beyond”, https://artnet.unescap.org/sites/default/files/file-2019-07/ARTNeT-Brochure-2019.pdf .

②ARTNeT, “The Gravity Model of International Trade: A User Guide (R version)”, https://artnet.unescap.org/index.php/publications/books-reports/gravity-model-international-trade-user-guide-r-version.

③ HKT, “Attention to shoemakers, Vietnam’s tariff cancellation rate has reached 98.6%”,2022-4-30, https://inf.news/en/world/265cd4de01f89dcdb8285cc894e648b4.html.

提升金融交易便利度。随着东盟电子支付的日渐普及,暹罗智库又于2022年4月开展主题为"虚拟发生:暹罗国际数据挖掘会议"(SDM22)的研讨会,邀请东盟多所智库研究员参会,对目前东盟国家内部电子支付的通用性进行总结,同时对东南亚区域内电子支付与数字化的发展方向提出建议。[①]

(二)关注区域能源发展

东盟地区能源丰富,拥有水电、石油、天然气、煤炭及新能源和可再生能源等能源,但人均能源消耗量仅为世界平均水平的一半,因此能源合理开发利用成为东盟国家的重要议题。东盟不仅设置包括东盟能源部长会议(AMEM)和能源高级官员会议(SOME)等能源治理方案顶层设计机制,还通过包括东盟能源中心(ACE),子行业网络(SSNs)和专门能源机构(SEBs)等机构用以施行政策。[②]

能源环境资源开发中心是东盟能源中心节点中心网络的官方成员,致力于促进和传播可持续能源概念与国际经验,该智库目前与泰国能源部合作密切。[③]人与森林研究中心泰国分设机构多年以来出版与森林保护相关的书籍、政府简报,成为东盟林业管理部门和泰国林业部门的主要信息来源。[④]此外,该智库曾多次主办的"亚太地区人与森林论坛",以论坛形式联合多个东盟国家制定联合计划,加强地区林业发展。[⑤]

---

① SIAM think tank, "Happening Virtually: SIAM International Conference on Data Mining (SDM22)", 2022-04-28, https://www.siam.org/conferences/cm/conference/sdm22.

② 袁正清、江思羽:《东盟能源治理:一种机制变迁的视角》,《国际观察》2021年第3期。

③ Centre for Energy Environment Resources Development (CEERD), https://www.ceerd.net.

④ Timber Trade Portal, https://www.timbertradeportal.com/zh/thailand/146/sources-and-contacts.

⑤ 人与森林研究中心:《第三届亚太地区人与森林论坛——加强亚洲林业行动计划》,2013年11月,https://archive.recoftc.org/sites/default/files/3rd%20regional%20forum/3rd%20Regional%20Forum%20Report_Chinese_FIN.pdf。

(三)推动区域改革

智库在参与政治活动与社会管理的过程中,不仅可以为政府提供专业可行的政策建议,还能借由在专业领域的话语权优势形成舆论导向,影响政府行为。

2009年,东盟政府间人权委员会成立,2012年11月,《东盟人权宣言》颁布,之后东盟又接连颁布了《消除东盟地区对妇女暴力的宣言》《东盟禁止贩卖人口尤其是妇女和儿童宣言》《保护和促进移民劳动者权利宣言》,形成了"委员会-宣言"的双重人权保障机制。新冠疫情暴发后,以亚洲人权发展论坛(Asian Forum for Human Rights and Development, FORUM-ASIA)为代表的泰国多家智库积极为病人权益保障建言献策。2021年9月至10月期间,亚洲人权发展论坛陆续发布题为《促进民间社会组织、国家人权机构和东盟人权机制(AHRMs)之间更好的伙伴关系,以应对新冠疫情对人权的影响》与《2019冠状病毒疾病时代的人权:应对东南亚危机》的公共报告,指出东盟国家必须采取行动保护民众的生命权、健康权等最基本人权。[①]

此外,缅甸发生政变之后产生的难民潮问题,加剧了疫情下东南亚区域治理的压力。[②]对此,亚洲人权发展论坛就于2021年8月撰写简报《远大期望:东盟人道主义援助协调中心灾害管理分析》向东盟政府间人权委员会提出要加强东盟与成员国及民间社会组织就人权问题的定期磋商,并倡议东盟人道主义援助协调中心(AHA)积极发挥作用。

四、泰国智库对泰国国家治理的贡献

关注东南亚区域治理的同时,泰国智库对泰国国内社会问题研究则更为详尽,研究成果在泰国国内有着巨大的影响力。智库不断通过

① Asian Forum for Human Rights and Development, Human Rights in the Time of COVID-19: Addressing the Crisis in Southeast Asia, 1 October 2021, https://www.forum-asia.org/?p=35886.

② 美国之音:《逃避缅甸军政府空袭 数千难民涌入泰国》。

学术交流、政策建议、舆论引领等方式提高政府治理能力，推动政府有效转型。

（一）为经济转型建言献策，促进就业

经济发展是国家研究的首要课题。泰国发展研究所的主要任务是进行公共政策研究，每一季度出版相关研究报告，对泰国社会存在的经济问题进行剖析，该机构致力于将研究形成政策建议传达给政府和公共部门，以求进一步促进泰国经济的发展。

2020年第一季度，泰国发展研究所发表的《封锁的成本：评估2019冠状病毒期间泰国闭环管理对民众就业和生计的影响》报告指出，疫情的暴发导致泰国经济暴跌，失业率上升。因此，在取消疫情管控后，泰国政府增加保障弱势群体的公共支出，并提供相关就业机会。[①]研究报告的发表得到泰国政府的重视，泰国政府在同年第三季度宣布政府将投资35亿泰铢帮助26万名毕业生就业，还计划向符合条件的1500万泰国居民每人派发3000泰铢补助金。[②]

（二）改善基础设施，提高交通运输效率

“泰国4.0”战略规划了泰国经济转型的蓝图，但泰国面临着基础设施不完善的情况。2021年第一季度，泰国发展研究所撰写研究报告《物流和供应链行业中的人力资本》[③]，认为增强物流基础设施的建设是泰国发展战略的重要组成部分，随着泰国20年的国家战略规划和东部经济走廊（EEC）发展计划的实施，物流和供应链需求受到物流基础设施不完善的影响，因此泰国政府亟需更新本国物流基础设施，提高交通运输效率。该报告得到泰国交通部的重视，泰国交通部部长萨沙炎2021年6月指出，交通

① TDRI,“The Costs of Lockdown: Assessing the Employment and Livelihood Impacts of Lockdown in Thailand during the COVID-19 Pandemic”, https://tdri.or.th/wp-content/uploads/2021/05/Volume-35-Number-1-March-2020.pdf.

② 泰国中华网：《泰国内阁批准拨款235亿泰铢帮助毕业生就业》，2020年9月14日，https://www.imsilkroad.com/news/p/427170.html。

③ TDRI,“Human Capital in the Logistics and Supply Chain Industry”, https://tdri.or.th/wp-content/uploads/2021/08/Volume-36-Number-1-March-2021.pdf.

部2021财年将投入1800亿泰铢用于交通基础设施建设，此外还将投资近3000亿泰铢用于高速铁路与轻轨网络的建设，以打造东盟物流中心。[①]

（三）为环境保护发声，推进绿色发展

环境问题日益成为可持续发展的重要话题，泰国环境研究所是一个专注环境问题的非营利性独立智库，[②]旨在通过开展实地调查项目，协助泰国政府尤其是泰国自然资源和环境部制定长期的环境保护政策。

泰国盛产棕榈油，为了规范生产过程，泰国环境研究所在2022年4月8日发表《泰国可持续棕榈油网络倡议》，对油棕榈种植者、开采者和炼油厂提出倡议，以敦促生产者以可持续的方式生产棕榈油。此外，在城市环境问题上，2022年3月，泰国环境研究所通过其固定出版物《绿色社会》[③]指出，城市社区受到气候变化影响，规划不足的问题日渐突出，应鼓励政、商、民多方合作参与设计绿色住宅。[④]对此，泰国自然资源和环境部随即召开会议，商讨修订绿色住宅的新标准。[⑤]2022年4月28日，泰国自然资源和环境部长主持了“不购买烧毁电器和电子设备废料”合作备忘录的签字仪式，[⑥]泰国的电子废料处理问题得到泰国政府重视。而在此之前，泰国环境研究所就曾多次到泰国农村开展调查，撰写报告向政府反映一次性塑料与电子产品粗放式处理带来的弊端。

---

① Seetao, “Thailand will invest nearly 300 billion baht to build an ASEAN logistics center”, 2021-07-01, https://www.seetao.com/details/93055.html.

② Thailand Environment Institute（TEI）, http://www.tei.or.th/th/index.php.

③《绿色社会》是泰国环境研究所旗下出版的研究报告，自2008年起每年出版3期，围绕社会可持续发展、碳中和等议题进行研究，该研究成果受其上属机构泰国自然资源和环境部重视。

④ TEI，《城市社区易受气候变化影响》，2022年3月28日，http://www.tei.or.th/th/blog_detail.php?blog_id=103。

⑤ TEI，《想看看绿色住宅怎么样》，2022年4月23日，http://www.tei.or.th/th/events_activities_detail.php?event_id=1712。

⑥ TEI，签署合作备忘录《不购买焚烧废品、电器和电子设备的贵重材料》，2022年4月28日，http://www.tei.or.th/th/highlight_detail.php?event_id=1724。

（四）改革高等教育，培养综合人才

目前，泰国不少智库均开展相关培训项目，其中具有代表性的便是朱拉全球网络。朱拉全球网络成立于2009年，是一个综合朱拉隆功大学内的各学科知识，以促进学术交流的智库平台，旨在为学校的课程开发、教学研究、学术会议组织及其他学术服务提供支持。借助朱拉隆功大学现有优势教育资源，朱拉全球网络多次举办如题为“泰国的老挝苗族：国家政策和运作（1975—2009年）”“确保食品安全和可持续性的食品加工与创新”的学术论坛与研讨会议，并开展如“行动研究：‘正当生计’的赋权行为”的培训项目，不仅为泰国发展输送了一批既具有政策研究与决策咨询能力，又具备创新能力的高端人才，更为泰国地方及行业企业培养了不少契合地方经济发展需求的高素质毕业生，使人才培养模式与地区经济发展相协调，在一定程度上解决了泰国智库资源无法有效共享、高级专家数量少的问题。

五、结语

作为东南亚的核心国家之一，泰国的经济状况与政治表态将会影响东盟其他国家的政策走向。随着泰国智库数量的不断增多和活动形式与内容的不断丰富，作为泰国政治决策中的重要角色，智库在缓和泰国国内社会矛盾，提升泰国区域治理能力上有着独特的作用。不可否认的是，泰国智库起步晚，与东南亚其他国家智库相比仍然存在着很多客观上的不足，研究水准良莠不齐。但需指出的是，泰国智库在不断的改革发展当中，一方面不断借助现有资源积极提升自身国际影响力，与其他国家积极展开国际交流与合作；另一方面，不断调整智库内部机制设置、规范管理层、提高研究选题门槛、合理使用机构资金，防止出现损害智库名誉的现象。这对智库的可持续发展是有益的，也值得其他智库借鉴。

中泰智库开展更加频繁的交流与合作已是大势所趋，未来学界对泰国智库的研究也会不断增多，因此对泰国智库机构的意识形态、机构设置、资金来源、运营状况、外部环境等情况进行了解是必要的，对泰国智库的发展历程与特点，其对国家治理和区域治理的贡献作一简要的梳理有助于更好地了解泰国的政治运作与政策风向，把握东南亚治理的最新动态。

附表 泰国智库基本情况表

智库名称	性质	成立年份	研究领域
诗纳卡宁威洛大学特殊教育与研究所(ISER) Institute for Special Education and Research, Srinakharinwirot University	大学附属型	1949	特殊教育
泰国农业大学应用经济学研究中心(AERC) Applied Economics Research Center, Kasetsart University	大学附属型	1952	经济、经济学
交通运输研发中心(TTRDC) Traffic and Transport Research and Development Center	政府附属型	1956	交通运输
国家研究委员会(NRCT) National Research Council of Thailand	政府附属型	1959	自然科学、社会科学、艺术人文
国家发展管理研究院(NIDA) National Institute of Development Administration	政府附属型	1966	泰国中、高级国家公务员和高层次行政管理
科技造就更好的社会(CDG) CDG Technology for A Better Society	自主独立型	1968	为政府机构、国有企业和私营部门提供信息技术服务
开泰研究中心(KRCCL) KASIKORN Research Center Company Limited	自主独立型	1970	经济、货币、贸易
清迈大学社会研究所(SRI) Social Research Institute, Chiang Mai University	大学附属型	1973	通过利用地方、国家和国际各级的大学网络，进行深入、高质量和高影响力的研究
玛希隆大学人口与社会研究所(IPSR) Institute for Population and Social Research of Mahidol University	大学附属型	1974	人口研究
玛希隆大学亚洲语言文化研究所(ALCR) Asian Language and Culture Research Institute of Mahidol University	大学附属型	1974	语言文化研究

续表

智库名称	性质	成立年份	研究领域
NIDA民意调查 NIDA Poll	自主独立型	1975	民意调查
泰国农业大学研发研究所(KURDI) Kasetsart University Research and Development Institute	大学附属型	1978	信息研究
清迈大学学院 STRI, Chiang Mai Univeristy	大学附属型	1981	社会学
安全与国际研究所(ISIS) Institute of Security and International Studies	自主独立型	1981	独立研究和传播国际知识和安全
生物技术 Biotec	政府附属型	1983	生物医学、环境科学
泰国发展研究所(TDRI) Thailand Development Research Institute	政府附属型	1984	经济、法律、公共卫生、基础设施政策
朱拉隆功大学政治科学学院社会发展研究中心(CSDSF) Center for Social Development Studies Faculty of Political Science Chulalongkorn University	大学附属型	1985	社会科学领域跨学科研究
亚洲研究所(IAS) The Institute of Asian Studies	自主独立型	1985	东盟研究、地区研究
法政大学研究和咨询研究所(TURCI) Thammasat University Research and Consultancy Institute	大学附属型	1986	法律
朱拉蓬研究所(CRI) Chulabhorn Research Institute	自主独立型	1987	基础应用研究
清迈大学服务与学术研究中心(CMUSARC) Chiang Mai University Service and Academic Research Center	大学附属型	1989	对外提供知识体系以加强社区，提供人才发展服务
国家科学技术发展署(NSTDA) National Science and Technology Development Agency	政府附属型	1991	科技创新
亚洲人权发展论坛(AFHRD) Asian Forum for Human Rights and Development	自主独立型	1991	人权发展
宣律实民意调查(SDP) Suan Dusit Poll	自主独立型	1992	民意调查

续表

智库名称	性质	成立年份	研究领域
泰国环境研究所(TEI) Thailand Environment Institute	自主独立型	1993	环境保护
法政大学东盟研究中心(ASCTU) ASEAN Studies Center of Thammasat University	大学附属型	1993	东盟与东南亚
曼谷大学研究中心(BURC) Bangkok University Research Center	大学附属型	1994	政治、经济、社会和文化传统等问题研究
外交政策研究所(FPRI) Foreign Policy Research Institute	自主独立型(美国支持)	1995	外交政策研究
同步加速器光研究所 Synchrotron Light Research Institute(Public Organization)	自主独立型	1996	光资源研究
普拉贾迪波克国王学院(KPI) King Prajadhipok's Institute	政府附属型	1998	社会治理发展
国家反腐败委员会办公室(ONACC) Office of the National Anti-Corruption Commission	政府附属型	1999	确保政府的完整性和透明度
国际贸易与发展研究所(ITD) International Institute for Trade and Development	政府附属型	2002	国际贸易
科学技术研究和服务局(BSTRS) Bureau of Science and Technology Research and Service	政府附属型	2002	科技发展
能源与环境资源开发研究中心(CEERD) Centre for Energy Environment Resources Development	政府附属型	2003	能源可持续发展问题研究
泰国知识网络研究所(KNIT) Knowledge Network Institute of Thailand	政府附属型	2003	高等教育体系研究
亚太贸易研究和培训网(ARTNeT) Asia-Pacific Research and Training Network on Trade	政府附属型	2004	国际贸易、投资、技术和创新政策,以及可持续发展背景下的便利化问题
泰国国家天文研究所(NARIT) National Astronomical Research Institute of Thailand	自主独立型	2006	天文

续表

智库名称	性质	成立年份	研究领域
朱拉隆功大学知识库(CUIR) The Chulalongkorn University Intellectual Repository	大学附属型	2006	朱拉隆功大学全文学术作品的数字集合
先进研究科研中心(SRCAR) Scientific Research Center for Advanced Research	政府附属型	2007	虚拟教育、科技研发
盖洛普泰国(GT) Gallup Thailand	政府附属型	2007	人类研究、民意调查
暹罗情报单位(Siam) Siam Intelligence Unit	自主独立型	2009	政治、经济、公共政策、外交事务
朱拉全球网(CGN) Chula Global Network	大学附属型	2009	教育资源高效利用
泰国社会企业办公室(TSEO) Thai social Enterprise office	政府附属型	2010	促进社会企业之间的合作
KlangPanya	自主独立型	2011	国际战略、世界战略
电子交易发展署(ETDA) Electronic Transactions Development Agency	政府附属型	2011	电子在线交易
斯里纳克大学知识战略与研究所(ISRI) Intellectual Strategy and Research Institute, Srinak University	大学附属型	2012	管理研究
绿色经济政策研究中心(GEPRC) Green Economic Policy Research Center	自主独立型	2012	绿色经济、可持续发展
泰中战略中心(TCSRC) Thai-Chinese Strategic Research Center	政府附属型	2012	制定国家层面的泰中战略
诗纳卡宁威洛大学战略智慧研究中心(SWRI) Strategic Wisdom and Research Institute Srinakharinwirot University	大学附属型	2013	知识产权、企业孵化
泰国研究基金(TRF) The Thailand Research Fund	政府附属型	2014	智库提供资金支持
品牌时代在线投票(Brand Age) Brand Age Online Poll	自主独立型	2015	商业和营销
亚洲国际发展研究中心(ARCID) Asian Research Center for International Development	自主独立型	2016	东亚-东南亚关系的政治、经济和社会文化问题

续表

智库名称	性质	成立年份	研究领域
朱拉隆功大学东盟研究中心（ASCCU） The ASEAN Studies Center of Chulalongkorn University	大学附属型	2017	深入理解对东盟框架
研究支持基金办公室（RSFO） Research Support Fund Office	自主独立型（加拿大支持）	—	为智库提供资金支持

注：黑体标注的智库为上榜美国宾夕法尼亚大学智库与公民社会项目发布的《2020年全球智库年度报告》中"南亚、东南亚及太平洋地区（不包括印度）顶级智库"排行榜的7家泰国智库。表格中仅罗列泰国影响力较大的智库，并非全部智库数量。

第七章

文莱智库及其对国家治理和区域治理的贡献

文莱作为东南亚地区最富裕的小国之一，其智库发展颇具特色。探究文莱智库的发展历程、特点及贡献不仅有利于更加全面地理解文莱政府的决策机制，也能为我国的智库建设提供有益参考。通过对文莱智库发展阶段的梳理，可以发现文莱智库具有受政府影响较大、研究领域较为宽泛、研究内容实用性强、智库影响力有待提升等特点。文莱智库虽然起步较晚、体量较小，却仍在东南亚区域治理中发挥了一定作用，体现在加强东南亚各国之间的联系、构建区域合作机制及培育东南亚区域认同三个方面。此外，文莱智库在战略与安全、经济发展、能源与环境、交通与运输、社会和文化等领域对文莱国内治理做出了较大的贡献。

文莱达鲁萨兰国（Negara Brunei Darussalam，以下简称文莱）国土面积为5765平方公里，人口约43万（2021年），以石油天然气产业为经济支柱。[①]作为东南亚地区最富裕的小国之一，文莱的智库发展颇具特色。美国宾夕法尼亚大学《2020年全球智库年度报告》显示，文莱共有8家智库，其中苏丹哈吉·哈桑纳尔·博尔基亚国防和战略研究所（Sultan Haji Hassanal Bolkiah Institute of Defence and Strategic Studies，SHHBIDSS，以下简称国防和战略研究所）、文莱达鲁萨兰国政策和战略研究所（Brunei Da-

①《文莱国家概况》，中华人民共和国外交部网站。

russalam Institute of Policy and Strategic Studies，BDIPSS，以下简称政策和战略研究所）、战略和政策研究中心（Centre for Strategic and Policy Studies，CSPS）三家智库入选“南亚、东南亚及太平洋地区（不包括印度）顶级智库”排行榜。文莱智库虽然起步较晚，但近些年发展较为迅速，活跃在文莱的政治、经济、文化、社会等各个领域，对文莱国家发展做出了较大贡献。

一、文莱智库的发展历程

文莱智库的发展起步于21世纪初。经过二十余年的发展，目前文莱已拥有数家颇具实力和影响力的智库。就发展阶段而言，综合考虑智库的成立时间、研究内容、研究成果等因素，本章将文莱智库的发展历程划分为萌芽和持续发展两个阶段。

21世纪前十年是文莱智库发展的萌芽阶段。这一时期，为顺应国家发展的需要，国防和战略研究所（2007年）、政策和战略研究所、战略和政策研究中心（2006年）相继成立，它们的研究重心主要集中于经济发展、国家安全战略和外交政策研究领域。这些智库主要由政府组建并提供资金支持，服务对象主要是政府，可被视作准政府机构，主要职能是为公共政策的制定和公共事业的开展提供研究服务，因此缺乏独立性。

2010年至今是文莱智库的持续发展阶段。这一时期，受世界经济环境和国内发展环境变化的影响，文莱悄然兴起了一波“智库热”。亚洲研究所（The Institute of Asian Studies，IAS）、国家能源研究所（Brunei National Energy Research Institute，BNERI）、交通研究中心（Centre for Transport Research，CfTR）、婆罗洲研究中心（Borneo Research Centre，BRC）等智库纷纷成立。这一时期，智库的研究领域开始逐步由政治、经济向交通、环保、健康、文化扩展，研究范围也从文莱国内扩展到东南亚、东亚地区。这一时期的智库虽然依然带有浓厚的官方色彩，但与此同时，诸多高校主导型智库也应运而生，如亚洲研究所、婆罗洲研究中心。高校主导型智库与政府的利益关联性较弱，具备一定的独立性，促进了文莱智库的多元化发展。

综观文莱智库的发展历程，可以看出其发展总体呈现“由缓慢到快速”“由单一到多元”的特点。文莱智库虽然起步较晚，但依托于政府的支持，发展较为迅速。近年来，随着文莱对外开放力度的加大和公民社会的发展，智库更是呈现多元化的发展趋向，对文莱国家发展的影响力不断增强。

二、文莱智库的特点

文莱智库的发展深受国内社会政治、经济形态等因素的影响，体现出以下四个方面的特征：

首先，智库运作受政府影响较大。文莱智库大多与政府之间存在密切的联系，这体现在文莱智库大多由政府扶持建立、较大规模智库的研究人员大多有在政府任职的经历，以及智库与政府合作完成大部分研究项目等方面。智库与政府之间的密切关系对智库的发展利弊参半，在有利于智库的研究成果较快地转化为政策，对政府决策产生较大影响的同时，也容易造成智库对政府的过度依赖。政府向智库提供资金支持并监督智库的运作，如果智库存在独立或相反的意见，很可能导致政府撤资，这就造成了部分智库对政府依赖性较强，从而削弱了智库的独立性与积极性。

其次，研究领域较为广泛。文莱既有专注于单一领域研究的智库，也存在综合性智库。综观这些智库的研究成果与工作文件，可以明显看出大部分智库的研究范围较为宽泛。大多数文莱智库对政治、经济、能源和环保等诸多领域都有所涉及，即使是从事单一领域研究的智库，其研究成果的涵盖面也相对较广。广泛的研究虽然能使智库关注到文莱社会发展的方方面面，但在一定程度上也容易导致智库对某一领域缺乏持久性关注和系统性研究成果。

再次，研究内容实用性较强。通过浏览文莱智库的工作报告，可以发现无论是综合性智库，还是专业性智库都体现出鲜明的实用性特点。它们普遍青睐问题导向式的研究方法，注重研究成果解决实际问题的可能性和对公众的影响力。发现问题并对其进行跟踪研究是文莱智库的共同特征。例如，新冠肺炎疫情暴发后，几乎所有的文莱智库都对疫情相关问题进行了多方面的探讨，即使一些与危机管理关联性不强的智库，如亚洲研究所，也对其展开了研究。

最后，智库影响力有待提升。虽然文莱智库凭借与政府之间的紧密联系，对文莱的国内政策影响较大，但在东南亚区域内，文莱智库的影响力远不及新加坡、印尼和马来西亚等国智库的影响力。根据《全球智库年度报告》，截至2020年，文莱8家智库中只有3家智库位列区域顶级智库中。相较于其他国家，可以明显看出文莱智库的建设水平较低，规模较小。此外，文莱智库的公众知名度也有待提升。为提高智库的影响力，多家智库建设了网站、开通了社交媒体账户，但由于智库的官网更新不及时、社交媒体关注量较低，智库对于公众的影响力依然较小。

三、文莱智库对东南亚区域治理的贡献

自20世纪下半叶东盟成立以来，整合东南亚地区，推进区域治理能力现代化，构建集体协商与行动的东南亚共同体成为东南亚各国的主要关注点。文莱的多家智库关注到此领域，并展开了深入研究。例如，政策和战略研究所早在2002年就参与创立了东亚智库网络，该网络“致力于整合东亚各国的研究资源，促进彼此间的学术交流，为东亚地区合作提供智力支持”，更具体地说，该网络“尝试通过建立东亚智库、政府和企业之间的网络，促进这三个圈子之间的互动，为区域一体化制定战略构想和具体政策建议”。[①]此外，亚洲研究所亦持续关注东南亚地区的宗教治理，民族、经济和金融一体化等问题，积极推进东南亚区域治理现代化。[②]

总体而言，文莱智库虽然体量较小，影响力有限，但这并不影响其为东南亚区域治理做出自己的贡献。本章将从加强联系、构建机制和培育认同三个方面具体阐述文莱智库对东南亚区域治理的影响。

---

①“Think Tanks in Brunei Darussalam (Updated 2015)”, January 3, 2015, http://bruneiresources.blogspot.com/2015/01/think-tanks-in-brunei-darussalam.html.

② “The Institute of Asian Studies”, https://ubd.edu.bn/.

(一)加强联系,密切合作

区域治理的有效程度通常根植于地区整合度,一个碎片化的区域无法形成有效的治理,[①]而提升地区整合度的关键是加强区域内各国之间的联系。

文莱智库强调加强区域各国之间的联系、增进各国之间了解的重要性。以亚洲研究所为例,新冠肺炎疫情的全球大流行使得国际供应链出现危机,为提升东盟供应来源的多样化,亚洲研究所提议东盟各国提高生产医疗设备的创新能力,共同商讨制定东盟医疗用品总计划,评估东盟各国开展合作的可能性,探索建立区域供应链,加强各国之间的合作,以更好地应对未来可能出现的流行病。[②]

此外,国防和战略研究所作为文莱国防部指导下的智库,积极寻求与其他国家的国防、安全和战略机构及组织建立联系与合作。该研究所还是东盟国防和安全机构网络(Network of ASEAN Defence and Security Institutions,NADI)的成员,多次参与香格里拉对话、香山论坛、首尔防务对话、雅加达国际防务对话等亚太地区的二轨对话论坛,致力于推动各国加强防务合作,对东南亚地区的和平与稳定产生了一定的影响。[③]

可见,文莱智库重视东南亚地区合作问题,致力于促进东盟国家之间全方位、宽领域的合作,促使各国加强联系、全面提升合作水平。

(二)构建机制,加强合作

有效的机制体系是实现区域治理能力现代化的制度保证和必然要求。积极构建区域合作机制,以机制规约区域内的各行为体对于促进地

① 易承志:《跨界公共事务、区域合作共治与整体性治理》,《学术月刊》2017年第11期。

② Bruno Jetin, “Trade linkages and supply chains of Personal Protective Equipment and vaccines in ASEAN during the COVID-19 pandemic”, in Research Report on “Trade linkages and supply chains resilience: Navigating the COVID-19 new normal”, December 2, 2021, pp. 6-10.

③“Bultan Haji Hassanal Bolkiah Institute of Defence and Strategic Studies”, https://www.mindef.gov.bn/SitePages/SHHBIDSS.aspx.

区合作的稳定发展具有重要意义。政策和战略研究所作为东亚智库网络的创始成员之一，对东亚智库网络的发展与壮大做出了一定贡献，其思想在东亚智库网络的工作文件中也有所体现。①

通过浏览东亚智库网络会议历年的报告，可以看出文莱智库代表对于东盟合作机制建设的重视。2009年，金融危机对东南亚地区的经济发展造成了巨大冲击，在此背景下，东亚金融合作工作组会议召开。会上，文莱智库代表赞同成立东亚金融论坛的提议，认为应建立一个各国中央银行、财政部和金融监管机构广泛参与的金融合作机制，以加强东亚国家间的金融合作，促进区域经济增长。②在2016年的东亚智库网络工作会议上，文莱智库代表支持提高东亚智库网络制度化水平的倡议，其认为东亚网络智库的内部流程和功能需要通过更高程度的制度化来加以巩固，应建立秘书处、完善主席制、加强与第一轨道机构的联系，从而确保东亚智库网络为东亚一体化进程贡献更大的力量。③面对新冠肺炎疫情的大流行，在2020年的东亚智库网络工作组会议上，文莱智库代表赞同为提高各国应对疫情的有效性，东盟应完善区域机构、程序和协议，同时加快建立东盟突发公共卫生事件的疾病区域中心，作为疫情备灾中心机构的建议。④

可见，文莱智库关注东盟各国合作的机制化问题，提倡建立全方位、多层次、宽领域的合作机制框架，通过不断加强顶层设计和长效机制建设来提升东南亚各国合作的有效性。

① “Think Tanks in Brunei Darussalam (Updated 2015)”, January 3, 2015, http://bruneiresources.blogspot.com/2015/01/think-tanks-in-brunei-darussalam.htm.

② “NEAT Working Group on East Asian Financial Cooperation”, May 29, 2009, http://www.ceac.jp/e/pdf/neat/07wg_3.pdf.

③ “NEAT Working Group on Institutional Sustainability of NEAT: Towards the East Asian Community Final Report”, June 2016, http://www.ceac.jp/e/pdf/neat/14wg_4.pdf.

④ “Report of the NEAT Working Group Meeting ‘East Asia Cooperation and Human Security in the Post COVID-19 Era’ ”, July 23, 2021, http://www.ceac.jp/e/pdf/neat/210901_korea.pdf.

(三)培育认同,深化合作

共同体意识对于区域治理至关重要。只有培育各成员国的东盟意识和东盟精神,构建起地区认同和东盟认同,方能使东盟成为具备强凝聚力的地区组织,从而提升区域治理的有效性。[①]文莱智库高度重视东南亚各国区域共同体意识的培育。

2005年,在东亚社区建设整体架构工作组会议上,文莱智库代表指出“认同建设”是东亚社区建设的重要元素。对此,东亚各国应加强交流、增加相互间的媒体报道,增进对彼此历史文化的了解,培养同理心和认同感,分享彼此的问题、前景和命运,加强东亚身份建设,构建起集体认同。[②]

可见,文莱智库通过推进东盟各国在教育、文化、科技等方面的交流,达到促进各国民众交流、培养东盟共同体意识的目的。

总的来看,文莱智库在多个领域对东南亚区域治理做出了一定的贡献,但受制于智库自身的发展水平和文莱的综合国力,大多数文莱智库虽然参与到了东南亚区域治理的进程中,提出了对东南亚区域治理的建议,但主要还是通过智库网络平台、建立与东南亚其他国家的智库之间的联系等途径来发挥作用,自身话语权较弱,影响力相对有限。

四、文莱智库对文莱国家治理的贡献

文莱智库活跃于文莱国内政治、经济、能源、交通、教育、劳工等多个领域,对文莱的经济发展和社会良好运作做出了贡献。对此,本章从战略与安全、经济发展、能源与环境、交通与运输、社会,以及文化六个方面加以详细介绍。

---

①韦红:《东盟社会——文化共同体的建设及其对中国的意义》,《当代亚太》2006年第5期。

②“The Network of East Asian Think-Tanks (NEAT) Working Group Report: Overall Architecture of Community Building in East Asia”, April 24, 2005, http://www.ceac.jp/e/pdf/neat/03wg_1.pdf.

（一）战略与安全：国家安全的守卫者

战略与安全历来是各国智库关注的重点。国防和战略研究所作为文莱国防部资助的智库，主要关注文莱国防管理面临的挑战及军事现代化的发展趋势，同时定期对文莱的战略和安全环境进行评估。

国防和战略研究所通过将有关防务、安全和战略问题的研究成果提交给国防执行委员会、国防部的官员来影响政策走向。此外，国防和战略研究所还经常举办特别会谈及圆桌会议，组织官员和国防管理人员分享并讨论与安全有关的问题，以此保持并增强与文莱国防部和文莱皇家武装部队的联系，对政府决策者施加影响。①

总的来看，国防和战略研究所针对文莱国防与安全议题的研究内容多样化，涉及区域合作、军事预算、海上安全、恐怖主义和网络安全等多个方面，同时与政府联系密切，对政策影响较大，为文莱的国防事业做出了较大贡献。

（二）经济发展：经济政策的提供者

经济发展是文莱智库的首要研究议题。战略和政策研究中心作为文莱的综合性智库，经济发展是其重要研究领域。

早在2007年，战略和政策研究中心就着眼于文莱经济的多样化，探讨文莱寻求经济多样化可能面临的挑战，研究官僚主义和缓慢的决策对经济发展的制约作用，尝试推动文莱政府改善营商环境。2012年，战略和政策研究中心与文莱发展部、经济与规划部共同研究土地优化的策略，提供了优化工业和商业土地利用的具体建议。2017年，战略和政策研究中心着眼于文莱服务业的发展状况，开启了一项有关旅游卫星账户（Tourism Satellite Account，TSA）和旅客出境情况的研究，对2000名海外游客进行了出境调查，以衡量旅游业对经济的总体影响。2018年，战略和政策研究中心又同东盟与东亚经济研究所（Economic Research Institute

①“Bultan Haji Hassanal Bolkiah Institute of Defence and Strategic Studies”, https://www.mindef.gov.bn/SitePages/SHHBIDSS.aspx.

for ASEAN and East Asia，ERIA）联合开展了一项有关贸易便利化指数的研究，以此来衡量东盟国家在各个领域贸易便利化措施的实施效果，为推进东盟贸易自由化提供了改进措施。[①]总的来看，战略和政策研究中心对于经济问题的研究方向相对多元，研究内容较为深入。

战略和政策研究中心不仅对具体经济问题展开研究，还关注文莱经济的整体运行状况。自2020年始，战略和政策研究中心每年1月都会发布《文莱经济展望》，提供对文莱经济发展和政策的预测，并突出强调经济运行中存在的风险和不确定性，为政府决策者、投资者、学者和公众提供参考。例如，在2022年的《文莱经济展望》中，战略和政策研究中心预计文莱当年的经济增长率为3.7%，通货膨胀率将下降至1.3%，财政赤字将大幅改善。对此，战略和政策研究中心建议政府将政策重点放在推动经济复苏上，加大对公共卫生系统的投资力度，通过扩大收入基础和提高支出效率来扩大财政空间，并持续推进结构性改革。[②]此外，战略和政策研究中心会定期在官网发布《文莱经济更新》，对近期全球经济状况和文莱经济发展状况进行简要概述和分析，同时就热点经济问题如油价暴跌期间文莱的财政政策、石油出口国的经济多样化进行深入探讨，以帮助公众了解经济现状。[③]

战略和政策研究中心以问题为导向展开研究，研究领域涉及国家经济政策、发展状况及具体的经济合作项目，对政府决策和公众认知都有一定的帮助，对文莱经济社会发展的影响较大。

（三）能源与环境：能源安全的放哨人

作为“东方的迪拜”，文莱已勘探到的原油存储量足以与中东地区的科威特、阿联酋等国相媲美，其经济发展也严重依赖石油和天然气出口，

---

①“Economic Growth and Development”, http://www.csps.org.bn/research/economic-growth-and-development.

②“Brunei Economic Outlook”, http://www.csps.org.bn/wp-content/uploads/2022/01/Brunei-Economic-Outlook-2022.pdf.

③ “Brunei Economic Update”, http://www.csps.org.bn/publications/economic-update.

能源问题因而成为文莱经济能否实现可持续发展的关键。文莱大部分智库都对能源问题展开过研究。

战略和政策研究中心在2011年进行了一项关于文莱能源效率和节能的研究。该研究制定出了国家能源效率和节能的路线图,提出了八项具体的政策建议。政府于2014年发布的能源白皮书采纳了这项研究的所有建议。该研究还推动了文莱国家节能降耗委员会的成立,促进了文莱能源产业的可持续发展。同年,战略和政策研究中心开展了一项有关替代能源的研究,对七种替代能源的可行性进行评估,确定了四项最有希望发展的项目,[①]此研究对文莱能源多样化与能源安全具有重要意义。

此外,文莱国家能源研究所是一家专门从事能源研究的智库,其战略目标是通过创新推动可再生和替代能源的商业化,推进能源保护和碳氢化合物的勘探、生产和制造,以此来支持和促进文莱的能源安全、经济增长和环境的可持续发展,[②]该机构的研究成果为文莱的能源多样化进程提供了更详细、更专业的政策建议。

伴随着大量的石油开采,环境保护也日益成为文莱社会关心的问题,文莱智库亦关注到此问题。2020年,战略和政策研究中心开始了一项有关处理文莱海洋废弃物的研究,该研究通过评估文莱现有环保项目的实施效果,为处理海洋废弃物提供建议,赢得了广泛的社会关注。[③]

由于文莱经济发展高度依赖能源产业,智库因而对能源问题给予了较多关注并展开了深入研究,这些研究涉及油气资源的高效开采、可再生能源的推广等方面,为文莱的能源多元化进程和环境保护做出了贡献。

(四)交通与运输:公共交通的布局者

交通与运输基础设施建设是文莱智库的重点研究方向之一,作为综合性智库的战略和政策研究中心对此问题有所关注。2014年,战略和政策研究中心进行了一项有关国家陆路交通系统总体规划的研究,为文莱

①③ "Energy and Enviroment", http://www.csps.org.bn/research/energy-policy/.

② "Think Tanks in Brunei Darussalam (Updated 2015)", January 3, 2015, http://bruneiresources.blogspot.com/2015/01/think-tanks-in-brunei-darussalam.html.

陆路交通系统提供了第一个国家总体规划。这项研究的成果和建议被文莱交通部《陆地交通白皮书》(*Ministry of Communication Land Transport White Paper*)采纳,对道路安全和环境保护产生了一定影响。2017年,战略和政策研究中心与文莱运输和信息通信部联合开展了一项有关改善文莱交通运输系统的研究,突出强调了六项发展高效、可靠的公共运输体系的举措,对改善文莱落后的公共交通系统具有重要意义。同年,战略和政策研究中心开始关注文莱航空业的商业化问题,探讨了文莱国际机场客流量增长缓慢的原因,评估了文莱航空业的发展潜力,并提供了政策建议,规划了文莱航空业的发展蓝图。①

除了战略和政策研究中心外,2011年成立的交通研究中心是一家在道路安全和运输等相关领域进行跨学科研究的专业智库。该中心致力于研究与道路安全和运输相关的问题,并推动将研究成果转化为政策方案,对文莱的道路安全相关政策产生了一定的影响。②

文莱智库关注到国内公共交通设施落后、交通网络规划不合理、交通管理手段落后等问题,试图通过改革技术和提升管理水平来解决现有问题,并前瞻性地对文莱交通网络进行了合理的规划。

(五)社会:社会问题的观察者

社会问题历来是各国智库的研究重点,文莱智库也不例外。

战略和政策研究中心将青少年问题作为重要研究方向。2014年,该中心在全国范围内进行了一项青年社会问题的研究,确定了15~26岁青年中常见的社会问题,并寻找这些问题背后的原因,同时指出青年社会问题已经达到了需要立即引起政府关注的程度,此研究对政府决策有一定的借鉴意义。2018年,战略和政策研究中心进行了一项关于青年发展指数的研究,该研究使用国际指标来衡量文莱青年的发展水平,涉及青少年

---

① "Transport and Infocommunications", http://www.csps.org.bn/research/transport-and-infrastructure/.

② Center for Transport Research(CfTR), http://www.utb.edu.bn/research/research-centres/centre-for-transport-research-cftr/.

自我发展、休闲活动、健康、自我潜力、社区融合、社会问题、政治一体化、就业机会等方面。研究结果显示，文莱青年的平均发展指数得分仅为良好，尚有较大的提升空间，这引发了广泛的社会关注，对政府改善青少年发展状况具有较大的帮助。[①]

此外，领导、创新和进步研究所（The Institute for Leadership, Innovation and Advancement, ILIA）也对社会问题给予了高度关注，其着力培育文莱社会的领导力和创新力，通过提供培训和咨询服务，在公共、私营和社会部门培养杰出的领导者，推动变革和创新成为文莱的社会风气。[②]

文莱智库对于文莱社会领域关注较多，研究方向多元，同时取得了良好的社会效应，对政府决策和公共舆论有一定的影响力。

（六）文化：文化资源的传承人

文莱拥有独特的民俗文化及宗教传承，文化资源丰富。婆罗洲是文莱最古老的岛屿之一，在文化和艺术方面拥有丰富的历史宝藏，是文莱重要的文化遗产之一。为保护历史资源，婆罗洲研究中心应运而生。

婆罗洲研究中心在大力搜集并整理婆罗洲资料的同时，也向公众宣传婆罗洲的历史文化。它积极向研究人员和学生传播研究成果，并提供有关婆罗洲历史资料和事件的微电影和视频，以提升公众对婆罗洲的了解。同时，婆罗洲研究中心还致力于将文莱出版物的市场扩展到整个婆罗洲，对文化的传承和传播做出了一定贡献。[③]

此外，亚洲研究所也积极关注文化领域，研究内容涉及亚洲流行文化、移民身份认同等问题，其将社会问题与文化相结合，研究紧跟时代发展。同时，亚洲研究所扩展了研究范围，不仅关注文莱国内的文化问题，也关注亚洲国家的文化动向。

---

① “Social Development”, http://www.csps.org.bn/research/social-policy/.

② “Institute for Leadership, Innovation and Advancement”, https://ubd.edu.bn/research-institutes/institute-for-leadership,-innovation-and-advancement/.

③ “Penborneo Info”, http://pusat-sejarah.gov.bn/SiteAssets/Info%20Sejarah/INFO%20SEJARAH/Info%20Pusat%20Pengkajian%20Borneo.pdf.

虽然部分文莱智库对文化领域有所涉及，但专门从事文化研究的智库数量较少，现有智库的研究更侧重于对文莱文化的保存和传播，研究深度还有待提高。

总的来说，文莱智库关注国内治理的方方面面，研究内容较为深入。通过公布研究成果、与政府官员定期举办会议等方式，文莱智库直接或间接作用于文莱的内政外交，并对社会公众舆论产生了一定的影响，逐步成为文莱社会中的重要参与者。但就研究领域而言，文莱智库的研究内容和对象具有明显的倾向性，有关政治、经济、能源领域的研究成果较多，对政策的影响力较大，但涉及文化和社会领域的研究成果较少，对政策和社会公众的影响力相对有限。

五、结语

美国国防部前副部长约翰·哈姆雷(John Hamre)将智库分为四个类别，分别是“建筑师、总承包商、供应商和工匠。”[①]文莱智库因起步较晚、体量较小，目前仅具备“供应商”和“工匠”的功能，不过，随着文莱智库美誉度和政治影响力的不断积累，其未来将朝着“总承包商”和“建筑师”的路径不断发展，在政策制定过程中的重要性可能会进一步提升。

为了更好地预判文莱的对华态度和政策走向、了解东南亚区域治理的新动向，我们应加大对文莱智库运作模式、研究内容、合作方式及传播途径的关注，尤其需要加强对与政府联系紧密、话语权较强的智库的研究。

此外，智库外交也是重中之重，应加强中国智库与文莱智库的交流与合作，使文莱学者更加客观、真实地了解中国，从而间接影响文莱政界、社会公众的对华态度，消减对中国的怀疑。中国可利用多种手段，使政、民、学密切配合，与文莱智库建立起紧密联系。

① Murray L. Weidenbaum, *The Competition of Ideas: The World of the Washington Think Tanks*, New Brunswick, N.J.: Transaction Publishers, 2011, p. 58.

智库作为文莱政策决策中的一个重要组成部分，既能为政策出台提供智力支持，又能影响民众的认知，对文莱国内治理和东南亚区域治理都产生了一定的影响。我国应加强对文莱智库乃至东南亚智库的研究，灵活运用智库外交手段，发挥二轨外交的作用，与东南亚国家保持良好的关系。

附表 文莱智库基本情况表

智库名称	研究领域
战略和政策研究中心（CSPS） Centre for Strategic and Policy Studies	经济、交通、能源、社会等
苏丹哈吉·哈桑纳尔·博尔基亚国防和战略研究所（SHHBIDSS） Sultan Haji Hassanal Bolkiah Institute of Defence and Strategic Studies	战略与安全等
文莱达鲁萨兰国政策和战略研究所（BDIPSS） Brunei Darussalam Institute of Policy and Strategic Studies	外交与战略等
国家能源研究所（BNERI） Brunei National Energy Research Institute	能源、环境等
婆罗洲研究中心（BRC） Borneo Research Centre	婆罗洲文化等
亚洲研究所（IAS） The Institute of Asian Studies	亚洲流行文化、资本流动等
交通研究中心（CfTR） Centre for Transport Research	交通规划等
领导、创新和进步研究所（ILIA） The Institute for Leadership, Innovation and Advancement	领导力和创新等

第八章
新加坡智库及其对国家治理和区域治理的贡献

探究新加坡智库的发展、特点及其在东南亚区域治理和新加坡国家治理中的角色与作用，有助于理解新加坡智库如何为区域治理和国家治理提供解决方案，并将这些解决方案转化为具体政策，这对加强中新合作、中国与东盟合作具有重要意义。通过梳理、总结新加坡智库的发展脉络与基本信息，不难发现其具备量少质优、以质取胜，政府布局、分工协作，官学融合、教研相长，管理科学、高效运转的特点。新加坡智库在东南亚地区的区域治理及新加坡的国家治理中均发挥出了智库的典型功能，在东南亚区域治理中，新加坡智库充当了治理战略的献策者、治理政策的解读者、治理合作的参与者，以及治理人才的培育者角色；在国家治理中，新加坡智库助力政策产出、提供信息资源并通过各类研究成果与研究活动引导舆论，增进公众对治理问题的关注、治理政策的理解，从而增强其政治认同，为国家治理做出了突出贡献。

新加坡共和国作为一个地处马来半岛南端的岛国，国土面积仅为733.1平方公里，总人口约545万（2022年）。但这个没有辽阔的国土面积、缺乏自然资源，甚至连饮用水都依靠进口的国家，却是“亚洲四小龙”之一，跻身于世界上最具竞争力的经济体之列，现今其人均国内生产总值与人均国民总收入已分别达到72021.5美元和63334.8美元（2021

年）。[①]从19世纪初的小渔村到现代化的繁华大都市，新加坡从贫穷到富裕的转变被认为是一个难以置信的故事，“它确实是一个小国在大世界中取得非凡成就的典例”[②]。1992年，时任新加坡总理吴作栋在向人民行动党干部发表讲话时表示，精英管理是新加坡成功的关键，“在公务员、政治、商业和学校中实行精英管理”，使新加坡人“取得卓越成就，并能与他人竞争”。[③]新加坡国立大学李光耀公共政策学院副教授顾清扬在接受《人民日报》记者采访时曾指出：“为了在多变的国际形势中把握生存之道，新加坡政府非常重视智库建设，依靠优秀的本地人才和外来引进人才，迅速形成一批具有国际影响力的智库。”[④]由此可见，智库是新加坡治国理政所倚重的重要“帮手”，为新加坡及东南亚地区的建设发展做出了一定贡献。

一、新加坡智库发展历程

自1965年新加坡独立后，建设高质量的政策研究机构成为新加坡各界共识，智库的研究成果也逐渐受到新加坡各界的重视。总体而言，新加坡智库的发展历程大致可以分为初步发展、持续发展与蓬勃发展三个阶段。

（一）初步发展阶段

20世纪60年代至70年代可视作新加坡智库的初步发展阶段，在这一阶段发展起来的智库以独立型智库为主，研究重点聚焦于东南亚地区及东盟发展。其中最具代表性的是新加坡国际事务研究所和尤索夫·伊萨克东南亚研究所。

---

① Department of Statistics Singapore, https://www.singstat.gov.sg/find-data/search-by-theme/economy/national-accounts/latest-data.

② Jon S. T. Quah, “Why Singapore works: five secrets of Singapore’s success”, *Public Administration and Policy: An Asia-Pacific Journal,* Vol.21,No.1（2018）.p.5.

③ Ibid., p.7.

④《新加坡打造全球影响力智库》，新华网，http://www.xinhuanet.com/world/2015-02/25/c_127514682.htm。

新加坡国际事务研究所成立于1962年，是一家非营利性独立智库，也是新加坡最早成立的智库。该所由基金会、会员订阅和企业赞助提供资金，不接受新加坡政府的定期资助，致力于政策分析，促进政策制定者、私营部门决策者和专家之间的深入对话。该研究所以东盟研究为重点，是东盟战略与国际问题研究所的创始成员之一，[①]旨在就地区和国际事务进行研究、分析和讨论，以及为推动环境可持续性问题解决提供政策建议。[②]尤索夫·伊萨克东南亚研究所由著名的新加坡东南亚研究所发展而来。东南亚研究所是1968年根据议会法案成立的一个自治组织，致力于研究东南亚地区的社会政治、安全、经济趋势和发展，以及该地区广泛的地缘政治和经济环境，旨在激发学术界的研究和辩论，提高公众对该地区的认识，为促进解决该地区面临的各种问题寻求可行的解决方案。该所还下设了三个研究中心，分别是东盟研究中心、新加坡亚太经合组织研究中心，以及淡马锡历史研究中心。为纪念新加坡第一任总统尤索夫·宾·伊萨克（Encik Yusof Bin Ishak），2015年8月，该研究所正式更名为尤索夫·伊萨克东南亚研究所。[③]

（二）持续发展阶段

20世纪80年代至90年代可被视为新加坡智库的持续发展时期，这一时期的智库大多属于高校型智库，依托各大高校建立发展起来，研究涵盖的内容及地域范围也变得更加广泛。在这一时期发展起来的智库主要有新加坡政策研究院（Institute of Policy Studies，IPS）、新加坡国际基金会（Singapore International Foundation，SIF）、国防与战略研究所（The Institute of Defence and Strategic Studies，IDSS）和新加坡国立大学东亚研究所

---

① 东盟战略与国际问题研究所是东南亚国家战略研究机构联盟，是东南亚智库联盟，由印尼战略与国际研究中心于1984年发起，1988年东盟战略与国际问题研究所正式在东盟秘书处注册为非政府组织。其创始成员主要包括5个国家的智库机构，分别是印尼战略与国际研究中心、马来西亚战略与国际研究所、菲律宾战略与发展研究所、新加坡国际事务研究所和泰国安全与国际研究所。

② Singapore Institute of International Affairs，http://www.siiaonline.org/.

③ Yusof Ishak Institute，https://www.iseas.edu.sg/.

(East Asian Institute - National University of Singapore,EAI)。

成立于1988年的新加坡政策研究院原是一个独立智库,专门研究和产出新加坡公共政策理念。2008年,该研究院成为新加坡国立大学李光耀公共政策学院的一个自主研究中心,继续致力于公共政策分析,旨在促进思想领袖之间的沟通与联系,并将其研究结果传达给广大受众。该研究院对影响新加坡国家利益的重大问题进行战略研究,并通过社会调查洞悉民众的态度和愿望。①

新加坡国际基金会成立于1991年8月,该基金会拥有一支来自不同信仰、背景和文化的多元化团队,其目标是“建设一个更美好的世界——一个和平、包容并为所有人提供机会的世界”,鼓励新加坡人开阔国际视野,为国际社会做出贡献,帮助海外新加坡人与新加坡保持联系。②

国防与战略研究所于1996年7月30日在南洋理工大学(NTU)内成立,由时任新加坡副总理兼国防部长陈庆炎揭幕。该所的成立是为了对亚太地区的地缘政治、安全、外交关系的发展进行研究,并促进对新加坡和亚太地区的战略和国防问题的理解。2007年1月1日,国防与战略研究所升格为南洋理工大学拉惹勒南国际研究院(S. Rajaratnam School of International Studies,RSIS),成为拉惹勒南国际研究院旗下五个研究中心中历史最悠久、规模最大的一个。③

东亚研究所前身可追溯到1983年由新加坡副总理吴庆瑞所建立的东亚哲学研究所(Institute of East Asian Philosophies,IEAP)。1992年东亚哲学研究所更名为东亚政治经济研究所(Institute of East Asian Political Economy,IEAPE)。1997年,东亚政治经济研究所又易名为东亚研究所,

---

① Institute of Policy Studies ,https://lkyspp.nus.edu.sg/ips.

② Singapore International Foundation,https://www.sif.org.sg/.

③ The Institute of Defence and Strategic Studies, https://www.rsis.edu.sg/research/idss/about-the-centre/about-the-institute-of-defence-and-strategic-studies-idss/#.Ylqy5dpBzb1. 拉惹勒南国际研究院其余四个研究中心分别为政治暴力与恐怖主义研究国际中心、国家安全卓越中心、多边主义研究中心、非传统安全研究中心。

这个名字沿用至今。东亚研究所的主要使命是推动对东亚地区学术和政策层面的研究，特别是关注当代中国（包括港台地区）的政治、经济和社会发展，以及中国与世界迅速发展的经济一体化态势及其在该地区的政治和安全问题。东亚研究所有两个任务，一是为政府官员提供政策分析报告，二是从事学术研究。为促进学术交流并使其研究成果能扩散到公众群体中，该研究所定期组织研讨会并发表研究论文。该所还参与新加坡政府部门和法定委员会的联合研究项目，促进与该地区类似机构的合作计划，并组织有关东亚问题的区域和国际会议及研讨会。其出具的政策背景分析、政策报告及政策咨询意见不仅对于新加坡政府的决策有着重要影响，也为亚太地区许多国家的政府与研究人员所重视。虽然该所最初的研究重点是当代中国，但随着资源的积累，研究所已将研究工作扩展到包括日本和韩国在内的诸多东亚国家。[①]

（三）蓬勃发展阶段

21世纪以来，新加坡智库进入蓬勃发展时期，在这一阶段涌现出大批智库，高校型智库仍占据优势地位。由于这一阶段发展起来的智库数量较多，本章不一一列举，仅就几所影响力相对较大的智库进行介绍，分别为新加坡南亚研究所（Institute of South Asian Studies，ISAS）、亚洲与全球化中心（Centre on Asia and Globalisation，CAG）、亚洲竞争力研究所（Asia Competitiveness Institute，ACI）和水政策研究所（Institute of Water Policy，IWP）。

新加坡南亚研究所于2004年成立，是新加坡国立大学的一个自主研究机构。该所的成立反映出南亚日益重要的经济和政治地位，以及南亚和东南亚之间强大的历史联系。南亚研究所致力于当代南亚研究，旨在促进世界对该地区的了解，并向新加坡及其他国家和地区的政界、商界、学术界和民间社会传达有关该地区的知识和见解。研究所主要聚焦六大核心研究主题，分别是南亚国家间关系及多边主义、南亚政治与社会治

① East Asian Institute-National University of Singapore, https://research.nus.edu.sg/eai/；张大卫、元利兴等：《国际著名智库机制比较研究》，中国经济出版社，2017年，第132页。

理、经济与贸易、新技术、南亚侨民，以及环境与可持续发展。①

亚洲与全球化中心于2006年在新加坡国立大学李光耀公共政策学院成立。该中心致力于对亚太地区及其他地区的发展进行深入研究，为学术界、决策者、评论员和公众就具有区域和全球意义的问题提供准确、独立和高质量的分析。该中心的研究议程集中在两大领域：区域和全球秩序的前景及经济全球化的未来。当前研究项目包括东南亚区域秩序的未来、区域秩序与全球秩序的相互作用、中印关系、中国发展、亚洲大陆和海洋的互联互通、世界经济中的亚洲、未来贸易和金融全球化。中心自成立以来已与澳大利亚、中国、印度、日本、俄罗斯、韩国、英国、美国，以及欧洲和东南亚其他国家的研究机构建立了合作关系网络。通过这些合作，亚洲与全球化中心旨在提供机会，促进领先专家之间就国际政治的重要问题进行建设性和实质性的交流。②

亚洲竞争力研究所同样于2006年成立，并隶属于李光耀公共政策学院。该所旨在建立知识领导力和网络，以了解和提高亚洲地区的竞争力。通过对亚洲区域经济体的竞争力研究，为包容性增长、提高生活水平和制度治理做出贡献。其研究领域主要包括三大方面：一是地方经济层面的竞争力分析和城市层面的宜居性分析，二是亚洲经济体的企业层面竞争力分析，三是新加坡的长期增长战略和公共政策分析。③

水政策研究所由李显龙于2008年在新加坡国际水周期间发起，并得到新加坡国家水务机构（PUB）的支持。该研究所同样隶属于新加坡国立大学李光耀公共政策学院，其主要任务是通过研究，提供培训、思想领导和咨询来帮助改善亚洲的水政策和治理，为亚洲关于水政策的讨论与研究做出了积极贡献。④

---

① Institute of South Asian Studies, https://www.isas.nus.edu.sg/.

② Centre on Asia and Globalisation, https://lkyspp.nus.edu.sg/cag.

③ Asia Competitiveness Institute, https://lkyspp.nus.edu.sg/aci.

④ Institute of Water Policy, https://lkyspp.nus.edu.sg/iwp.

二、新加坡智库的特点

虽然进入21世纪后，新加坡智库出现了蓬勃发展的现象，不少新智库相继建立，但新加坡智库数量在世界智库排行榜中仍处于低位水平。这并未阻碍新加坡智库跻身世界知名智库排行榜，相反赋予新加坡智库一定的发展特色，本章将新加坡智库的特点主要概括为以下四点，即量少质优、以质取胜，政府布局、分工协作，官学融合、教研相长，管理科学、高效运转。

（一）量少质优，以质取胜

美国宾夕法尼亚大学《2020年全球智库年度报告》显示，截至2020年，新加坡共有21家智库。尽管新加坡智库数量较少且大多数智库建立仅十几年时间，但质量普遍较高，具有了全球认可的综合实力、获得了较大的地区乃至国际影响力。在《2020年全球智库年度报告》的排行榜中，排名前100名的智库（不包括美国）中新加坡有5家，分别是新加坡国际事务研究所（第26名）、尤索夫·伊萨克东南亚研究所（第68名）、亚洲与全球化中心（第69名）、亚洲竞争力研究所（第73名）以及国防与战略研究所（第97名）。在“南亚、东南亚及太平洋地区（不包括印度）顶级智库”排行榜中，前5位中有2家新加坡智库，分别是新加坡国际事务研究所（第1名）和国防与战略研究所（第3名）；而在前60位中新加坡占据9个。由此可见，新加坡智库具备“少而精”的特点，坚持以质取胜，尤其是以国际事务研究所、东南亚研究所、国防与战略研究所为主的“老牌”智库一直拥有良好的世界级专业排名。

（二）政府布局，分工协作

新加坡智库能在较短时间内获得较高质量的发展，除了智库自身较为科学的发展管理模式外，还与新加坡政府的布局和大力支持紧密相关。一方面，新加坡大多数智库建立的初衷即帮助政府应对各类国际问题。如前文所述，作为东南亚的一个小国，新加坡一直致力于探寻在波诡云谲的国际社会中的生存之道。大国靠实力，小国则需要靠“智慧”，因此新加坡政府十分重视依靠智库引进人才，对国际国内有关问题进行专业分析，为新加坡政策制定提供前瞻性指导。据了解，东南亚研究所、东亚研究所、南亚研究所、国防与战略研究所，以及政策研究院均由新加坡政府部门根据当时的需要设立，后随国内、地区和国际形势的变化而不断调整，这些智库日益发展成为较为知名的智库。[①]另一方面，新加坡的大多数智库都受政府支持赞助。正如顾清扬所说："新加坡政府对智库的支持主要体现在三个方面，其一是加大政府资助力度并通过鼓励政策带动其他渠道的经费投入；其二是鼓励智库进行独立的政策研究；其三是善于将智库作为与民众沟通和加强国际交往的渠道和桥梁。"[②]在政府总体布局与大力支持下，新加坡相继建立起侧重各个不同研究领域的智库体系。

由于政府布局合理，新加坡智库有着较为明确的分工，避免了功能重叠，它们或是关注区域有所差别；或是研究内容有所不同。例如，国际事务研究所重点关注东盟、欧盟以及美国等区域和国家的国际事务发展；东亚研究所特别关注中国的政治与经济发展研究；国防与战略研究所则重点关注亚太地区的军事、地缘安全；政策研究院侧重于新加坡国内的公共政策和国家治理研究。这一特点对于那些与政府部门有直接联系的智库尤其明显。无疑，对于全国22所智库来说，要完全避免功能重叠也并非易事，加之很多问题环环相扣、相互影响，因此智库间及智库跨国合作也是极其常见的现象，这大大提升了智库研究的效率、深度和广度。

（三）官学融合，教研相长

新加坡较为著名的智库大都依托高等学府，尤其是依托新加坡国立大学和南洋理工大学两所大学设立。例如李光耀公共政策学院下辖的四个研究中心——亚洲竞争力研究所、亚洲与全球化中心、新加坡政策研究院、水政策研究所均隶属于新加坡国立大学，同样隶属于新加坡国立大学

① 张骏：《智库与政府关系的调整与探索——以日本、韩国和新加坡智库为例》，《智库理论与实践》2017年第3期。

②《新加坡打造全球影响力智库》，新华网，http://www.xinhuanet.com/world/2015-02/25/c_127514682.htm。

的智库还有能源研究所(Energy Studies Institute,ESI)、中东研究所(Middle East Institute,MEI)、国际法中心(Centre for International Law,CIL)。依托南洋理工大学建立起来的智库则有国防与战略研究所、非传统安全中心(Centre for Non-Traditional Security Studies,NTS)、政治暴力与恐怖主义研究国际中心(International Centre for Political Violence and Terrorism Research,ICPVTR)等。尽管这些智库隶属于高校,但它们也会受到政府的资助与支持,各大智库的核心工作人员大多是在高校任教的知名学者,且享有较高的独立自主性。由于政府重视,不同政府部门的官员也会和智库保持较为密切的联系。如拉惹勒南国际问题研究院国防和战略研究所与新加坡国防部;东亚研究所与新加坡贸工部、国家发展部、外交部均有较为密切的合作,这些智库开展咨政研究时可以获得政府提供的一手资料和数据,确保咨政服务的质量。[①]此外,“旋转门”(Revolving Door)机制在新加坡智库发展中同样发挥着重要作用,进一步强化了新加坡智库官学融合的特点。例如新加坡外交部巡回大使、驻巴基斯坦非驻地高级专员、驻伊朗非驻地大使王景荣(Ong Keng Yong)现担任拉惹勒南国际研究院执行副主席兼国防与战略研究所所长。[②]南亚研究所管理委员会成员艾伯特·蔡(Albert Chua)、李全德(Lee Chuan Teck)、吴德轩(Ng Teck Hean)分别担任新加坡共和国外交部常务秘书、贸工部常务秘书、外交部副秘书长(亚太/东南亚)。[③]中东研究所现任董事会主席比拉哈里·考斯坎(Bilahari Kausikan)曾在新加坡外交部任职37年。[④] 2020年,新加坡国际

① 李晨阳:《新加坡国际问题智库以质量求发展》,中国社会科学网,http://news.cssn.cn/zx/bwyc/202007/t20200717_5156352.shtml。

② S. Rajaratnam School of International Studies, https://www.rsis.edu.sg/profile/ong-keng-yong/.

③ Institute of South Asian Studies, https://www.isas.nus.edu.sg/management-board/.

④ Middle East Institute, https://mei.nus.edu.sg/about/board-members/.

事务研究所主席戴尚志(Simon Tay)被任命为新加坡驻希腊大使。[①]时至今日,新加坡的政府要员到智库任职似乎已成行业惯例,尽管由智库进入政府部门任职的现象不如前者普遍,但目前该趋势也已有所显现。

(四)管理科学,高效运转

“专业化管理是智库建设的重要内容,是智库能够发挥最大效能的重要倍增器。”智库管理中往往存在“重研究人员,轻管理人员”的现象,虽然研究人员才是智库的灵魂,但如若缺乏有效的组织管理,就算是顶尖的专家也难以发挥出应有的水平,智库的功效也有可能大打折扣。[②]新加坡智库大多数虽隶属于高校或政府部门,但智库管理一直享有较高的独立性,并非按照高校管理制度对其进行管理。大多数智库实行董事会或董事会负责制。如新加坡国立大学东亚研究所设立董事会负责研究所重大事项的决策,新加坡国际事务研究所由国内外知名人士构成的理事会指导管理,新加坡政策研究院由新加坡政府高级官员、跨国公司董事和学术机构的精英组成董事会负责管理,[③]包括南亚研究所、东南亚研究所、新加坡国际基金会等在内的智库都实行董事会制或是成立了专门的管理委员会。此种较为专业和科学化的管理模式进一步提高了新加坡智库的运作效率,为智库的高品质研究提供了良好基础。

三、新加坡智库对东南亚区域治理的贡献

20世纪七八十年代,东盟在调整巩固的过程中产生了政策分析需求,同时伴随着地区局势的新变化,东盟各国开始寻求建立政策咨询机制以协助治理,并成立了东盟战略与国际问题研究所。新加坡智库在其政

---

① “Siia Chairman Appointed as Singapore's Ambassador to Greece”, Singapore Institute of International Affairs, http://www.siiaonline.org/siia-chairman-appointed-as-singapores-ambassador-to-greece/.

② 虞爽:《关于我国智库专业化管理的战略思考》,《世界经济与政治论坛》2016年第2期。

③ 张大卫、元利兴等:《国际著名智库机制比较研究》,中国经济出版社,2017年,第129页。

府的支持推动下，立足于自身特点与优势，积极参与东南亚及东盟的治理工作，并成为东南亚区域治理的献策者、政策解读者、区域治理合作的参与者与人才的培育者，为东南亚的区域治理做出了突出贡献。

（一）新加坡智库在东南亚区域治理中发挥作用的现实可能性

首先，东南亚区域治理的现实需要。一方面，二战结束后，东南亚国家纷纷获得独立，如何摆脱殖民时代的政治运作模式，处理好宗教、民族矛盾，以避免东南亚地区陷入混乱局面，成为东南亚区域治理的题中应有之义。为解决上述问题，东盟于1967年成立。到20世纪80年代中后期，东盟进入调整和巩固阶段，同时伴随着冷战的缓和，美苏在该地区的力量收缩与调整使得地区局势发生变化，东盟成员国逐渐意识到需要做出更多外交努力以适应新的地区安全格局。囿于各国政府人力、物力、财力的有限性及东盟秘书处政策研究、咨询服务能力的不足，东南亚区域治理的正式结构中产生了政策分析"真空"，这一"真空"恰好为智库介入区域治理提供了契机。[①]另一方面，东盟并不似欧盟一样具有超国家性质，不具备权威的决策机制。但东盟各国发展水平各异，矛盾纷争频发，特别是在涉及主权、资源、安全等较为敏感的话题时，决议、政策等的出台较为"难产"，因此急需一个非官方的磋商平台以促进各方沟通，更好凝聚共识。智库依托知识、社会、媒体、专家和政治领域的丰富资源塑造了一个独立的运作空间，从而可以较为灵活地避免因敏感问题引发的争端，成为重要的二轨外交行为体，这较好地因应了上述需求。正是在此背景下，1988年，东盟战略与国际问题研究所成立。这一半官方智库网络创始成员包括5个东南亚国家智库机构，新加坡国际事务研究所便是其中之一。由此，基于东南亚区域治理的现实需求，智库成为弥补东南亚区域治理政策"真空"的重要角色，智库网络也逐渐发展成为该区域的二轨外交机制，为该地区的治理发展提供了智慧与动力。

① Diane Stone , "The ASEAN-ISIS network: Interpretive communities, informal diplomacy and discourses of region", *Minerva*, Vol.49, No.2(2011), pp.241-262.

其次,新加坡政府的推动与支持。新加坡地缘环境和资源禀赋特殊,自建国以来,其政府始终怀有强烈的小国危机意识,为突破小国"脆弱性"局限,在国内层面、地区层面乃至全球层面,新加坡都力求找准身份定位以发挥"小国大外交"作用。就地区层面而言,参与东南亚区域秩序的构建对新加坡具有重大意义,即使作为一个小国,新加坡也从来不甘于仅仅是一个"被领导者"。正如隆德新所言,新加坡寻求树立的是一种"软领导者"或是"低姿态领导者"的身份角色。"软领导"的实现方式主要包括说服、议程设置、吸引与交流。说服,立足于不断变化的局势制定与之相适应的说理方式与战略;议程设置则与说服紧密联系,在合理预测、分析和说服的基础上制定符合共同利益的路线图从而影响甚至决定议程设置;吸引则需要靠本国的成就与示范作用;交流效果的最优化则需要超越仅依靠官方渠道的传统模式,进行多渠道交流。[①]就此而言,无论对于实现"软领导"的四种方式中的哪一种,智库都能在其中发挥举足轻重的作用。从新加坡智库发展中的政府布局特色及政府对部分智库的大力赞助也不难看出,新加坡政府早已将智库作为其实现地区"软领导"及推动国内发展的重要帮手。

再次,新加坡智库自身的高质量发展。如前文所述,新加坡智库具备了"量少质优、以质取胜,政府布局、分工协作,官学融合、教研相长,管理科学、高效运转"等特点,这为新加坡智库在东南亚区域治理中发挥作用提供了坚实的基础条件。除此之外,新加坡智库发展历史悠久,最早的智库于1962年即宣告成立。可以说,新加坡智库与国家同时发展壮大,为国内治理献计献策的同时致力于帮助新加坡开拓对外发展空间,其取得的良好绩效使其在国内外享有较高声誉,是新加坡在东南亚区域治理中发挥"意见领袖作用"的主要抓手。

---

① 隆德新:《区域政治中的"软领导"者:再探新加坡之东盟身份》,《太平洋学报》2012年第11期。

（二）新加坡智库在东南亚区域治理中发挥作用的具体表现

在东南亚的区域治理中，新加坡智库扮演了重要角色，有力推动了区域一体化进程，尤其是对东盟发展做出了重要贡献。其主要作用与贡献包括但不限于以下四个方面：

1.东南亚区域治理战略的献策者

新加坡素有东盟的“大脑”与“军师”之称，东盟很多政策、规划雏形都来自新加坡智库。[①]作为东盟战略与国际问题研究所的创始成员之一，新加坡国际事务研究所始终聚焦东盟发展的相关问题，着力推进区域合作进程。其官网公布的2017年至2021年的年度报告中均设有“东盟专栏”，此部分内容主要总结分析年度内有关东盟的重大问题和主要议题。从报告内容可以看出，虽每年的研究重点有所不同，但综合来看其研究涵盖的范围广泛而全面，且大都为地区热度较高或是亟待解决的问题。例如在2020年，该所带头开展了“东盟合作抗击新冠疫情”的研究，并向东盟外长和东盟秘书长提交了重要建议，这些建议为2020年4月14日召开的关于新冠疫情的东盟特别峰会提供了重要参考。[②]在另外一些有关东盟地区机制建设与发展战略制定过程中，同样有新加坡智库的身影。如在《东盟宪章》制定、东盟地区论坛（ASEAN Regional Forum，东盟地区论坛）预防性外交议程设置与有关2015年后东盟经济共同体（ASEAN Economic Community，东盟经济共同体）未来的政策辩论中，拉惹勒南国际研究院均发挥了重要作用。

东盟的奠基性文件是一份仅仅两页的《东盟宣言》，直至2008年《东盟宪章》正式生效前，东盟并没有一份完整系统且具有普遍约束力的文件，亦不具备国际法要求的法人资格。2005年12月，起草宪章的动议在第11届东盟峰会上被正式提出，成员国随即组建了东盟知名人士小组

① 李晨阳：《新加坡国际问题智库以质量求发展》，中国社会科学网，http://news.cssn.cn/zx/bwyc/202007/t20200717_5156352.shtml。

② “2020 Annual Report”，Singapore Institute of International Affairs，http://www.siia-online.org/wp-content/uploads/2021/03/FY2020-Annual-Report.pdf, p.5.

(EPG)负责对宪章的起草提供建议。新加坡尤索夫·伊萨克东南亚研究所较早洞见了这一需求，邀请来自国防与战略研究所、菲律宾战略与发展研究所等智库的研究员及其他领域的知名人士进行研讨，并于2005年出版了一部名为《制定东盟宪章：尤索夫·伊萨克东南亚研究所的观点》(*Framing the ASEAN Charter: An ISEAS Perspective*)的手册，为可能参与宪章制定工作的人员提供建议。手册内容涵盖了对东盟旗帜、标识、成立日、目标、原则、组织架构等方面的建议，可以说是一部初具雏形的《东盟宪章》，为《东盟宪章》的制定工作提供了借鉴。①

东盟地区论坛作为一个地区安全机制，是东南亚地区维护自身安全的主要平台之一，预防性外交是其发展进程中的三大目标之一，不仅体现出鲜明的"东盟方式"特点，还关乎东盟地区论坛的自身发展。② 在迈向预防性外交制度化的努力中，东盟地区论坛委托拉惹勒南国际研究院及另一所研究机构进行了一项研究，旨在吸取其他多边组织在预防性外交制度化方面的经验教训。基于研究结果，研究人员提出了具体建议，成为审议"预防性外交工作计划要点草案"的讨论基础，并最终使得《东盟地区论坛预防性外交工作计划》于2011年7月获得通过。

在东盟经济共同体的建设过程中，拉惹勒南国际研究院及东南亚研究所同样扮演了献策者角色。2013年7月，东盟经济一体化高级别工作组委托拉惹勒南国际研究院和尤索夫·伊萨克东南亚研究所编写了一份"关于2015年后东盟经济共同体的愿景文件"，旨在评估2015年东盟经济共同体的进展；确定并分析该地区面临的地区和全球挑战；以及为东盟经济共同体提出2015年以后的政策建议。在2014年2月于仰光举行的第25次东盟经济一体化高级别工作组会议上，拉惹勒南国际研究院和尤索夫·伊萨克东南亚研究所向工作组提交了最终文件，并获工作组高度肯

① Rodolfo C Severino. *Framing the ASEAN Charter: An ISEAS Perspective*. ISEAS Publishing, 2005, pp.3-30.

② 李晨阳、赵丽、杨飞：《论东盟地区论坛的实践功用和理论意义》，《国际观察》2020年第6期。

定。[①]在东南亚区域治理战略制定中，不止新加坡智库，各东盟国家智库均是献策者，借助智库网络的力量，东南亚的区域治理战略制定更具科学性与合理性，很好地弥补了东盟的“政策真空”。

2. 东南亚区域治理政策的解读者

智库的作用与功能之一是通过其研究成果，如出版的书籍、论文、学术期刊、杂志、政策简报以及通过社交媒体等与多方人员建立有效联系、进行有效沟通，[②]从而引发对有关政策的讨论，进而促进对政策的深入理解以求政策的顺利实施或是改进。新加坡智库同样凭借其出版的期刊及发布的各种评论文章担任了东南亚区域治理政策的解读者角色。

以尤索夫·伊萨克东南亚研究所为例，为增进对东盟的了解，并为区域合作和一体化做出贡献，该所专门成立了东盟研究中心（The ASEAN Studies Centre）。东盟研究中心研究人员在主要的新闻媒体和在线平台上积极发声，分享其对东盟发展有关问题和政策的解读与建议。为让各界更好了解东盟，东盟研究中心还通过组织各种活动，如“东盟圆桌会议”和东盟系列讲座，邀请高层政策制定者、知名学者和商界领袖探讨有关东盟发展的政策理念。由该中心编写的《东盟焦点》（*ASEAN Focus*）季刊通过分析文章将广大受众与东南亚的重要发展联系起来，以增强各界人士对东盟的理解和认知。[③]《东南亚事务》（*Southeast Asian Affairs*）是该所出版发行的另一部影响力较大的旗舰出版物，其宗旨即提供对东南亚地区主要政治、战略、经济和社会发展政策和动向的易读易懂分析。自1974年出版发行以来，《东南亚事务》的研究重点聚焦在东盟国家，同时也兼顾亚太地区发展问题。[④]澳大利亚国立大学名誉教授哈尔希尔评价《东南亚

---

① McGann J. G., *Think Tanks, Foreign Policy, and Emerging Powers* , Palgrave Macmillan, Cham, 2019, pp.229–233.

② Donald E. Abelson, “Old world, new world: the evolution and influence of foreign affairs think–tanks”, *International Affairs*, Vol.90, No.1(2014), pp.125–142.

③ Yusof Ishak Institute, https://www.iseas.edu.sg/centres/asean–studies–centre/.

④ Yusof Ishak Institute, https://www. iseas. edu. sg/flagship–publications/southeast–asian–affairs–flagship–publications/southeast–asian–affairs/.

事务》时指出，该刊物为了解这一迷人的区域（指东南亚地区）提供了不可或缺的指南。[①]在第37届东盟峰会开幕式上，阮春福（Nguyen Xuan Phuc）以东盟轮值主席的身份宣布并祝贺东盟研究中心荣获2020年度"东盟奖"（ASEAN Prize）。[②]此奖项用于奖励对东盟共同体建设做出重大贡献的个人或组织，尤索夫·伊萨克东南亚研究所的东盟研究中心因其促进对东盟的更多了解和认识以及为区域合作和一体化的杰出贡献而成为斩获此奖项的第一个组织。[③]东盟研究中心有关东盟及东南亚地区发展政策的分析、解读与宣传对区域治理的作用与影响毋庸置疑。除东盟研究中心外，包括新加坡国际事务研究所、国防与战略研究所等在内的多家新加坡智库的研究都涉及东南亚区域治理政策的分析解读，直接或间接地影响着各界人士对东南亚区域发展与治理的认知。

3.东南亚区域治理合作的参与者

智库不仅可以为学者、政客、官员、媒体人和商人之间的互动和讨论提供机会与场所，还可以通过举办论坛、召开学术会议、进行非正式外交活动等方式参与到国内外治理工作中，[④]成为区域治理合作的参与者。

一方面，新加坡智库通过举办论坛活动、研讨会、座谈会作为自己为区域治理发声的平台，成为区域治理的主动参与者。例如为应对缅甸局势，维持东南亚地区稳定，新加坡国际事务研究所于2021年8月举办了两次对话活动，分别邀请了东盟10国的22名主要专家和多名缅甸专家和智库代表，对话活动强调了东盟对缅甸政变反应的重要性，探讨了东盟及缅甸问题特使应采取何种行动及缅甸政变的优先事项问题。该研究所还组

① Yusof Ishak Institute, https://bookshop.iseas.edu.sg/publication/2498#contents.

② "ASEAN Studies Centre awarded ASEAN Prize 2020",Yusof Ishak Institute, https://www.iseas.edu.sg/media/latest-news/asean-studies-centre-awarded-asean-prize-2020/.

③ Rei Kurohi, "Centre at ISEAS-Yusof Ishak Institute gets prize",The Straits Times, https://www.straitstimes.com/singapore/centre-at-iseas-yusof-ishak-institute-gets-prize.

④ Köllner Patrick," Think tanks: Their development, global diversity and roles in international affairs", German Institute of Global and Area Studies, https://pure.gigahamburg.de/ws/files/24533337/gf_international_1106.pdf.

织了一次以“投资数字基础设施:缩小东盟的数字鸿沟”为主题的公共网络研讨会,研讨了疫情之下投资数字基础设施的必要性及影响东盟数字化发展的长期因素等问题。[①]除此类形式的研讨会外,国际事务研究所还有定期开展的代表性活动——东盟与亚洲论坛(ASEAN and Asia Forum)。从2007年到2022年,该论坛已举办13次,论坛主题大都围绕东盟与地区发展问题,例如2019年的主题为“中美冲突与东盟:生存、转型、成功”,2021年的主题为“从2019新冠疫情中复苏:区域战略和数字未来”。[②]类似的还包括尤索夫·伊萨克东南亚研究所主办的“东盟圆桌会议”(ASEAN Roundtable)、“区域展望论坛”(Regional Outlook Forum)。通过举办各类活动,新加坡智库不仅为政界、学术界等各界人士提供了交流研讨平台,实际上还充当了与区域治理密切相关的研讨会的议程发起者,以其敏锐的感知与专业的知识推进了区域治理进程。另一方面,新加坡智库也会受邀参与一些有关区域治理的会议或活动,成为区域治理的被动参与者。无论是主动或被动参与,智库研究人员的观点都被输出到更大范围,影响到不同层次的决策者,直接或间接地影响到区域治理的方方面面。

4.东南亚区域治理人才的培育者

由于依托大学建设,新加坡部分智库同样提供人才培训服务,开设有研究生课程。例如南洋理工大学拉惹勒南国际研究院,其使命之一便是成为亚太地区战略和国际事务中领先的研究机构和研究生教学机构;建立志同道合的专业学校的全球网络。该院聘请国际知名的专家、学者教授课程,其开设的战略研究、国际关系、亚洲研究和国际政治经济学的理学硕士学位课程以其对亚太地区的关注、国际事务的专业实践和学术深度培养而著称。迄今为止,该院已为来自66个国家的学生提供了课程培

① “2021 Annual Report”, Singapore Institute of International Affairs, http://www.siia-online.org/wp-content/uploads/2022/04/2021-SIIA-Annual-Report.pdf.p.10.

② Singapore Institute of International Affairs, https://aseanasiaforum.com/about-13th-asean-asia-forum/.

训。[1]该院还推出了亚太高级军官计划(Asia-Pacific Programme for Senior Military Officers,APPSMO)、亚太地区高级国家安全官员计划(Asia-Pacific Programme for Senior National Security Officers,APPSNO)及恐怖主义分析员培训课程(Terrorism Analyst Training Course,TATC)。亚太高级军官计划由该院下辖的国防与战略研究所主办,旨在提供交流平台以供东南亚乃至整个亚太地区的高级军官互相分享军事和安全发展的专业知识。[2]亚太地区高级国家安全官员计划由该院下辖的国家安全卓越中心(Centre of Excellence for National Security,CENS)主办,活动面向亚太地区及其他地区负责国家安全事务的高级政府官员,成为提供国家安全治理分析框架、治理技能的重要工具。[3]恐怖主义分析员培训课程则由政治暴力与恐怖主义研究国际中心定期举办,一般邀请专家、反恐学者、分析师和有关从业者分享交流想法或是实践经验。[4]除高校型智库外,新加坡的一些独立智库也为区域治理人才培训做出了一定贡献,例如2022年3月26日,新加坡国际基金会启动了一项名为数字实验室(Digi LABS)的志愿服务计划,在东南亚迎来前所未有的数字化转型时期之际,该计划将通过其强大的志愿者网络和行业合作伙伴支持该地区青少年的数字能力建设。[5]2020年,新加坡国际事务研究所成为新加坡国家青年理事会的合作伙伴,为其亚洲就绪青年计划(Asia-Ready Exposure Programme,AEP)提供专业讲座和相关培训,仅当年举办的三场会议就吸引了800名年轻

---

① S. Rajaratnam School of International Studies, https://www.rsis.edu.sg/gpo/about-us/about-rsis/#.Ymn0QNpBzb0.

②③ S. Rajaratnam School of International Studies, https://www.rsis.edu.sg/alumni-networks/asia-pacific-programme-for-senior-military-officers-appsmo/#.Ymnx1dpBzb0.

④ S. Rajaratnam School of International Studies, https://www.rsis.edu.sg/alumni-networks/terrorism-analyst-training-course-tatc/#.YmnyctpBzb0.

⑤ Singapore International Foundation , https://www.sif.org.sg/Latest/Newsroom/Data/Newsroom / SIF-Launches-New-Virtual-Volunteering-Programme-to-Train-Youths-in-Digital-Skills.

人参与。[①]

四、新加坡智库对新加坡国家治理的贡献

当代世界，智库正在成为优化国家治理的重要工具，堪称“国之重器”。新加坡作为一个成功的全球小型城市国家，其规模、地理位置、多样化的人口及较为贫乏的自然资源都对该国的国家治理带来挑战。新加坡智库为应对多种治理挑战发挥了不容小觑的作用，主要包括产出政策思想、提供信息资源与增进政治认同。

（一）为新加坡国家治理产出政策思想

智库属于知识性组织，其最主要、最传统的功能就是通过专业知识和思想影响政府的政策决策过程，提出政策理念是智库的基本任务。[②]政策研究院是较为典型的聚焦国内治理的智库，其研究基本围绕该国的内外政策展开，通过发掘社会问题、寻求解决方案并通过举办研讨会、讲座等活动，制作政策简报、出版学术刊物等形式，直接或间接地影响政府政策制定过程。例如2002年1月，新加坡成立了经济审查委员会（ERC），通过审查新加坡发展战略，并制定一份蓝图，使新加坡努力克服经济衰退的同时调整经济结构。政策研究院随即组织召开了“经济结构调整论坛”（FER），研讨分析新加坡面临的主要经济问题，该论坛召集了来自私营部门、公共部门及学术界的80多名专家、官员、学者，进行了为期7个月的研讨，最终将论坛产生的调查结果及政策建议整理成报告呈交给经济审查委员会。[③]该院还推出了“政策研究院政策实验室”（IPS Policy Lab）项目，利用现有讨论平台，特别是在长期发展中该院建立起的政策网络，汇集思想领袖和专家，以及公共和私营部门的领导者，以获得对关键问题的看法

---

① “2020 Annual Report”, Singapore Institute of International Affairs, http://www.siia-online.org/wp-content/uploads/2022/04/2021-SIIA-Annual-Report.pdf.p.11.

② 孟磊：《论美国智库的功能和运行机制》，《外语研究》2019年第6期。

③ “IPS 20th Anniversary Report”, Institute of Policy Studies, https://issuu.com/ips-singapore/docs/ips_20thann.p.29.

和见解，旨在将学术与政策及政策实行相结合。[①]政策研究院的研究涉及新加坡国家治理的各个方面，包括文化艺术、人口统计、经济发展、信息化社会、政治治理、对外关系，以及城市与环境治理等各个方面，其对政策制定产生影响的例子不胜枚举，故在此不再赘述。

（二）为新加坡国家治理提供信息资源

国家治理本质上是运用国家权力治理公共事务、实现公共利益、维护公共秩序的过程。科学高效的治理需关注不同群体的利益诉求，倾听与吸纳各界声音，这就要求政府具备良好的信息基础。[②]"智库有巨大的潜力提供独立、可靠、可获取和有用的信息，有助于更好地制定政策。"[③]借助众多专家学者、各种研究项目，智库得以获得数据、信息等资源，并对此进行多元知识视角分析，通过知识融合为国家治理提供可用的信息资源并提高资源的利用效率。

同样以政策研究院为例，为调查研究不同领域的国家利益问题，更好地了解新加坡人民的态度和愿望，该院通过政策研究院社会实验室或是调查研究公司对有关问题进行调查，调研结果将由政策研究院研究人员分析，并通过该院的出版物和在其举办的各类研讨会上发表和讨论。目前政策研究院已推出两项调查项目，即政策研究院对新加坡政策认知（IPS Perception of Policies in Singapore，POPS）调查系列和新加坡社会动态小组研究（Singapore Panel Study on Social Dynamics，SPSSD）。[④]截至目前，新加坡政策认知项目已完成了9项调查，调查内容包括经济问题、总统选举及总统选举后选民态度和婚育问题。[⑤]为衡量长时期内与国家认同和社会流动性有关的家庭动态、社会价值和态度，新加坡社会动态小组

---

① Institute of Policy Studies, https://lkyspp.nus.edu.sg/ips/research/ips-policy-lab.

② 余敏江：《智库作用与国家治理能力提升》，《智库时代》2017年第1期。

③ Ahmed Khaled Rashid, "Efficacy of think tanks in influencing public policies: The case of Bangladesh," *Asian Journal of Political Science*, Vol.21, No.1（2013）, pp.62–79.

④⑤ Institute of Policy Studies, https://lkyspp.nus.edu.sg/ips/research/surveys/completed-surveys/ips-perception-of-policies-in-singapore-(pops)-survey.

研究则已完成5000个家庭和10000个个人的6波数据采集工作。[①]

(三)为新加坡国家治理增进政治认同

"民心是最大的政治,认同是最强的力量,"政治认同是国家治理的根与魂,从某种意义上来说,治理能力基于认同能力。[②]政治认同的前提是公众能够表达政治观点、获取政治信息、理解政策内容,智库的功能恰与政治认同要件相契合,因而能为国家治理增进认同,减轻阻力。智库本就是"弥合知识与权力之间差距的桥梁",同时也是连接不同背景或意识形态的人的桥梁。[③]除了为政府决策提供咨询建议,智库对于其提供的或是政府出台的政策思想、理念具有解读及诠释功能。通过智库出版物、媒体报道等多种形式,智库人士同样为广大公众提供政策解读案或是丰富的视听资料,从而引导社会公众及时、全面、准确了解政府的初衷,政策的操作内容、流程,形成良好的政治氛围,以取得认同。可见智库不仅是思想的启迪者、提供者,也是思想的解惑者和传播者。

新加坡各个智库每年都会出版发行各类刊物、发布评论文章以供各界人士阅读讨论。例如政策研究院每年都会推出一份年度政策和政治发展报告,主要回顾上一年度新加坡的主要政策和政治发展[④],为民众理解、洞察政府治理与政治发展提供了重要资料,其旗舰会议之一,"新加坡视角"(Singapore Perspectives)则为民间社会成员及学生等群体表达观点,了解政策提供了重要平台。2020年1月20日,该会议以"政治"为主题,邀请了包括决策者、反对党成员、民间社会成员、专家学者和学生在内的

---

① Institute of Policy Studies, https://lkyspp.nus.edu.sg/ips/research/ips-social-lab/singapore-panel-study-on-social-dynamics.

② 常铁军:《政治认同:国家治理现代化的根与魂》,《光明日报》,2018年2月8日。

③ Stone Diane, "Think Tanks and Policy Advice in Countries in Transition", https://think-asia.org/bitstream/handle/11540/3624/2005.09.dp36.think.tanks.jfppt.pdf?sequence=1.

④ Institute of Policy Studies, https://lkyspp.nus.edu.sg/ips/publications?getCurrent=true&publicationtype=year-in-review&year=&researchcenter=ips.

多方人士，就新加坡政治的过去、现在和未来各抒己见。[①] 能源研究所则是通过公布有关能源、环境方面的政策简报为大众提供相关政策的看法与观点。[②]此外，智库研究人员还经常做客电视节目，其评论文章也经常被各大报刊刊载，有些智库则通过注册脸谱网等社交账号以更好传播观点与思想，实际上起到了引导舆论的作用。

五、结语

智库首先在美、英等发达国家中发展起来，因此智库一度被认为是“英美现象”。综观学术界现有关于智库的研究成果，大多仍聚焦于英、美等发达国家智库。但在当今世界，智库不再是英美专属，其正在以更为灵活、广泛的方式影响着国家治理乃至区域治理，发挥着官方渠道难以发挥的作用。新加坡的治理成就曾令世人惊叹，作为东盟的“大脑”，同时又作为小型国家成功转型的“智慧之国”，其成功有效的治理经验值得探索与借鉴。“智”则离不开智库，对智库建设和人才引进的重视是其取得突出治理成效的原因之一。因此本章通过资料整理梳理出新加坡智库的发展脉络，从中总结其特点。事实证明，尽管数量不多，但新加坡智库的作用与影响力不容小觑，在东南亚区域治理与国家治理中均发挥了重要作用。

在东南亚区域治理中，首先，新加坡智库为东南亚区域治理献计献策，特别是在东盟发展和东南亚一体化进程中发挥了巨大作用。本章列举了新加坡智库在《东盟宪章》制定、东盟地区论坛对于预防型外交议程设置与东盟经济共同体2015年后在政策辩论中所起的献策作用。此外，新加坡智库时刻关注东盟、区域发展的最新动态，在缅甸局势问题、新冠疫情防控等诸多棘手且严峻的问题上贡献了独到见解与智慧，为应对区域发展与治理中的新老问题提供了解决思路。其次，新加坡智库借助出版的书籍、刊物、简报等进行政策解读与宣传，发挥了政策解读者的作用。

---

① Institute of Policy Studies, https://lkyspp.nus.edu.sg/ips/events/singapore-perspectives.

② Energy Studies Institute, https://esi.nus.edu.sg/publications/esi-policy-briefs.

这一点对专注研究东南亚区域的智库尤为明显，如尤索夫·伊萨克东南亚研究所发行的《东盟焦点》《东南亚事务》都是各界人士了解有关区域治理政策的重要窗口。再次，新加坡智库积极参与到区域治理活动中，这主要包括两种途径。其一，主动举办或是承办有关活动，包括学术会议、论坛及非正式外交活动等。较为典型的是由新加坡国际事务研究所定期举办的“东盟与亚洲论坛”和尤索夫·伊萨克东南亚研究所举办的“东盟圆桌会议”。其二，智库专家与研究人员受邀参与区域治理工作，成为区域治理的被动参与者。最后，智库为区域治理培育治理人才。例如新加坡国际基金会的数字实验室志愿服务计划，国防与战略研究所主办的亚太高级军官计划等。

在新加坡国家治理中，政策研究院是专注国家治理的典型代表，扮演着重要角色。首先，为国家治理产出政策思想。例如在新加坡政府决定调整国家经济结构之际，政策研究院随即组织召开了“经济结构调整论坛”研讨分析新加坡面临的主要经济问题，并形成了政策建议报告。其次，为新加坡国家治理提供信息资源。这主要通过政策制定前期所开展的社会调查报告进行，较具代表性的是政策研究院的政策研究院社会实验室的新加坡政策认知和新加坡社会动态小组调查项目。再次，为新加坡国家治理增进政治认同。这主要通过为广大公众提供政策解读案或是丰富的视听资料，从而引导社会公众及时、全面、准确了解政府的初衷，政策的操作内容、流程，形成良好的政治氛围，以取得认同。

由此可见，在过去和现在，新加坡智库一直致力于发挥智库典型功能，积极为区域治理献计献策，提供咨政议政服务，积极参与治理工作并为区域治理培养人才；为国家治理产出政策思想，提供决策信息，引导舆论导向。在将来，新加坡智库仍将紧跟时代潮流，继续为东南亚区域发展与新加坡国家治理贡献智慧与力量，这些作用与贡献不限于本章所述，可能是在更多方面或更深层次上发挥作用。是否有更为科学的方法来系统衡量这种作用与贡献？其发挥作用的具体机制如何？这将是未来研究中值得进一步探讨的问题。

由于学术界对智库的界定尚未统一,因此本章采用詹姆斯·麦甘所提出的智库概念,即"智库主要从事政策导向的研究和分析,对国内国际事务提出建议,从而使政策制定者和公众能对公共政策做出有信息支持的决定;智库可能附属于政党、政府、利益集团或私人公司,或者是独立的社会民间组织;智库发挥着沟通学术界和政策界的桥梁作用,作为独立的声音为公众利益服务,将实用的和基础的研究转化为能够让政策制定者和公众容易理解的、可信赖的语言和形式"。由此衍生出三条智库评定标准,一是能开展独立研究;二是提供政策分析及建议,或是为政策制定提供所需信息资源;三是产出研究成果。根据以上三条标准本章共统计了22家新加坡智库基本信息。需要指出的是,随着新加坡智库的发展整合,亚洲竞争力研究所、亚洲与全球化中心、新加坡政策研究院、水政策研究所成为李光耀公共政策学院下辖的四个研究院所;国防与战略研究所、政治暴力与恐怖主义研究国际中心、非传统安全研究中心、国家安全卓越中心、多边主义研究中心成为拉惹勒南国际研究院的五个研究中心。根据《2020年全球智库年度报告》所列,在各大排行榜中,诸如水政策研究所、国防与战略研究所均被单独列出排名,加之各院所和研究中心研究内容各有侧重,故本章也将其作为单独智库列出。由此统计出的数据与《2020年全球智库年度报告》并不完全一致,仅供参考。

附表 新加坡智库基本情况表

智库名称	性质	成立年份	研究领域	重点关注区域
新加坡国际事务研究所(SIIA) Singapore Institute of International Affairs	自主独立型	1962	国际事务、环境、资源能源、经济贸易	东盟 欧盟 东亚 美国
东南亚研究所(尤索夫·伊萨克东南亚研究所)(ISEAS) Yusof Ishak Institute	政府附属型	1968	地缘经济与政治社会政治与安全	东南亚

续表

智库名称	性质	成立年份	研究领域	重点关注区域
政策研究院(IPS) Institute of Policy Studies	大学附属型(新加坡国立大学)	1988	公共政策政府治理媒体、文化、体育大众舆论	新加坡
新加坡国际基金会(SIF) Singapore International Foundation	自主独立型	1991	教育卫生保健艺术与文化商业与生活	亚洲 国际社会
国防与战略研究所(IDSS) The Institute of Defence and Strategic Studies	大学附属型(南洋理工大学)	1996	军事安全地缘政治	亚太
新加坡国立大学东亚研究所(EAI) East Asian Institute-National University of Singapore	大学附属型(新加坡国立大学)	1997	东亚地区学术和政策研究、中国政治与经济发展	东亚(尤其是中国)
新加坡国家环境局(NEA) National Environment Agency	政府附属型	2002	环境保护可持续发展公共卫生	新加坡
新加坡南亚研究所 Institute of South Asian Studies (ISAS)	大学附属型(新加坡国立大学)	2004	南亚国际关系与多边主义南亚政治、社会治理、经济贸易、新技术环境与可持续发展	南亚
政治暴力与恐怖主义研究国际中心(ICPVTR) International Centre for Political Violence and Terrorism Research	大学附属型(南洋理工大学)	2004	恐怖主义极端主义	国际社会
新加坡国立大学海事研究中心(CMS) Centre for Maritime Studies	大学附属型(新加坡国立大学)	2005	海事事务	新加坡
亚洲与全球化中心(CAG) Centre on Asia and Globalisation	大学附属型(新加坡国立大学)	2006	区域和全球秩序前景研究、经济全球化及其未来	亚太 国际社会
亚洲竞争力研究所(ACI) Asia Competitiveness Institute	大学附属型(新加坡国立大学)	2006	经济竞争力分析、宜居性分析、企业竞争力分析、新加坡增长战略与公共政策分析	亚洲

续表

智库名称	性质	成立年份	研究领域	重点关注区域
国家安全卓越中心(CENS) Centre of Excellence for National Security	大学附属型(南洋理工大学)	2006	国家和国土安全	新加坡
能源研究所(ESI) Energy Studies Institute	大学附属型(新加坡国立大学)	2007	能源经济学、能源安全、能源与环境	新加坡 国际社会
中东研究所(MEI) Middle East Institute	大学附属型(新加坡国立大学)	2007	中东研究	中东 亚洲
非传统安全中心(NTS) Centre for Non-Traditional Security Studies	大学附属型(南洋理工大学)	2007	非传统安全	亚太
水政策研究所(IWP) Institute of Water Policy	大学附属型(新加坡国立大学)	2008	水安全、水经济学、水治理、水科学与公共政策	亚洲
新加坡宜居城市中心(CLC) Centre for Liveable Cities Singapore	政府附属型	2008	宜居城市建设、城市科学智能城市、可持续发展	新加坡 国际社会
新加坡国立大学国际法中心(CIL) Centre for International Law	大学附属型(新加坡国立大学)	2009	国际法发展研究、实践与教学,海洋法和政策,东盟法律和政策	亚太
新加坡地球观测站(EOS) Earth Observatory of Singapore	大学附属型(南洋理工大学)	2009	气候变化可持续发展	东南亚及周边地区
多边主义研究中心(CMS) Centre for Multilateralism Studies	大学附属型(南洋理工大学)	2011	经济多边主义、国际政治经济学	亚太
亚洲商法研究所(ABLI) Asian Business Law Institute	自主独立型	2016	法律指导、亚洲商业法	东南亚 亚洲

注:本表系笔者根据网页信息整理得出,不与《2020年全球智库年度报告》完全一致,仅供参考。

第九章

印尼智库及其对国家治理和区域治理的贡献

印尼智库的演变进程大约比西方国家晚了半个世纪。全球化因素和国内政治因素分别是影响印尼智库演变的外部因素和内部因素，其中，由政治民主化和现代化推动的政治发展是印尼智库发展和完善的主要动力。在民主转型视角下，印尼智库经历了萌芽期、兴起期、窗口期和成熟期四个发展阶段，21世纪以来的印尼现代化智库呈现出专业化与信息化共同发展、政策研究与政策倡导并重、政府关联性较强，以及跨国化和网络化程度日益加深的四大主要特征。

在探究东南亚区域治理体系的形成要素中，可以发现印尼智库已经成为东南亚区域治理行为主体的构成者、区域治理权力关系的构建者、区域治理制度的塑造者和区域治理价值理念的倡导者。政治变革推动智库发展，知识产出促进政治完善。作为印尼重要的知识部门，日益成长的智库为印尼国家治理体系的优化和国家治理能力的提高做出了重要的知识贡献和政策贡献，同时也在维护国家政治稳定、促进国家政治发展，以及提高协同治理水平、推动国家“政策共同体”建设等方面发挥了关键作用。

自20世纪60年代起，全球智库进入发展的第三次浪潮。随着人类智力输出和知识价值在政策部门获得了前所未有的关注度，智库开始注重知识和循证决策之间的关系，增强自身利用知识和证据来解决政策问题并影响公共政策的能力。第三代智库的发展具有明显的全球化特征，智库机制作为一种新兴的知识运作形式在东南亚国家中迅速兴起，在20世纪90年代出现了智库数量激增的现象。随着21世纪信息时代的到来，大数据和数字创新正在深刻改变着当前的研究和政策格局，知识与政策越来越被视为信息网络和技术分析的结果，东南亚诸多国家的智库建设吸收了全球智库第四波浪潮的发展成果，呈现出网络化和跨国化的发展特征。在这个被称为“21世纪亚洲智库时代”[①]的趋势下，东南亚国家的智库扮演着“新知识经纪人”(new knowledge brokers)、“新政策经纪人”(new politics brokers)、“知识伙伴关系”(knowledge partnership)和“政策企业家”(policy entrepreneurs)[②]的角色，走向了知识研究与知识推广相结合、政策研究和政策倡导相融合的发展道路。

作为一个中等收入的民主转型国家，印尼的经济增长和繁荣取决于该国决策者制定有效公共政策以提高生产率和竞争力并确保国家发展惠及所有人的能力。[③]这种能力在以研究为基础的知识密集型时代主要表现为一个国家知识生产和知识转化的水平，但是印尼知识部门的结构较为薄弱，提供研究和分析以支持公共政策发展的能力还相对欠缺，这凸显了智库作为印尼重要的知识部门谋求发展的重要性。印尼是世界上人口较为庞大的国家之一，政治和经济发展现状决定了在知识与政策之间搭建连接桥梁的重要意义。

在政治上，在经历了24年的民主转型后，印尼的政治生态文明得到了长足改善并在21世纪进入了稳定转型阶段，但是印尼仍然是一个年轻的、有缺陷的民主国家，依然面临着多方面的政治考验——伊斯兰主义政党和多元主义政党之间的政治分化逐渐显现、行政权力和政治冲突风险增

---

① James G. McGann, *Think Tanks: The New Knowledge and Policy Brokers in Asia*, Brookings Institution Press, 2019.

② Gary Anderson, Pedro De La Cruz & Andrea Lopez, “New Governance and New Knowledge Brokers: Think Tanks and Universities as Boundary Organizations”, *Peabody Journal of Education*, 2017, Vol.92, No.1, pp.4-15.

③ Arnaldo Pellini, Budiati Prasetiamartati, Kharisma Priyo Nugroho (eds.), *Knowledge, Politics and Policymaking in Indonesia*, Springer Nature Singapore Pte Ltd., 2018, p.1.

加、政治承诺兑现率较低、政策落实及行政效率有待提升。[①]智库的政策建议和政策网络协调能力是弥合党派分歧、畅通政策精英和公民社会沟通渠道、提高印尼国家政策制定科学性和政策执行实效性的重要知识资本。

在经济上，亚洲金融危机到新冠疫情全球大流行之前，印尼实现了经济实力的强劲增长，逐渐迈入中等强国的行列。但是在向知识经济转型的过程中，尤其是全球大疫情发生后，印尼面临着教育体系薄弱、经济发展区域不平衡、贫富差距不断扩大、后疫情时代经济增长乏力等众多挑战，在从主要依靠自然资源出口的消费导向型经济转向以主要依靠科学技术发展的生产导向型经济的转型需求下，印尼智库在利用知识和创新驱动生产的产业机制中发挥着关键作用。

因此，印尼智库在学术界和政策界之间，以及国家和公民社会之间，搭建了政策沟通与信息交换的桥梁，为印尼实现国家发展、完善社会治理和参与东南亚区域治理提供了丰富的知识资本和政策支持。

为了更好地展现印尼智库将知识转化为智力资本的能力，本章旨在系统概述印尼智库的发展概况，并论述智库在印尼国家治理和东南亚区域治理中发挥的重要作用。本章的论述主要基于如下逻辑："为政策创造知识的智库"及"知识和政策塑造的政治"。为政策创造知识的智库——智库产生于国家政治发展过程中政策制定的需要，智库充当知识的生产者、搬运者、转化者、储存者和倡导者。全球化和国内政治变迁是印尼智库在国家政治发展过程中不断演变的影响因素，印尼智库的运行特征也在很大程度上由国家、公民社会和全球智库发展机制之间动态而复杂的关系所决定。知识和政策塑造的政治——作为一个重要的知识部门，由智库塑造的政策制定如何影响东南亚区域治理，如何作用于印尼的国家治理。

---

① Eve Warburton, "Deepening Polarization and Democratic Decline in Indonesia", in Thomas Carothers and Andrew O'Donohue, *Political Polarization in South and Southeast Asia: Old Divisions, New Dangers*, Carnegie: Endowment for International Peace, 2020, pp.25-39.

一、印尼智库的发展历程及主要特点

作为东南亚最大的国家,印尼近年来不断扩大的公民社会为印尼非政府组织和社会运动的蓬勃发展奠定了基础。美国宾夕法尼亚大学《2020年全球智库年度报告》显示,目前印尼共拥有37家智库,一直以来是智库数量最多的东南亚国家。[①]印尼战略与国际研究中心(Centre for Strategic and International Studies,CSIS)是印尼的顶尖智库,近年来一直名列"南亚、东南亚及太平洋地区(不包括印度)顶级智库"排行榜前三位,2019年更是荣登此类目的榜首。同时,东盟与东亚经济研究所(Institute for ASEAN and East Asia,ERIA)自2006年成立以来迅猛发展,在2021年最新的上述排行榜中取得了历史最好的排序次位。数量可观且具备顶级区域影响力的智库站在印尼政策潜力的最前沿,成为促进印尼政治和经济发展、实现社会进步和参与对外关系过程中不可替代的"政策战略家"。从萌芽、兴起到繁荣,印尼智库经历了较长的历史演变期,不同历史阶段中的智库呈现着不同的发展特色,进入21世纪以来,政策导向型的智库迈进了一个新的发展阶段,塑造着具有"印尼特色"的新时代智库政策网络。

(一)全球化、国内政治变迁与印尼智库

"民主化、全球化和现代化是全球智库急剧发展的主要原因。"[②]智库的发展受到国际因素和国内因素的双重影响,但"主要是由国内社会经济和政治转型决定的"[③],因此全球化因素和政治因素是研究印尼智库发展及特征的两个必要的考量。

---

① James G. McGann, "2020 Global Go To Think Tank Index Report", University of Pennsylvania, 2021, https://repository.upenn.edu/cgi/viewcontent.cgi?article=1019&context=think_tanks.

② James G. McGann, *Think Tanks: The New Knowledge and Policy Brokers in Asia*, Brookings Institution Press, 2019, p.6.

③ Carden, F., Admassie, A., Diagne, A (eds.), "Strengthening research institutions: Learning from doing", 2019, https://usingevidence.com/wp-content/uploads/2019/07/Learning_from_Doing.pdf.

1.全球化因素

全球化对印尼智库的影响表现在三个方面:一是智库理念和组织形式的全球化传播,为早期印尼智库的建立提供了价值指引和制度参考,也是印尼智库在发展后期更加注重独立性的重要理念借鉴。二是知识、资本和技术的全球化流动,为智库提供了先进的知识研究和技术指导,并在一定程度上拓宽了印尼智库的融资渠道。三是跨国行为体的全球化交流,塑造了印尼智库的跨国化特征,业务的跨国化、组织形式的跨国化、政策运作机制的网络化为印尼智库的发展提供了走出国门、参与地区事务的机遇和建制。

因此,智库的全球化发展特征具有两个维度的含义:一是智库理念的全球化,即"在知识与权力之间搭建桥梁"是智库的重要功能,这一观念得到了全球社会广泛的认知。二是智库身份和政策影响的国际化,即智库脱离具体民族身份成为国际化的组织,作为国际关系的独立行为体实行跨越国家边界的政策行为,释放跨国化的政策影响。

2.政治因素

政治因素是研究东亚和东南亚智库发展过程和主要特征的重要切入点,在这种政治视角下,智库与政府保持密切联系、智库为发展中国家的政治经济做出贡献、国家内部的权力动态和权力关系通过智库得以再现。[①]据此,对印尼智库施加影响的政治因素可以被概括为政治民主化和政治现代化。

首先,民主化激发了对不受政府影响的政策分析和知识信息的需求,允许公民社会对政府决策进行公开辩论。印尼的民主化过程与国内民主转型和政治变迁的历程息息相关,二十多年的民主转型实践塑造了更加开放自由的知识、政策和舆论场域,这是印尼的非政府组织、政策研究机构和智库迅速扩大并蓬勃发展的主要环境因素。

---

① Karthik Nachiappan, Enrique Mendizabal and Ajoy Datta, "Think tanks in East and Southeast Asia: Bringing politics back into the picture", Overseas Development Institute, 2010, https://cdn.odi.org/media/documents/6377.pdf.

其次，政治现代化是政府与社会关系现代化、城市发展现代化和政府行政现代化的核心。政府与社会关系的现代化突出表现为公民社会的壮大和竞争性多元群体的形成，智库作为公民社会的政策知识代表，在与政策倡导联盟（policy advocacy alliance）、社会运动组织和非政府组织的互动中实现政策价值。①工业化和城市化所引发的城市发展的现代化创造了对政策研究的"微观区域"的需求，同时也为培育城市政策精英，为智库发展供给知识型人才提供机遇，这也是印尼智库在首都雅加达高度聚集的原因之一。行政现代化代表着决策程序的科学化、知识化和决策理念的先进性和战略性，印尼政府行政高效化的政治需求为智库发挥科学建议和知识生产的功能提供了用武之地。

全球化和国内政治变迁影响着印尼智库的建立和发展。全球化使得智库现象从英美扩展到亚洲，是印尼智库初步形成的外部推动力，也是印尼政府借助知识化政策的机制进行智库建设的最初探索。由政治民主化和现代化推动的政治发展是印尼智库发展和完善的内部推动力，是影响印尼智库形成"东方智库模式"的重要原因。不同时期国内的政治权力关系的性质，也是决定印尼智库特点的主要因素。

（二）印度尼西亚智库的发展历程——民主转型视角

全球智库的发展共经历了四波浪潮。第一波浪潮发生于20世纪初到二战之前，这一时期智库主要是英美现象。为了应对20世纪初城市化、工业化和经济增长所引发的社会问题，在欧洲和美国的进步主义力量所倡导的"使知识为政策所用"这一观念的引导下，智库在美国和欧洲遍地开花。第二波浪潮发生在二战结束到20世纪60年代期间，这一时期关于外交政策、核安全和国家发展方面的研究机构数量激增，欧美国家智库进入快速发展阶段，亚洲国家的智库建设逐步兴起。第三波浪潮始于20世纪70年代末，东欧剧变、苏联解体及拉丁美洲和亚洲部分国家

① Diane Stone, "Think Tanks and Policy Advice in Countries in Transition", Central European University, 2005, https://www.adb.org/sites/default/files/publication/156673/adbi-dp36.pdf.

的民主化进程推动智库不断进入到除欧美以外的世界各地，尤其是亚洲国家智库进入发展的热潮期。第四波浪潮始于新旧世纪交接，21世纪初，以智库组织形式的扩散为标志，全球化带动了智库的跨国化和网络化发展。

虽然印尼是东南亚拥有智库最多的国家，但是印尼智库的演变进程比西方晚了大约半个世纪，相较于欧美国家来说具有明显的滞后性，在欧美智库蓬勃发展的第一波和第二波浪潮时期，印尼仍然处在殖民主义和后殖民主义的双重控制或交替控制下，直到苏哈托新秩序政府的上台，印尼智库才赶上了全球智库发展的第三波热潮，逐步在国家政策领域占据一席之地。由于政治因素在印尼智库发展中的决定性作用，本章基于印尼政治发展中民主转型的视角，将印尼智库的演变与印尼政治转型的大概历程进行对应，可以大概将印尼智库的发展阶段分为萌芽期、兴起期、窗口期和成熟期。

1.共和国建立初期（1945—1966年）——智库的“萌芽期”

作为知识的“回收箱”（recycling bins）[①]和“收集器”，智库在印尼经过了漫长的酝酿期，从16世纪末到印尼独立前期，荷兰在印尼的殖民统治采取了不同于英国和法国的直接统治形式，而是实行极具“父权主义”色彩的政策，通过间接统治机构鼓励一种二元结构经济（城市和乡村），[②]从而导致殖民时期印尼都市化过程中出现了城市集群迅速发展的现象。都市中心的迅速发展带来了非正式团体在数目上的大量增加，[③]虽然这些非正式组织在政策形成上的影响甚微，但还是开拓了一条管理当局与社会各界沟通政策信息、了解公众反映的渠道，这也是印尼公民社会的初步萌生。随着荷兰殖民统治者将西方科学带入这块原始的群岛上，以非政府

① Diane Stone, “Recycling Bins, Garbage Cans or Think Tanks? Three Myths Regarding Policy Analysis Institutties”, *Public Administration*, Vol. 85, No. 2, 2007, pp.259-278.

② [美]加布里埃尔·A. 阿尔蒙德:《发展中地区的政治》，任晓晋、储建国、宋腊梅译，上海人民出版社，2012年，第75~82页。

③ 同上，第105页。

组织(NGOs)为代表的公民社会的不断推动印尼知识部门的发展。

建成独立国家后,为了反对“殖民科学者”借用知识生产来维持生产分配不平等的殖民统治,印尼第一任总统苏加诺(Sukarno)一方面将印尼的科学构建视为西方帝国主义的对立面,另一方面又将其置于印尼的殖民历史进程中。[①]在苏加诺“为国家发展收集知识”[②]的号召下,印尼的智库逐渐开始出现,这一时期的印尼智库建设是在苏加诺总统的“科学知识印尼化”的背景下展开的。苏加诺认为,“汇聚科学家和其他受过学术训练的精英用于指导印尼的未来发展”[③]是建立公正繁荣社会的关键。因此,苏加诺致力于印尼知识化建设,将适合印尼国家发展的知识转化为现实生产力,并力图推动印尼科学成为与西方科学齐名的世界科学分支。1945—1965年间,在苏加诺积极建立知识基础设施的社会实践中,一众智库纷纷出现。

1945年,为了增强苏加诺主导的总统制内阁在同日本扶持的沙里尔总理制内阁对立中的政治力量,加大对国家经济财政权力的把持力度,在苏加诺总统的支持下,印尼财政部门成立了一个下属机构——政策协调与分析中心(Centre for Policy Harmonisation and Analysis,PUSHAKA),对印尼财政部长相关计划和活动进行协调、分析和政策协同。1947年,印度尼西亚国家发展规划署(Indonesian Ministry of National Development Planning,BAPPENAS)成立,该组织致力于为实施高质量、高可信度的优质国家发展规划提供最新知识、信息和循证数据,在国家规划、分配、控制、执行等各方面作为决策者、协调者和智囊团发挥作用。同年,其下属机构——政策分析中心(Centre for Policy Analysis,PAK)被特设出来,成为印度尼西亚国家发展规划署下属的专门智库机构,有了印度尼西亚国家发展规划署成功建设的先例,印尼发展出了一套在各部委配备专属知

①②③ Sebastiaan Broere, “Indonesianizing Knowledge, or: The Postcolonial Invention of ‘Colonial Science’?” German Historical Institute, History of Knowledge, July 17, 2018, https://historyofknowledge.net/2018/07/17/indonesianizing-knowledge-or-the-postcolonial-invention-of-colonial-science/.

识研究部门的智库建设模式。在经历了从19世纪到1956年几个阶段的科学活动后，印尼政府通过1956年第6号法律成立了印度尼西亚政府科学委员会（The Indonesian Government Science Society Organization，MIPI），该组织旨在指导国家科学技术的发展并在科学政策方面给予政府建议。在后来政府部门的机构改革中，印度尼西亚科学研究所（Centre for Economic Research，LIPI）取代并承担了印度尼西亚政府科学委员会的所有职能，成为真正意义上"印尼第一家，最大、最好的科学研究所"[①]。随后，在20世纪50年代到60年代中期，隶属于印度尼西亚国立大学经济学院的经济社会研究所（Institute for Economic and Social Research，LPEM-FEUI）和国家复原力研究所（National Resilience Institute，Lemhannas）等智库相继建立。这一时期，印尼的大多数智库均在政府和大学的支持下建立或成为政府某部门或大学的下属机构，具有典型的附属型特征。

2.转型前期（1967—1997年）——智库的"兴起期"

20世纪70年代，全球智库尤其是亚洲智库进入发展的热潮期，这一时期也是印尼智库的大量"兴起期"。1968年3月，苏哈托当选为印尼第二任总统，印尼开始了苏哈托领导下的新秩序时代。在国内，苏哈托总统坚持"稳定与发展"的执政理念，通过一手抓政治控制，一手抓经济发展，维持了印尼社会的长期相对稳定。[②]在印尼民主转型前期，稳定的社会秩序和快速发展的国家经济为印尼智库的大量兴起奠定了坚实的物质和社会基础。但是由于苏哈托政府威权和集权性质的统治在一定程度上挤压了印尼公民社会的生存空间，这一时期的智库在经历初始的萌芽积累后，并没有走上蓬勃发展的道路。国际上，80年代末90年代初，东欧剧变、苏联解体引发了世界格局的结构性改变，原先被美苏冷战压抑和遮盖的问题和议题纷纷浮出水面，民族纷争、民主主义、经济发展和新安全议题使得印尼迫切需要知识研究部门为相关政策议题提供科学的理论指导。

---

① "History of LIPI: The first, Largest and Best Research Institute in Indonesia", Indonesian Institute of Sciences, http://lipi.go.id/tentang/sejarahlipi.

② 张锡镇：《当代东南亚政治》，广西人民出版社，1994年，第194~200页。

在国内外环境的双重塑造下，关于国内政治民主、国家经济发展和国际战略研究的相关智库纷纷建立，受“华盛顿智库模式”对智库独立性的独特考虑，这一时期的印尼智库以独立于政府、实现某种程度上的自治为特征，以更强的学术性为政府供给代理报告。1969年，随着新秩序下经济的恢复和发展，印尼经济逐渐进入平稳发展阶段，苏哈托政权开始通过吸引外资、发展资源型外贸和推行工业化战略促进国民经济的发展。为了响应20世纪70年代第一个五年计划，雅加达将对经济和社会领域感兴趣并从事相关工作的知识分子和社区领袖组成了一个非营利性的私人组织，并成立了社会经济、教育和信息研究所(Institute for Social and Economic Research, Education and Information，LP3ES)，试图通过培育印尼社会和经济领域的领导人才，为国家经济发展开发年轻一代的人力资源。1986年，印尼科学研究所社会科学与人文部成立经济研究中心(Centre for Economic Research，P2E)，将其定位研究印尼经济发展相关问题的知识中心，为国家经济和社会发展政策提供参考资源。同时，苏哈托执政时期以军队为倚仗实行全面高压控制政策激起了国家与社会之间的矛盾，在印尼70年代至90年代社会运动的背景下，社会知识和政策精英不断向政府建言献策，要求实现国家政治权力的下放、提高地方赋权的力度及促进社会正义，于是在1994年和1996年，从事地方治理、制度民主、社区发展和赋权的社会赋权研究所(Institute of Research and Empowerment，IRE)和社会研究、民主和社会正义研究所(Institute for Social Research，Democracy and Social Justice，PERCIK)相继成立。

在进行政治巩固和经济发展的同时，苏哈托还极力谋求印尼国际地位的提高，积极寻求印尼对周边区域冲突的管理和全球事务的掌控，取得了诸如推动柬埔寨政治问题的解决、恢复同中国的外交关系、当选不结盟运动主席等一系列外交成就。在这一背景下，印尼的外交智库不断萌生，并通过连通地区事务加快自身的跨国化发展，当今印尼顶尖智库战略与国际研究所就是顺此势而生，1993年建立的国际林业研究中心(Centre for International Forestry Research，CIFOR)也是印尼在顺应全球治理这一国际事务潮流时的重要产物。

3.转型过渡时期(1998—2004年)——智库的“窗口期”

20世纪末21世纪初,随着苏哈托威权统治的终结,印尼进入了从独裁政权的解体到形成新的民主制度结构的民主转型过渡时期。民主转型早期,印尼的重大国家任务是如何通过改革迅速恢复经济秩序和社会稳定。改革为非国家行为者在印尼政策制定过程中发挥作用创造了机会,因此这一时期以推进“政策变革”为主要目标的“政策企业家”角色的智库进入了发展窗口期,通过提出创新的政策解决方法和建立倡导者联盟,印尼智库越来越成为政策变革的倡导者和政策全周期过程的推动者。[①]作为“政策企业家”的印尼智库,善于预测、驾驭和利用“机会之窗”(windows of opportunity)[②],借用出现国家危机的契机,使自身成为新型政策话语的载体,印尼智库在发展的窗口期主要经历了两个关键节点——印尼金融危机的问题窗口和政权频繁更替的政治窗口。

第一,经济窗口。1997年印尼金融危机的发生,结束了1969—1994年印尼经济发展的第一个腾飞阶段,重创了苏哈托时期社会和经济发展所取得的成就。2000年以前,深陷经济危机泥潭中的印尼无暇顾及国际事务,经济危机引发的一系列政治激变和社会动乱彻底暴露了政府的腐败与应对危机时的低效无能。因此,1998—1999年新成立的相关智库将政策研究视角聚焦于国内经济发展和政治公平。至今仍颇负盛名的印尼腐败观察(Indonesia Corruption Watch,ICW)就诞生于1998年的政治改革动乱中,与1999年成立的印尼预算透明度论坛(Indonesian Forum for Budget Transparency,FITRA)一起,成为当时印尼两大重要的反腐倡廉智库,

---

① Maria Katsonis, “Comparative Study of Indonesian Think Tanks as Policy Entrepreneurs in Influencing Social Assistance Reform”, the degree of Master of Public Administration in the University of Melbourne, 2021.

② Sander Meijerink and Dave Huitema, “Policy Entrepreneurs and Change Strategies: Lessons from Sixteen Case Studies of Water Transitions around the Globe”, *Ecology and Society*, Vol.15, Issue.2, Art.21, 2020.

在扩大民众政策决策过程的参与权、提高预算流程透明度,以及倡导预防和遏制腐败等行动中扮演着重要角色。

第二,政治窗口。印尼民主转型过渡时期最突出的政治特点是国家政权的频繁更迭。短短四五年间,哈比比(B. J. Habibie)、瓦希德(Abdurrahman Wahid)和梅加瓦蒂(Megawati Sukarnoputri)先后走马上任,致力于印尼的民主化和经济改革。持续的社会变化不断产生着寻求进入政治过程的新成分,这一时期,印尼智库利用政权更迭的政治窗口所产生的话语叙事缺口,在民主、公平、正义等相关理念的政策倡导中推销自己的政策研究。在民主倡导和实现社会公平方面,哈比比中心(The Habibie Center,THC)致力于推广和发展民主概念,SMERU研究所(SMERU Research Institute)注重创建和支持以研究为基础的,涉及解决贫困、社会保护、平等正义和人类发展的政策话语。在政府治理能力建设方面,印尼治理改革伙伴关系(Partnership for Governance Reform in Indonesia,Kemitraan)从内部建设能力、施加外部压力、建立伙伴关系网络三个方面促进公正、民主和可持续的政府建设,在公民社会、私营部门和其他非国家团体间构建协调治理的政策网络。

总之,金融危机的经济窗口暴露了潜在的政治腐败问题,并引发了政治和社会的动荡,这些压力增加了印尼公共管理的风险。快速恢复经济和防止外部危机转化成国内重大政治危机的需要,为公共治理和政府部门的机构变革创造了机遇,也为智库的政策建议在公共部门发挥影响力提供了机会窗口。

4.转型稳定时期(2005至今)——智库的“成熟期”

自印尼首位民选总统苏西洛上台,到具有深厚选民基础的民主斗争党总主席佐科·维多多执政以来,印尼的政治发展安全度过了20世纪末失序、暴力和混乱的局面,进入了有序的、稳定的民主转型时期,印尼民主转型方式也逐渐从形式上的民主走向实质上的民主。随着21世纪全球政治格局的逐步稳定,包括印尼在内的众多发展中国家的经济发展迎来了重要机遇期。经济的发展和民主政治的稳定使得印尼非政府组织走出了“服务交付”和“宣传工作”的传统工作领域，成为更重要的知识生产者，这一时期智库作为“知识工匠”，不断生产、收集和重新包装外部来源的知识，从而在创造知识新形式中发挥着不可替代的作用。[①]

苏西洛在总统任期内(2004—2014年)具有典型的中庸式领导风格，虽然他是一个虔诚的穆斯林信仰者，但是在选举期间并没有借用意识形态的分歧来分裂选民，而是试图在穆斯林和多元论者之间建立平衡，开展极具包容性的竞选活动。这种中庸式的领导风格反映到执政方略上来，就导致苏西洛不愿意进行艰难或破坏性的改革，而是将对社会冲突的控制和利益分歧的弥合作为其执政的主要任务。顺应此势，在苏西洛执政期间，冲突与政策分析中心(Institute for Policy Analysis of Conflict，IPAC)于2013年正式成立，其在社区纠纷、土地资源纠纷、暴力极端主义、选举暴力、冲突的法律和制度建设等方面为苏西洛政府提供政策支持和研究供给。

然而继任者维多多在任期间，印尼穆斯林政党和多元主义政党的分化达到了顶峰。[②]为了加强多元主义政党的统治基础，维多多展现了比苏西洛更强的变革决心和改革力度。2019年，印度尼西亚总统办公厅(The Executive Office of the President of the Republic of Indonesia，KSP)成立，为强化总统权力、增加总统决策的科学性、合理性，强化维多多政府执政合法性提供了知识资本和政策基础。

同时，成熟期的印尼智库在不同领域扩大了自己的政策影响范围，如为消除贫困而建言献策的萨诺约研究所(Sajogyo Institute，SAINS)和国家加速减贫小组(The National Team for the Acceleration of Poverty Reduction，

---

① Arnaldo Pellini, Budiati Prasetiamartati, Kharisma Priyo Nugroho (eds.), *Knowledge, Politics and Policymaking in Indonesia*, Springer Nature Singapore Pte Ltd., 2018, p.37.

② Thomas Carothers and Andrew O' Donohue, *Political Polarization in South and Southeast Asia: Old Divisions, New Dangers*, Carnegie: Endowment for International Peace, 2020, https://carnegieendowment.org/files/Political_Polarization_RPT_FINAL1.pdf, p.28.

TNP2K)，聚焦于知识创新和研究创新的政策研究专门智库——创新政策与治理中心(Centre for Innovation Policy and Government，CIPG)和印尼政策研究中心(Center for Indonesian Policy Studies，CIPS)，以及更突出国际事务参与能力的跨国化智库——财政政策署(The Fiscal Policy Agency，BKF)、东盟与东亚经济研究所和东盟人权议员(ASEAN Parliamentarians for Human Rights，APHR)。

(三)21世纪以来印尼智库的主要特点

由前面的分析可以得出，印尼智库前三个阶段的发展节点相对于前三波世界智库发展浪潮的时间节点存在滞后现象。但是随着国际化进程的加快所导致的国家内部发展的趋同，[①]以及印尼政治转型进入稳定期，印尼智库的发展逐渐跟上了世界智库发展的主流步伐。在借鉴发达国家智库发展有益经验的过程中，印尼新兴的智库大多具有独立的社会背景，表现出较少的政府依赖性，早期建立的也在世界智库发展的主流中向新型智库模式转型，因此21世纪以来，印尼的新兴智库和原有智库都进入了发展的成熟期。成熟期的印尼智库需要具备更专业的知识研究能力、更突出的政策倡导策略、更全球化的政策影响范围、更畅通的政策沟通渠道，以及更完备的政策服务网络，成为更强大的政策研究团体，提供更好的公共政策和公共服务。

印尼智库并不符合严格意义和传统意义上西方国家的智库定义，但是世界著名的智库专家詹姆斯·麦甘在面对日益崛起的亚洲智库现象时，也不得不承认西方国家智库定义的狭隘性，进而根据亚洲智库的独特优势重新对智库进行定义和评估。由此可见，一个国家的历史和制度构成中有许多特殊的法律、政治和经济原因，并没有一个最佳的智库发展模式或轨迹，[②]欧美国家的智库运作模式并不完全适用于亚洲国家。在全球化

---

① [美]罗伯特·基欧汉、海伦·米尔纳：《国际化与国内政治》，姜鹏、董素华译，北京大学出版社，2003年，第255~266页。

② James G. McGann, *Think Tanks and Emerging Power Policy Networks*, New York: Palgrave Macmillan, 2018, p.5.

和国家政治力量共同推动下形成的新型智库发展模式塑造了印尼智库最大的优势——包容性，既能汲"华盛顿模式"之所长，又能紧跟"亚洲模式"之所势，因地制宜地培育出独具特色的印尼智库发展模式。

1.专业化与信息化

在智库的类型结构上，21世纪以来的印尼追求智库的专业化和信息化建设，来满足治理体系和能力现代化过程中公共决策咨询的多样化、科学性和前沿性需求。

在专业化建设方面，印尼传统智库追求"大而全"的智库发展路径，试图囊括和解释社会各领域的问题。21世纪以来，在特色、专业领域培养和发展"小而精"的专业化智库建设逐渐兴起，因此新成立的智库大多聚焦某一具体问题，原有智库也在多年的发展中找到自己擅长和感兴趣的专门领域。

印尼智库的专业化特征表现为两个方面：一方面是研究领域的专门化和具体化。目前，印尼现存且被公认的37家智库，都有不同政策领域的聚焦重点，例如东盟人权议员主要探讨东南亚国家的人权问题、印尼预算透明度论坛成立之初就以实现国家预算透明度为研究重点、国际林业研究中心则以可持续林业景观和林业产业生计为研究议题。另一方面是研究结构的基础性和战略性。印尼有一部分从事基础性战略研究的智库，在具体领域类型划分中不能将其归结为某一专门类别，但是这类智库致力于国家整体性和宏观性战略供给和知识供给。例如政策协调与分析中心作为印度尼西亚国家发展规划署的下属机构，专门负责对国家发展的宏观规划和政策实施活动进行整体性协调和分析；印度尼西亚科学研究所作为政府成立的基础性科学研究院，具有审查和制定科学研究领域的国家政策、实施基础科学研究等重要功能。

信息是实现研究价值并确保研究质量的基本工具。21世纪大数据时代的到来，激发了印尼智库信息化建设的热情。首先，印尼智库更加注重数字化和数据基础设施的建设。例如，基于数据和事实从事政策制定的公共政策转型中心（Center for Public Policy Transformation，Transformasi）一直鼓励将气候变化、海事渔业等专业数据用于增加社会就业，为印度尼西亚制定更好的公共政策做出贡献。印度尼西亚国立大学的经济社会研究所创办了专门的数字经济与行为经济数据库，专门用于研究印尼数字经济的发展并通过实验对经济主体的行为进行研究，为数字生态系统领域的政策制定提供评估信息。创新政策与治理中心的信息与社会变革研究模块将数字人文、数据治理与社会变革相联系，为研究数字时代的公共服务改革提供了基础数据。印尼的知识部门倡议组织（Knowledge Sector Initiative，KSI）在信息管理领域方面创建了"话语数据库"，包含信息交换、媒体参与、大众传媒及领导者关键意见收集等一系列话语内容，并借助"Meltwater"舆情分析工具为政府提供多种形式的舆情监控服务。哈比比中心建立了恐怖主义和反恐数据库，在准确的数据和信息，以及充分的学术研究的基础上，制定预防和处理恐怖主义相关的政策。

其次，印尼智库较为注重知识和信息的管理。智库既是"智"的汇集，也是"库"的管理，智库的信息管理能力决定了信息利用的效率。因此，印尼智库在加强信息基础设施的实践中，不断提高知识和信息来源渠道的多元化和畅通性。印尼智库在进行政策研究和知识生产的同时，还不忘从其他知识生产部门搬运知识，进行知识储藏工作，在遇到相关政策问题时，能够利用信息库的存储和检索功能快速将对应的政策信息抽取出来重新包装。印度尼西亚科学研究所建立的期刊数据库收集了印尼高校和研究机构出版的科学期刊，并通过"ISSN Online"网站注册服务在线提供印刷版和电子版的科学刊物，为印尼的学科建设提供了必不可少的基础数据服务。同时，由于智库个体的信息资源难以满足智库的扩展研究需求，智库间信息资源协作成为新的发展趋势，[①]例如东盟与东亚研究所同联合国贸易发展会议（UNCTAD）合作，建立了东盟/东亚非关税措施全球数据库（ASEAN/East Asia NTM Database），收集并将东盟十国的关税信息

---

① 吴育良：《国外智库决策信息支持研究及启示》，《图书馆理论与实践》2015年第10期。

进行分类,为政策制定者和研究人员提供了获取有关东盟国家贸易法规、非关税措施和目标市场数据信息的一站式服务。这种信息协作服务是印尼智库在信息服务联盟化道路上进行的初步探索。

2.政策研究与政策倡导并重

政策研究和政策倡导是任何一个现代化智库都应该具备的两个互补功能,[①]前者主要进行严谨且中立的政策研究,后者致力于倡导特定的理念和推广自产的研究成果。政策倡导型智库将政策研究与推广式的政策倡导相结合,认可研究与倡导的双重益处和二者内在价值的融合。面对快速的技术进步,智库已经不再是知识经济行业的唯一参与者和"全球思想市场"中的唯一竞争者,在日益激烈的政治影响和技术变革的背景下,印尼智库与媒体组织、倡导联盟、咨询机构等其他参与者产生了强烈的竞争。因此,21世纪的印尼智库正在向倡导型智库建设转变,并逐渐在适应一种新的商业模式。这种商业模式以"政策企业家"为特点,在提供及时、科学、可认知的政策研究的基础上,融入政策市场的竞争,加强政策倡导能力。

"以政策研究为基,以政策倡导为辅"是印尼倡导型智库影响公共政策活动的重要手段和特征。科学严谨的研究生产是智库进行一切工作的前提和基础,解决围绕研究项目产生的诸多问题是印尼传统智库一直以来的关注点。但这离真正影响公共政策目标只接近了一半,剩下的一半努力还需要政策研究者将研究成果精准且有效地传达给利益相关方。[②]因此,21世纪的现代化印尼智库越来越多地参与到政策倡导过程中。例如,社会经济、教育和信息研究所将公共政策话语构建作为其倡导工作的重要一环,通过舆论调查和研究活动,利用各种大众媒体和社交媒体等公共传播手段,宣传自己的刊物《棱镜》,创办专门的图书馆陈列自己出版物和研究成果,谋求在公共政策话语中发挥积极作用。同时,印尼智库在关

①② [加]唐纳德·E.埃布尔森、斯蒂芬·布鲁克斯:《智库、外交政策和地缘政治》,忻华译,南京大学出版社,2019年,第25页。

注全球顶尖倡导型智库的发展中,不断寻求关于形成和传播政策理念方面的指导。哈比比中心是一个致力于传播民主价值观念的印尼智库,在受到美国智库通过将研究和倡导结合在一起从而获得杰出政策影响力的启示后,哈比比中心建立了专门的新闻媒体部门,定时更新和转播印尼国内和国际著名新闻媒体的实时报道,并针对重点问题编写简短精练的政策简报,递交给政府部门。对公共政策活动的影响力是现代智库的核心价值和生命力,智库影响力的两个重要来源是政策研究的质量和目标受众的认可,印尼智库之所以能够在东南亚国家独树一帜,智库研究成果之所以得以广泛传播,离不开智库强大的政策倡导能力。

3.政府关联性较强

亚洲智库最常被西方学者诟病的问题就是过度依附于政府,缺乏相对独立性,印尼智库与政府和官僚机构的关系也具有类似的表征。印尼智库不同于西方,具有较强的政府依赖属性,具体表现为三个方面:首先,印尼智库是"加强制度"的组织,而不是"批判制度"的。西方国家强调智库的独立性,认为智库的一个重要职能是对现有制度的弊端进行批判,从而推动政治变革。但是印尼智库与之不同,其具有典型的政府联结性,是在不扰乱现有政权,作为政府支持者的前提下而产生的。虽然智库也会对印尼当前的民主化和现代化进程质疑,但是"加强制度"型智库仍然是印尼公民社会发展的主流。其次,政府附属型智库在印尼智库中占据着主导性地位。政府与智库的历史纽带联系,使得类似于印尼国家发展规划署、政策协调与分析中心、国家加速减贫小组、印尼总统办公厅等政府型智库要么是在政府内部层级内形成的,成为政府结构的一部分,要么是在政府的支持下成立的,成为政府的专属智囊团队。这些政府附属型智库在印尼智库界被视为元老级别,在与政府的政治联结中具有独立型智库无法比拟的人脉、资金和信息优势。最后,印尼智库在基础资源上对政府存在较强的依赖性。在印尼,基础资源力量对智库产生了重大影响,一方面经济基础资源使得印尼智库在运作经费上依赖于政府的扶持和拨款,另一方面政策网络的基础设置使得接近政府官员是确保政府政策影响力的重要途径。

产生这一现象的具体原因表现在多方面。第一,智库致力于影响公共政策的本质目标。这是所有智库在功能指向和职能安排方面的普遍要求,任何机构如果没有直接或间接影响公共政策的能力,那么这样的机构就不能被称为现代化智库。实现公共权力和知识理论的有机结合是智库的本质属性,印尼现代意义上的公共权力是在政府作为代理人角色的前提下行使的。因此,印尼智库想成为沟通公共权力和知识理论的桥梁,就必须在政府权力的控制下寻求影响公共政策的有效途径,这是印尼智库政治属性较强的本质原因。第二,政治因素在建立和推动智库建设方面的中心地位。虽然全球化为印尼智库早期的建设理念和基本运作模式提供了一定参考,但是不同于欧美智库模式的亚洲特色智库的蓬勃发展证明了印尼国内政治因素在推动智库发展中的决定性作用。第三,公民社会体系的不健全。从国家和公民社会的关系来看,印尼国家和公民社会的界限较为模糊,公民社会的发展相对落后,不足以支撑起智库建设所需的人力资本和政策资本,印尼独立型智库也在一定程度上寻求政府政治资源的支持和帮助。

在多年的智库发展中,印尼智库与政府发展为一种共生关系,不仅智库需要政府的积极赞助,印尼经历的政治动荡还使得稳定的政策建议成为政府执政的合法性来源之一。政治关联性是促进智库发展的一个重要因素,[①]也是亚洲智库不同于欧美智库的最大特征。“与官方保持一定距离确实可以有助于加强智库组织知识的完整性,但也损害了其潜在研究的政策针对性和组织能够获得的资源投入。”[②]因此,印尼智库的政治关联性特征并不是一种缺陷,相反,对处于民主转型关键时期的印尼国家来说,政府统治与公民社会的和谐相处所产生的共振效应是维护印尼国家发展和社会稳定的关键。

---

① James G. McGann, *Think Tanks: The New Knowledge and Policy Brokers in Asia*, Brookings Institution Press, 2019, p.278.

② 黄振威:《国外智库研究要览》,中共中央党校出版社,2017年,第157页。

4.跨国化和网络化程度加深

21世纪的全球化新形势催生了当代印尼智库的新发展，随着世界相互依存程度的不断加深，更多全球问题的国家边界变得更加模糊，这也导致相关的经济社会研究、政策建议和倡导分析要越来越多地考虑到超国家范围。同时，政策连通跨界化也推动了智库网络化和结构独立的公共政策网络的发展，越来越多的印尼智库寻求在新的全球政策网络中参与地区和国际事务。在当前全球智库发展方兴未艾之际，跨国化和区域网络化程度的不断加深是印尼智库发展的两大重要特征。

印尼智库的全球化发展态势的日益突出表现为以下三个方面：其一，研究领域和研究视角的跨国化。不断增长和发展的国际智库是印尼获得更大区域和国际事务参与权力的重要工具，印尼的国际智库在研究领域上，不仅仅局限于国内政治和经济发展问题，且更加聚焦当前东南亚国家的区域一体化和地区冲突，以及世界大国霸权转移过程中的权力过渡问题。例如，哈比比中心的东盟研究板块在2022年以来非常关注美国拜登政府上台以后在印太地区进行的战略布局，重视研究俄乌冲突等对东南亚安全局势的影响，而且着重为缅甸问题所造成的地区冲突风险提出政策建议。同时在研究领域不断跨国化的背景下，21世纪的印尼国际智库的研究也更具国际视野，或基于全球视角思考全球治理难题及印尼可以在全球治理中的贡献领域，或在中美战略竞争的国际局势下思考印尼经济和政治发展，以及国家权威和地区领导力的构建。例如，国际林业研究中心在全球森林保护的倡议下为全球气候变化、印尼国家的低碳发展和能源产业升级建言献策，东盟与东亚经济研究所基于全球治理与多边主义视角为东南亚国家“提供能源政策建议、可持续发展政策建议和包容性绿色增长模式建议”[①]。

其二，智库产业和市场的国际化。智库发展逐渐被视为一种高端的

---

① Economic Research Institute for ASEAN and East Asia, https://www.eria.org/research/topic/environment-and-climate-change, last accessed on May 30, 2022.

智力型服务经济，这种产业化形式的巨大潜力促使印尼智库不断在全球开发以智库为主体的知识服务产业模式。印尼智库产业所要追求的重点不是经济利益，而是智库在全球思想市场中的影响力水平和研究成果在进入权力空间过程中所塑造的知识转化效益。

其三，智库研究分支机构设置的全球化。印尼智库的全球化思维和发展方式还体现在海外全球化机构的设置和实现组织结构的国际化方面。[①]印尼大多数国际智库的研究人员都有国际背景，东盟人权议员的董事会成员构成来源非常广泛，汇集了来自马来西亚、新加坡、泰国、缅甸、菲律宾、柬埔寨和东帝汶等多国的人权活动家和政治家。印尼国际智库国际林业研究中心在多个存在突出森林治理问题的国家，如肯尼亚、埃塞俄比亚、秘鲁和德国等国家设立办事处，并在五十多个国家设立研究基地，开展气候变化、性别平等、可持续景观和生计，以及价值链、金融投资等领域的工作。

全球智库网络是智库全球化和跨国化发展的一种特定形式。智库网络、政策网络和知识网络密不可分，可以说智库网络是在实现政策网络和知识网络的连接中得到发展的。印尼的智库网络主要在东南亚和东亚地区的区域网络组织中发挥作用，较早的区域智库网络是由东盟成员国各国一家的智库代表所组成的东盟战略与国际问题研究所智库网络，印尼的战略与国际研究中心是东盟战略与国际问题研究所的创始机构之一，并在其中承担秘书处工作。另一家具有代表性的智库网络是在"东盟10+3"框架下成立的东亚智库网络，印度尼西亚大学东亚合作研究中心(CEACS)在其中担任主要创始国家协调员，并多次在东亚智库网络国家协调员会议上作为工作组赞助相关议题。同时，印尼的东南亚研究中心(Center for Southeast Asian Studies，CSEAS)在2016年正式成为联合国可持续发展解决方案网络(United Nations Sustainable Development Solutions

① 朱旭峰、礼若竹：《中国思想库的国际化建设》，《重庆社会科学》2012年第11期。

Networks，UN-SDSN）的正式成员，在推出全球可持续发展的切实解决方案中扮演着重要角色，随后在2017年加入了亚太地区非传统安全研究智库网络——亚洲非传统安全研究联盟（Consortium of Non-Traditional Security Studies in Asia，NTS-Asia Consortium）。以印尼为创始国的国际智库网络——东盟与东亚经济研究所最具特色，其在最新的全球智库报告中位列最强智库网络的第15名，该智库类似于经济合作与发展组织（OECD）的东亚版本，出色地进行着绘制东亚经济一体化路线图和东亚能源安全保障的工作。

二、印尼智库对东南亚区域治理的贡献

治理体系与治理网络是两个相关的概念。治理体系，主要指一系列遵循特定规则的权力行为者，基于共同的治理目标有组织地构建起来的系统；而治理网络则是一个由许多相似的行为体组成的大型治理系统；这些行为体以某种方式联系在一起，并通过一定方式进行互动。治理体系更强调组织规范形式和行为体权威控制特征，而治理网络更强调行为体在网络连接方式上平等地位的交互特征。笔者认为，治理体系主导治理网络，治理体系决定治理网络内部各行为体的实力排序、交互地位和单元的连接方式。

东南亚区域治理体系是一种多级治理网络结构，主要由支配治理进程的国家间治理体系和多行为体共同参与的多元中心体系所构成。国家间治理体系是东南亚国家和政府之间双边或多边治理体系的集合，强调区域内国家和国家代理人（政府）的中心作用，是一种各国政府机关和官僚机构通过固定的组织形式所构成的正式治理网络模式。而多元中心体系由参与东南亚区域治理的各类行为体，尤其是多种类型的非政府主体所构成，强调在不同的治理维度下治理体系层级的扁平化和治理主体的多元化，是一种虽然有各国家政府参与其中但仍然保持非政府交流模式的非正式治理网络结构。

印尼智库不仅在国家间治理体系和多元中心治理体系中各自发挥

着作用，而且在"超越边界"[①]的特质下，智库成为连接东南亚国家间治理体系和多元中心治理体系、正式网络和非正式网络之间的桥梁，如图9.1所示：

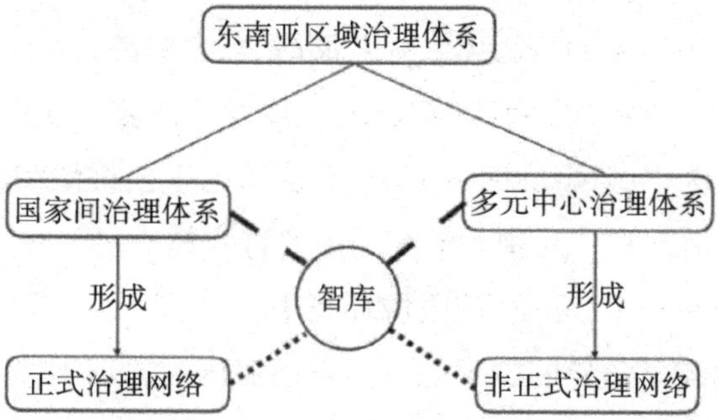

图9.1　智库连接功能示意图

本节从治理体系这一概念出发，从东南亚区域治理主体、治理权力关系、治理制度规范和治理价值理念四个方面探讨印尼智库在发挥"连接正式网络与非正式网络"的作用中，对东南亚区域治理做出了怎样的贡献，在东南亚区域治理体系中承担着怎样的角色。

（一）东南亚区域治理行为主体的构成者

治理主体是治理行为的施动者，是治理要素中最具战略性和能动性的构成。在东南亚区域治理体系中，主权国家是占据治理中心地位的行为体，是推动治理进程和实现治理目标的主导者，作为国家权力的代理人，各国政府在治理体系中扮演着重要的角色。但是在治理体系现代化发展需求不断增加的背景下，单凭各国政府来实现治理的构想越来越虚幻，因此新型区域治理体系的网络化发展已经成为大势所趋。传统治理体系结构以等级制的层级关系为主要特征，治理体系网络化则要求国家和各类非国家行为体在扁平化的管理层级中平等地交流和互动。智库在

① Diane Stone, "Recycling Bins, Garbage Cans or Think Tanks? Three Myths Regarding Policy Analysis Institutes", *Public Administration*, Vol. 85, No. 2, 2007, pp.259–278.

西方国家往往被归为非国家行为体和非政府组织，但是印尼智库的政治关联性则导致印尼智库在区域治理体系中的双重角色——不仅是独立于政府的非政府组织，成为多元中心治理中的重要一员，数量众多且颇具权威性的政府型智库作为印尼政府内部层级中的一部分，使得印尼智库也成为国家间治理体系的行为体之一。同时，随着智库边界的日益模糊，不同政策领域间存在的"空间缝隙"成为智库发挥链接功能的前沿阵地，印尼智库日益成为多级网络主体间沟通和交流的重要桥梁和纽带。

1.国家间治理和多元中心治理的重要行为体

东南亚处在一个"异质"的区域环境中，由许多大小不同、经济发展水平参差和治理体系各异的国家组成。东南亚区域治理主体主要包括各主权国家（各国政府）、国际组织和公民社会组织。各主权国家和政府间国际组织所代表的国家间治理体系构成东南亚区域间正式治理网络；以非政府的公民社会组织为代表的，各国政府和各政府间国际组织积极参与的多元中心治理体系，构成了一种非正式的东南亚区域治理网络空间。印尼政府型智库和独立型智库的共生体系使得智库在国家间治理和多元中心治理塑造的政策空间中成为非常重要的行为主体，但是在不同的政策空间中，印尼智库在治理体系中所处的战略地位和政策影响方式塑造了智库发挥作用的形式特征——国家间治理体系的间接行为主体；多元中心治理体系的直接行为主体。

（1）印尼智库是国家间治理体系的间接行为主体

作为印尼政府内部机构的政府型智库是东南亚区域治理的重要参与者。从智库本身的构成来看，印尼的政府型智库是官僚机构的内部知识和政策部门，它们发挥影响力的主要途径是将生产出来的知识和建议提交给上级部门，由官僚机构部门审议采纳并付诸实际，智库所属的上级主管部门代理了印尼智库参与东南亚区域治理的权力。因此，在正式的区域治理网络中，这些智库无法成为一个独立的政策单元进行政策路径的连接，其区域政策影响方式是间接的。间接并不代表着弱影响力和弱势地位，智库上级部门在国家间治理体系中的权力关系对比的权威性地位恰恰是政府型智库影响力的主要来源。政府型智库代表印尼政府参与治理，例如财政政策署专门设立了气候变化和多边融资政策中心，在东南亚地区开展气候变化政策分析，设立区域和双边政策中心，在东盟、亚太经济合作组织、亚欧会议、东亚峰会，以及多边的次区域和区域框架内，为东南亚区域经济治理提供经济和金融合作方面的分析及政策建议。

(2)印尼智库是多元中心治理体系的直接行为主体

全球性问题大量出现导致的国家权力边界的模糊趋势和印尼独立型智库的跨国化发展，促使印尼国际智库逐渐脱离民族国家边界限制，日益成为全球公民社会的组成部分。印尼绝大多数的独立型智库虽然仍处在印尼政府的管辖之下，但是多样化的资金来源渠道和非依附性的政策研究成果正在推动印尼智库以更独立的姿态成为东南亚区域治理的直接参与者。

在身份认定上，印尼智库直接作为公民社会的一部分，以非政府组织的身份在非正式治理网络中成为一个独立的单元；在利益认同上，印尼智库不再仅仅考虑印尼本国的国家利益和民族认同，还要考虑超国家区域政策网络的整体利益及东南亚区域内智库网络的知识认同和文化认同。在东南亚地区冲突治理、人权问题治理和难民治理议题中，印尼的东盟人权议员智库发挥了重要的评估和协调作用，例如针对2021年缅甸的军事政变，东盟人权议员在2022年成立国际议会调查委员会(IPI)，汇集来自非洲、美洲、亚洲和欧洲七个不同国家的议员，对缅甸持续的军事和人道主义危机展开调查，并在全世界范围内公开收集书面意见书，意图通过国际社会舆论向缅甸军政府施加压力。

2.多级治理网络主体的连接者

网络在国际关系中通常被视为促进集体行动与合作、施加影响或作为国际治理手段的一种组织模式。[①]东南亚区域治理网络由无数个单元

① Emilie M. Hagner-Burton, Miles Kahler and Alexander H. Montgomery, "Network Analysis for International Relations", *International Organization*, Vol. 63, No. 3, pp. 559-592.

节点(行为体)和行为体之间的连接所组成,印尼智库不仅是其中的一个个关键单元节点,而且在单元节点连接路径中扮演着重要的角色。一方面是旧有路径的拓宽者和改造者,当旧有的连接途径过于狭窄而造成信息传播受阻时,智库与众多组织建立的沟通渠道可以有效地拓宽传播路径,同时当两个单元节点之间的行为者遭遇信任危机或关系处理不善时,智库强大的政策沟通和协调能力则可以修复受损的成员友谊。另一方面,智库是网络新路径的建设者,节点间联系的持久模式创造了能够定义、启动和限制节点行为的结构,智库与其他行为体之间连接所产生的正向政策收益可以在偏好连接(preferential attachment)的作用下,激励更多独立的单元之间建立新的政策连接关系。因此,印尼智库是东南亚多级治理网络主体的连接者。在多级治理网络中,与智库建立政策联系的网络体系主要包括——本国政策网络、智库网络、区域和国际政策网络。在东南亚智库网络内部,智库是其中的核心行为体,成为连接各个国家智库合作的推动者,基本上所有印尼的国际化智库都有与世界其他智库的政策议程设置和研究合作。同时,由于角色的多样性,智库可以将其所属的本国政策网络与区域政策网络相连接,实现东南亚各个国家之间政策的统一性和协调性,为东南亚区域政策一体化做贡献。印尼智库具体的政策网络连接关系如图9.2所示:

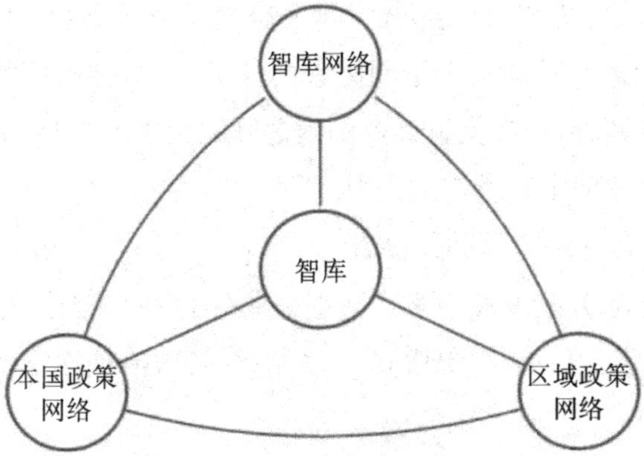

图9.2 智库在不同政策网络之间的连接关系示意图

（二）东南亚区域治理权力关系的构建者

智库在成为主要行为主体的同时，自然地成了东南亚区域治理权力关系中的重要构成者，并通过增加其所在国家的权力禀赋，在某种程度上塑造了区域权力格局。这种构成者角色的形成是国家权力、知识和区域政策共同作用下的身份构建结果。知识、权力和政策同在共生、相互依存。从权力的两种概念（属性概念和关系概念）出发，可以很好地解释知识、权力和政策三者之间的关系。

首先，权力的属性概念将权力或实力定义为“国家要素禀赋”[①]，是国家所有物、财产等各种能力要素的总和。知识和政策都属于国家的财产，权力更多被看作一种政治禀赋，而政策和知识则被视为一种非物质性的社会文化禀赋。因此，知识和政策都是国家软性权力的重要组成部分。其次，权力的关系概念视权力为一种因果关系，是两个或多个行为体之间事实或潜在的关系。在权力所构建的因果关系中，知识是权力的来源之一，政策是知识和权力的结合体，是权力组织在知识的引导下形成的广泛作用于社会的政治结果。

从权力的属性概念来看，智库一方面生产知识，一方面产出政策。智库的发展代表着一个国家知识生产能力和政策产出能力的提高，两种资源禀赋（作为知识资本的资源禀赋和作为政策资本的资源禀赋）的增加在塑造印尼国家和智库本身在区域治理权力资源优势地位方面起到了重要作用。区域治理体系强调，各行为体在领域内权力的排序和对主导地位的追求。在国家间治理体系中，凭借印尼政府的权威性外交地位和优势性沟通渠道，收集利用专业知识产出有利于解决当前东南亚区域治理难题的跨国化政策，占据印尼在区域性政策制定中的主导权是印尼政府型智库影响区域治理的主要策略。印尼的东盟与东亚经济研究所是由东盟秘书长发起、印尼政府组建和日本政府支持的智库网络，东盟与东亚经济

---

① Walter Carlsnaes, Thomas Risse and Beth A. Simmons, *Handbook of International Relations(Second edition)*, SAGE Publications Ltd., 2012, p.237.

研究所与东盟主席合作制定研究项目，其中的东盟研究专题以管理区域（东盟）争端到促进泛区域（东亚）争端管理、从经济合作到经济一体化、从国家建设到区域共同体建设为主要内容，这种战略性的研究目标，以及为实现目标的现有政策措施，提高了印尼在推动东南亚区域一体化中的作用，增强了东盟在区域共同体不断深化基础上的制度能力及在东南亚区域治理中的治理效能，对于塑造以印尼为主导、以东盟为中心的区域治理格局具有重要影响。在多元中心治理体系中，印尼智库作为独立行为体的发展不仅促进东南亚公民社会治理地位的提高，还使得智库本身成为塑造区域治理权力格局中的重要单元。智库在权力属性概念中的权力构建如图9.3所示。

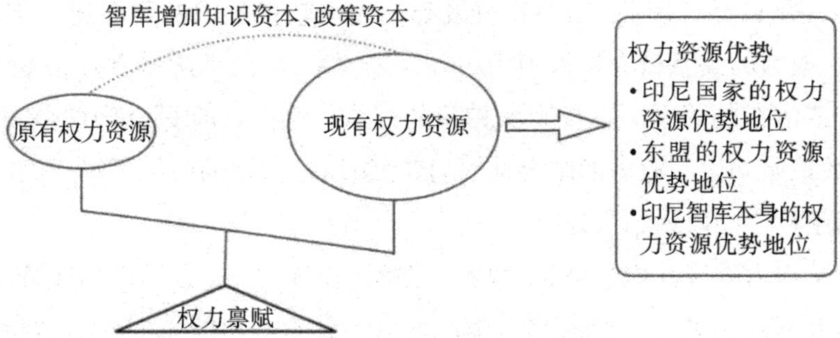

图9.3 智库增加东南亚区域治理权力禀赋天平示意图

从权力的关系概念来看，“权力支撑下的知识生产，真理传播下的主体构建”[①]，是印尼智库构建东南亚区域治理权力关系的逻辑机理（逻辑关系如图9.4所示）。权力作用于主体进行知识生产：印尼智库凭借依附性的政府权力、东盟的组织权力和智库本身所具备的知识权力，在原有的权力资源基础和权力关系对比状况上进行知识生产活动。权力作用于知识形成真理制度：由于拥有权力资源的保障，印尼智库产出的政策在不断进行着权力和知识的融合，具有科学基础和权力基础的智库政策逐渐变为国际

① 汪恒：《人类命运共同体的叙事话语研究》，华中师范大学硕士学位论文，2022年，第18页。

公认的真理性公共政策。真理的传播和扩散反过来增加权力资源并构建新的主体间权力关系：真理性的政策产出是智库获得国际影响力和话语权的主要途径，通过前沿性、科学性、高端化的政策研究成果，智库所收获的国际声誉和社会地位可以构建印尼作为一个国家在正式治理网络中的权力关系优势地位和印尼智库本身在非正式治理网络中的权力优势地位。

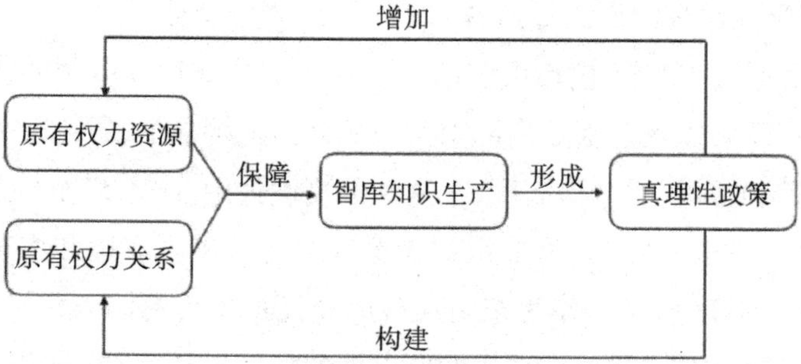

图9.4 智库构建东南亚区域治理权力关系逻辑示意图

(三)东南亚区域治理制度的塑造者

制度是塑造和构成治理体系框架的两大基本概念之一，区域治理的制度化也是东南亚区域治理的主要趋势和主要目标之一。东南亚区域治理制度，是指在东南亚区域治理体系中存在的，一系列用于指导和规范行为体治理行为的基本原则和实质性内容，是不同行为主体治理行为的法理基础和实施总纲。在治理体系中，行为体本身的制度化建设是塑造体系制度内容的应有之义，作为东南亚区域治理的主要行为体和权力关系构建者，印尼智库通过战略规划制度、组织结构管理制度、研究行为管理制度和成果管理制度的完善，不断加强智库本身的制度化建设，以提高整个东南亚治理体系中的制度建设能力。治理是国家提供制度的能力，广义上可定义为“游戏规则”，这些规则来自正式的法律、非正式的规范和惯例，以及特定国家背景下的组织结构。[1]因此，智库不仅成为东南亚治理中政府组织机构和非政府组织机构的一部分，还在解释国际治理架构的

[1] Gonzalez, Eduardo T. and Mendoza, Magdalena L., “Governance in Southeast Asia: Issues and Options”, *PIDS Discussion Paper Series,* No.02-07, 2002, p.6.

法律、金融和行政准则方面发挥着重要作用。[①]因此,本节将着重考虑印尼智库在东南亚区域治理的组织机构设置、规则规范制定等方面的贡献和角色。印尼的政府型智库和具有东盟治理议题设计的独立型智库成为国家间治理制度和多元中心治理制度的塑造者,并借助主体连接者角色成为东南亚多元治理网络制度的协调者。

1. 国家间治理制度的塑造者

国家间治理制度,包括由东南亚各国组成的双边或多边的治理制度(尤其指东盟),以及东南亚内部国家与域外国家构成的,或由域外国家参与东盟组织的常规化合作制度,在这些制度设计中,印尼智库是重要的治理贡献者。首先,印尼智库的组织设置模式为区域内双边和多边治理组织结构提供制度参考。作为东南亚智库建设最出色的国家之一,印尼智库在自身的组织结构设计、理念经验方面的特长(议题设置前沿性及专业性强、利用知识和科学研究提供基础治理标准和规范等)值得东南亚区域一些双边和小多边治理组织学习。印尼政府型智库的机构设置具有示范作用,印尼政府非常重视科学部门在政府机构设置中的角色。在中央政府机构中,印尼国家发展规划署成为协调各部委、机构和地区制定、管理以及实施发展规划的必不可少的关键智囊。在服务于总统和副总统的智库中,印尼总统办公厅、国家研究与创新署(National Research and Innovation Agency, BRIN),以及国家加速减贫小组直接向总统或副总统负责,参与和总统政治有关的战略活动问题的沟通及管理,从政府高层的政策科学性入手,增加政策的合理性和合法性。在所辖不同政策领域的政府部委内部,都可以见到研究部门或智库的存在。印度尼西亚科学研究所在2019年成为国家研究与创新署的隶属机构之前,是一个部级的政府科学研究机构,为准确响应、迅速分析和研究制定国家治理政策做出了重要贡献。印尼智库由中央到部委的层层分布为政策的科学性提供了坚实的知

① Diane Stone, "Think Tanks and Policy Advice in Countries in Transition", Central European University, 2005, https://www.adb.org/sites/default/files/publication/156673/adbi-dp36.pdf, p.10.

识保障，也为东南亚治理体系中知识部门的机构设置提供了制度参考。

其次，印尼智库也在其各自的政策领域为东南亚具体治理议题提供了构成制度化所需的规则和标准。印度尼西亚科学研究所建立了众多认可标准计量实验室，目前已获得73项校准和测量能力范围的国际认可，在东南亚制造业、食品工业、制药工业、天气等技术测量质量数值方面占据权威地位，并在全球生物分类倡议、东南亚海洋科学与技术、全球植物保护战略等方面为东南亚生物治理和海洋治理提供基本参考数据及计量标准。国家加速减贫小组在国家减贫领域建立了统一数据库（unified database），通过统计社会救助受益人姓名和地址列表的相关数据，提高各类扶贫项目惠及受益人的工作效率和扶贫效果，印尼统一数据库的建立为东南亚区域内的贫困人口的脱贫治理数据化制度建设提供了有益经验。

最后，印尼智库东盟与东亚经济研究所网络对东盟组织在东南亚治理规则制定权的分配产生重要影响。国际制度安排包括国际机构的设置和权力分配，[①]基于权力分配的规则制定权优先于组织机构和规范而存在。[②]因此，东盟与东亚经济研究所凭借强大的知识力量，在赋予和增加东盟在东南亚区域治理中的规则制定权力和巩固东盟的中心治理地位两方面发挥作用。

东盟作为东南亚区域内制度化程度最高、制度涵盖范围更大、制度影响最强的政府间国际组织，其本身就是组织构成机制化和组织规则系统化的化身，再加上东南亚各国对国家权力一定程度的让渡，东盟获得了整个区域层面相当大一部分的规则制定权。但是由于东南亚地区区域社会化水平和社会化程度并不高，东盟作为一个区域共同体组织的治理能力和治理效力还有待提高，东盟与东亚经济研究所在不同议题上的科学建议和政策则有利于通过提高东盟的治理能力，从而扩大东盟在相关规则上的制定权。

---

① 阎学通：《无序体系中的国际秩序》，《国际政治科学》2016年第1期。

② 李慧明：《人类命运共同体与国际秩序转型》，《世界经济与政治》2021年第8期。

在经济上,东盟秘书处和东盟与东亚经济研究所合作制定了东盟经济共同体循环经济框架,使得东盟在东南亚、东亚区域循环经济的推广、相关成果的交付,以及循环经济制度规则的制定中占据主导地位。在碳排放问题上,日本经济产业省(Ministry of Economy, Trade and Industry, METI)与东盟与东亚经济研究所合作,应国际能源署(International Energy Agency, IEA)的号召,于2021年举办"第一届亚洲CCUS[①]网络论坛",宣布成立"亚洲CCUS网络"。东盟成为该网络中所有东南亚国家的代表,在这个国际产学平台上与东亚国家共同商议针对碳捕获、利用和封存技术,并对亚洲地区碳捕获、利用和封存技术、经济和法律标准进行研究。在医疗健康和卫生福祉领域,东盟与东亚经济研究所的医疗保健部门汇集了东南亚地区的最佳医疗实践,并以东盟组织为制度平台向16个东亚峰会国家的政府推荐卫生政策,成为东盟在亚洲参与协作性老龄化研究和应对人口变化的亚洲政策制定中提高规则制定权的忠实知识伙伴。

2. 多元中心治理制度的塑造者

在多元中心治理体系中,印尼的跨国智库是东南亚区域治理的直接参与者,因此也成为多元中心治理制度的直接塑造者。从印尼智库的组织形式来看,智库是一个具有实体组织的制度性机构,成为多元中心治理机构设置中知识部门和政策部门不可缺少的一部分;从智库的议题形式来看,印尼智库通过不同领域的政策议题直接塑造相关治理领域的制度规则;从智库的部门属性来看,印尼智库知识部门的身份为不同议题的治理规范提供科学依据,增加东南亚区域治理制度中的科学化和知识化因素;从治理结构上看,印尼智库作为多级治理网络中的行为体,在优化治理制度结构、提供网络化治理的制度参考、增加治理制度机构设置的扁平化特征中起到了重要作用,为东南亚区域治理的制度转型搭建平台。

---

① CCUS(Carbon, Capture, Utilization and Storage),意为碳捕获、利用和封存。

3. 多级治理网络制度的协调者

治理具有“协同性”的核心价值特征和行为遵循，区域治理则非常注重多元主体治理行为的统一性和协调性，因此塑造统一性和协调性也是制度的目标机理和职能要求。智库不仅是多级治理网络主体的连接的中介，更凭借着强大的连接和整合功能，成为多级治理网络制度的协调者。

第一，协调东南亚各国政府的国内政策，增加区域内共同治理议题的政策一致性。印尼的跨国化智库不仅以印尼国家身份充当政策顾问，将印尼的国内政策与东南亚区域社会相联系，还能以独立智库身份，独当一面为东南亚治理建言献策。面对区域共同的气候治理问题，印尼的东盟与东亚经济研究所和国际林业研究中心通过开展气候治理的科学研究，为整个东南亚地区提供关于能源管理、低碳减排的气候治理意见和建议，其出色的研究结果产生的溢出效应，增加了其他东南亚国家在实现气候治理制度和发展战略对接方面的可能性，为东南亚区域治理带来广泛的政治理解。

第二，协调东南亚各国的对外政策，提高东盟组织对外发声的一致性。战略与国际研究中心是专门从事对外政策研究的印尼智库，近来该中心着重在中美战略竞争的新形势下分析区域国家对东南亚的外交战略制定和外交行为选择，以及应对缅甸军事政变，东盟或“东盟+”应该采取怎样的国家立场和政策选择。战略与国际研究中心鞭辟入里的相关研究为东南亚国家面对外部竞争压力和内部矛盾冲突时的国家对外政策提供了科学的分析和指引，有利于增强区域内国家对外政策的一致性。

第三，畅通不同智库之间信息的交流，增加智库网络内部科学研究的协调性，塑造知识部门科学规范的一致性。不论是以独立的智库身份加入某一智库网络，还是成为智库网络的东道主国和网络核心，印尼智库在网络伙伴关系建设方面表现俱佳。

第四，通过协调不同性质的行为体，增强智库与政府和东盟政策的一致性。印尼智库善于根据政府的政策关注设置研究议题，增强研究的针对性，实现研究与政策指向的精准对接，从而减少了无用研究，缩短知识转化为政策的时间，提高东南亚治理的制度建设效率。

（四）东南亚区域治理价值理念的倡导者

价值是治理体系框架中两大基本尺度的另一个重要组成部分。全球治理是价值支配下的全球协调行动，[①]作为全球治理体系中一个重要的子系统，东南亚区域治理结合了东南亚国家建设和发展的特色实践及东盟一体化建设过程中的经验和总结，形成了具有强烈东南亚特色的区域治理价值观念和价值内容。同时，区域治理政策是治理价值的外化和具象存在，具有较强“政策倡导”属性的印尼智库，在进行研究成果传播和扩散的行为中，自然而然地成了附着在具体政策内容中的政策价值理念的传播者和倡导者。除了对国际社会公认的平等、自由民主、人权等治理的共同价值进行传播之外，印尼智库在倡导创新型认知、倡导“对话习惯”、倡导“东盟方式”等东南亚特色价值观念和确立优先政策语言等方面，发挥了关键作用。

1.培养“对话习惯”

不同治理主体之间的利益协调是减少治理分歧、增加政治认同的主要手段，协调的过程其实就是对话的过程。在东南亚区域的政策辩论中进行政策投入和所谓的“对话习惯”，即智库领导者与高级工作人员和其他政策精英举行定期会议，在对话中宣传和倡导合作观念是印尼智库在东南亚区域形成和投射的重要叙事之一。通过树立共同的价值信念和共同的战略目标，智库通过塑造话语成为结构和构成结构的行为者（代理）之间的黏合剂。智库是两种对话习惯的话语载体：“政策协调话语”和“交际话语”。[②]

其一，智库对“政策协调话语”的倡导。“协调性话语”涉及跨国或国家

① 胡键：《全球治理的价值问题研究》，《社会科学》2016年第10期。

② Erin Zimmerman and Diane Stone, “ASEAN think tanks, policy change and economic cooperation: from the Asian financial crisis to the global financial crisis”, *Policy and Society*, Vol.37, No.2, 2018, pp.263-265.

政策群体中政策和纲领性思想的创造、阐述和论证。[①]东盟区域一体化进程是一种协调对话模式，通过高级官员会议、领导人峰会、其他部长会议及各种智库网络，在正式或非正式的政策讨论中，对政策理念和价值框架进行辩论。

其二，智库对“交际话语”的重视。交际话语强调大众性，关注决策者与公众之间的关系，在东盟组织中，智库主要参与阐明和阐述针对政府选民而非公众的协调性话语。随着最近几年来印尼的民主化进程和公民社会的发展，社会公众对国际事务的关注度在不断提高，智库在交际话语中的建构性地位也逐渐显现。通过培养对话习惯，智库在区域层面的政策协调和公众与政府间国际组织的连接中传播了团队精神和东盟的团结意识，在推动东盟一体化对话进程中通过话语制度主义的构建成为弘扬治理合作价值、承载新兴话语叙述的重要角色。

2. 培养创新性认知，倡导“东盟方式”

政策企业家型智库实现政策目标的策略之一便是“在多级治理网络中发展和传播新思想”[②]。历史性、选择性和主观性是价值观念的基本属性，话语是价值观念的叙述载体，这些特征决定了智库在倡导创新型认知从而引导政策改变中的两个基本逻辑——知识选择逻辑和话语叙事逻辑。印尼智库在这两条逻辑路径中扮演着创新型认知的政策倡导者角色。知识选择逻辑认为，由于价值观是历史的、可选择的和主观的，智库可以通过知识研究塑造、形成和改变东南亚政策制定者的认知，最终促成东南亚区域治理政策的改变和调整。话语叙事逻辑则认为，从智库叙述到东南亚政策精英和决策者认知的变化，再到具体政策的改变和调整的过程，是一条完整的因果链条。

---

① Schmidt, V. A., “Discursive institutionalism: The explanatory power of ideas and discourse”, *Annual Review of Political Science*, Vol.11, No.1, 2008, pp.303-326.

② Iskhak Fatonie, “The role of Indonesian Think Tanks as policy entrepreneurs in policy development of village governance”, *Journal of Asian Public Policy*, 2020, https://doi.org/10.1080/17516234.2020.1829354, p.4.

“‘东盟方式’(ASEAN way)的基础是由不干涉原则等全球规范构成的,东南亚国家在亚洲背景下逐步重构了这些观念要素,从而通过数十年的互动过程发展了‘东盟方式’。”[①]智库在形成、发展和重构“东盟方式”的基本观念构成要素中发挥了积极的倡导作用。在东南亚进行区域治理的实践中,笔者把“东盟方式”理解为东盟在区域一体化过程中表现的一系列治理方式和特点,这些特点整体表现为“区域主义”“一体化”“集体区域身份认同”和“团结意识”,[②]在不同的治理领域中则表现为上述价值观念在经济、安全和政治三方面的具体价值内涵。在经济上,印尼智库见证并参与了东南亚经济发展模式由“华盛顿模式”向“后华盛顿模式”再向“亚洲模式”的转变;在安全上,东盟战略与国际问题研究所智库网络促进了不同于欧盟式“共同安全”的东盟式“综合安全”和“合作安全”观念的推广和认同;在政治上,由印尼智库参与的东南亚论坛的智库组织形式塑造了“一个东南亚”观念并推动了东盟扩大化的趋势。这些具体内容均围绕着“东盟中心主义”的区域治理纲领性思想,印尼智库参与的智库网络化,通过传播区域主义的思想、规范和原则,为发展集体区域身份认同奠定了基础。尤其是在经济领域,印尼智库对“以亚洲为中心的区域一体化”价值理念的倡导发挥了举足轻重的作用。

1997年亚洲金融危机和2008年国际金融危机的出现,彻底击垮了东南亚精英分子对西方经济发展模式的美好幻想,东南亚经济发展方式逐渐从以美国为主导的、国际货币基金组织所支持的发展轨迹转向以东盟为主导的、以亚洲为中心的经济发展战略。在区域经济一体化的发展观念中,亚洲式经济增长理念将区域一体化塑造为经济繁荣和国家稳定的

---

① Hiro Katsumata, “Reconstruction of Diplomatic Norms in Southeast Asia: The Case for Strict Adherence to the ASEAN Way”, *Contemporary Southeast Asia*, Vol. 25, No. 1, 2003, p.104.

② Diane Stone and Helen E.S. Nesadurai, “Networks, Second Track Diplomacy and Regional Cooperation: The Experience of Southeast Asian Think Tanks”, Department of Politics and International Studies, and Centre for the Study of Globalization and Regionalization, University of Warwick, 1999.

重要方面，同时强调更高效、更制度化的区域治理形式，关注协调东盟国家内部以及国家之间的经济关系的重要性，以推动东盟内部全面的机构改革。在东盟与亚洲的金融和经济外交中，作为区域理念形成中的话语行为者，印尼的东盟与东亚经济研究所、战略与国际研究中心和SMERU研究所发挥了关键的观念塑造和观念倡导作用。2001年成立的SMERU研究所在亚洲金融危机后从事金融危机带来的社会经济影响研究，通过经济危机造成的贫困人口和社会不平等现象的研究数据，向当局表明继续遵循西方新自由主义经济发展模式的后果，从而为"以亚洲为中心的区域一体化"经济治理观念增添知识分量。东盟与东亚经济研究所和战略与国际研究中心也在进行"缩小发展差距""可持续经济发展"和"东盟经济共同体"的政策研究及政策倡议中，传播和扩展了包容性和平衡增长、关注全球价值链等东南亚区域经济治理观念。

三、印尼智库对印尼国家治理的贡献

政治变革推动智库发展，知识产出促进政策完善。印尼智库在国家民主转型和政治发展不断进步的土壤下兴起、成长和繁荣，同时，印尼智库日益壮大的政策供给能力和不断强化的知识影响力也为国家治理体系的优化和国家治理能力的提高做出了重要的知识贡献和政策贡献。国家治理是治理体系和治理能力的统一，治理体系从价值、组织、制度不同层面决定治理能力的效用，治理能力则通过提高统治能力、服务能力、监管能力和更新能力推动国家治理体系的现代化进程。基于国家治理的一般概念，印尼智库作用于印尼国家治理体系框架中的各个层次（如图9.5所示）。从治理体系的层次来看，智库不仅是治理价值体系的构建者和传播者，也是政府权力系统、社会治理系统和经济组织系统等组织机构的构成者，更是通过政策供给影响政治制度、经济制度、文化制度和法律制度，成为不同治理制度的内生要素。从治理体系的系统来看，智库凭借强大的知识生产能力，为国家治理方法的科学化和治理功能的强化添砖加瓦；通过协调不同治理主体之间的协同治理关系网络，为国家治理结构的优化做出贡献；通过增加政策中科学知识的含量及提高知识转化为政策的效率为国家治理过程的程序化和标准化奠定基础；通过加快不同行为体形成的治理网络的横向制度化，为丰富国家治理体制形式提供制度参考。

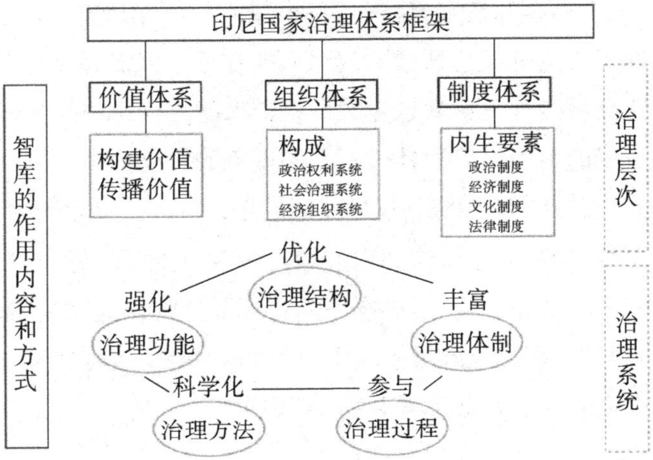

图9.5 印尼智库作用于国家治理的内容方式示意图

由于印尼智库与政治权力系统具有典型的政府连接性，且具有强大的网络连接作用，再加上智库本体上是国家的知识部门和公民社会的一部分。因此，本节从促进国家政治发展、提高协同治理水平两个角度来探讨印尼智库对国家治理的贡献。

（一）维护国家政治稳定，促进印尼政治发展

智库的催化作用是民主转型国家改革路上的奠基石。当前，印尼正处于民主转型的关键时期，经历了苏哈托政府三十多年的威权统治，印尼深知公民社会的壮大于民主转型和政治改革的重要作用。公民社会与民主的关系是复杂的，但是被政治学和社会学家们所公认的是，公民社会是否牢固与是否有机会实现稳定民主转型之间存在非常清晰的关系，公民协会（civil association）是民主的基础，公民社会使民主制度更加完善。①作为公民社会的主要参与者，智库对印尼不断发展和进化的民主转型的

① [法]阿列克西·德·托克维尔：《论美国的民主》，曹冬雪译，译林出版社，2019年。

作用也就不言而喻了。印尼智库通过利益表达、利益综合和利益协调，弥合不同社会阶层的利益分歧，在政治社会化过程中培养社会公众的政治参与意识，从而构建国家的政策共同体和认知共同体，最终作用于国家政治发展过程。

1.智库的利益表达、利益综合和利益协调功能

当今的印尼，正在从民族主义意识形态形式的政治中走出来，经历一个多种利益并存且相互竞争同时又维持必要程度的民族统一的政治过程。①政治利益是对政治需求的满足，由于印尼多元化社会和阶层的出现，不断进入政治领域的新角色迫切要求满足自身的利益需求。从智库本体身份来讲，智库代表的知识部门就是向国家索取利益需求的重要一员，智库所代表的利益需求源于国家政策对科学知识和循证决策的迫切需要。同时，从智库的连接作用来看，在印尼国家与社会、精英与公众、政党之间、利益集团之间等不同的利益主体中，智库成为集利益表达、利益综合和利益协调功能于一身的重要角色。

首先，实现利益的第一步是如何通过特定的表达途径，将行为主体的利益诉求传达给利益相关者；其次，不同的利益主体有不同的利益诉求，智库将这些利益诉求组合、分类、融合，形成整体的利益集合供政策制定者参考；最后，在利益产生分歧的情况下，智库的倡导和说服能力可以通过调解分歧，弥合差距，在利益让步的基础上，实现利益的有机结合。比如，在印尼的地区赋权问题中，即使权利下放已经成为印尼民主改革的一个重要议题和努力方向，但是赋权过程中，地方权力与中央权力及地方权力内部社区与民众之间均存在一定程度的利益分歧。印尼三个设有赋权研究主题的智库——社会赋权研究所、哈比比中心和印度尼西亚国立大学的经济社会研究所均关注深化社区赋权在促进社会民主方面的独特作用，经济社会研究所设立专门的“社会与社区赋权研究小组”，在石油、天

① [美]加布里埃尔·A. 阿尔蒙德:《发展中地区的政治》，任晓晋、储建国、宋腊梅译，上海人民出版社，2012年，第75~82页。

然气公司和矿山运营的地区为各种社区赋权计划提供咨询服务，并与当地政府协同各种计划，以协助制定社区发展和赋权总体规划及其战略计划的形式，社会赋权研究所也在倡导社区发展、企业社会责任、民生发展和地方经济等领域协调民众、企业与政府的利益，在改善印尼人民的生活质量和减轻贫困中实现贫困人口的利益诉求并缓和贫富人群之间的利益冲突。

利益冲突是当今所有冲突的根源，印尼智库是现有制度的拥护者，而不是挑战者，通过利益表达、利益整合和利益协调，智库向社会传递更多和谐的声音，从而为当局者执政塑造稳定的政治秩序与和谐的发展环境。在满足众多利益的基础上，既将利益冲突控制在可调节的范围之内，又能利用利益矛盾的存在激励政治机构的改革行动，在稳定政治秩序的同时促进印尼政治的发展。

2.智库促进政治社会化的功能

政治社会化是政治性与社会性的统一，是促进政治发展的社会基础。政治社会化是“指社会个体在社会政治互动中接受社会政治文化教习、学习政治知识、掌握政治技能、内化政治规范、形成政治态度、完善政治人格的辩证过程”[①]。简而言之，政治社会化是社会组织和群体的政治教学同个人主动的政治学习相统一的过程。社会组织和群体在政治教学过程中占据着主体地位和主导作用，智库作为典型的知识部门更是在政治教学社会组织中占据着重要的一席之地；同时，现代化政治体系中个人的政治学习能力部分取决于个人所拥有的资本和实力，智库通过提供差异化的知识产品，不仅可以供精英分子支付资本获取政策知识，还可以通过提供免费的公共学习物品，为普通大众的政治学习提供应有途径。政治社会化具有教育功能、实现功能和变革功能，[②]智库作为政治教化的一个重要的主体，在增强相关的作用功效上发挥作用。

①② 李元书：《政治社会化：含义、特征、功能》，《政治学研究》1998年第2期。

一是政治社会化的教育功能。教育功能的最终目的是将社会成员培育成政治人。智库深入参与政治教学的过程，政治教学与通识教育的教授内容存在区别。政治教育主要针对社会成员政治参与相关能力的提升，因此智库的政治教学内容与政策密切相关，通过出版和发表大量的政治出版物及政策简报和文件，智库在有偿或无偿的支配体系下传播政治知识和政治规范，培养社会成员形成特定的政治观念，掌握一定的政治知识，获得相应的政治技能，从而积累大量的政治经验，为其政治参与能力和参政意愿的提高打下基础。

二是政治社会化的实现功能。实现政治体系中政治统治和社会管理的高效稳定是政治社会化的追求。智库积极辅佐政府的政治统治并积极参与组织的社会管理，智库通过政治教育培养政治人，以稳定政治体系的秩序；智库通过宣传和教导政治行为准则，使相应的政治过程制度化、规范化、组织化及秩序化。智库倡导科学的政治价值观、政治理想、政治信念，增加社会成员的政治认同，以协助政府树立政治权威，维护政治统治。

三是政治社会化的变革功能。在更新政治文化的基础上变革政治体系，进而推动政治发展是政治社会化的变革功能。智库是政治文化的塑造者和供给者，是促进政治变革的先导。在政治社会化过程中，智库凭借与政府和社会公众之间的纽带关系，能够充分了解社会成员的政治心理，和民众对当前国家治理的呼声，为政治理想观的形成提供社会心理素材。几乎所有的印尼智库都是政治社会化的一把好手，政策输出和倡导的过程本身就夹杂着对现有政治文化的教育和宣传。例如，被誉为印尼农村社会学创始机构的萨诺约研究所集中力量对农村社会经济问题进行研究，其提出政策建议的途径是在种植季节将学生和研究员派往农村，通过实地考察农民的种植技术和农村的政治现实形成关于农业技术创新、治理制度转型和农村社区治理等问题的研究报告，再通过媒体和网站发布相关出版物和政策简报，试图增加社会成员尤其是城市的精英分子对农村问题的认识和了解，在全社会汇集社区权力下放的政治议题，从而推动社会成员参与农村社区自下而上的改革进程。

(二)提高协同治理水平,推动国家"政策共同体"建设

协同治理、网络和政策共同体是三个相辅相成的概念。协同治理是"一种治理安排,其中多个公共机构直接与非政府利益攸关方参与正式、以共识为导向和协商的集体决策过程,旨在制定或执行公共政策,管理公共项目或资产"[①]。协同治理强调非国家行为体的参与、行为体共识的建立,以及主体在参与决策过程时的直接性。"政策共同体"意为日益多元化的社会使得任何一个单一的权力中心都难以处理跨领域治理问题的溢出影响。因此,有组织的利益相关者和政府行为体在决定公共政策的方向和影响公共政策结果的行为中,日益成为相互关联和相互依赖的政策群体。[②]

网络与协同治理和"政策共同体"之间密不可分。从治理的角度来看,治理网络化是协同治理的特征和发展趋势,治理网络可以被定义为"相互依赖但在运作上自主的行为者之间互动的横向制度化,这些行为者通过一个受监管的自我监管过程,在界定和创造公共价值的共同努力中进行合作"[③]。治理网络是协同治理的主体性构成、制度化基础和孕育共同价值的沃土。从政策的角度来看,政策网络是用来构建和理解"政策共同体"概念和意涵的方式,意为"在某一政策领域拥有共同利益或共同'政策焦点'的所有行为体和潜在行为体,他们随着时间的推移成功塑造了政策"[④],"政策共同体"是政策网络的高级形式。因此,协同治理和"政策共同体"都具有典型的网络化特征,网络是协同治理和"政策共同体"不同行为体之间构成联结关系的联系机制。

---

① Chris Ansell and Alison Gash, "Collaborative Governance in Theory and Practice", *Journal of Public Administration Research and Theory,* Vol. 18, No. 4, p.544.

② Frank Fischer, Gerald J. Miller and Mara S. Sidney, *Handbook of Public Policy Analysis: Theory, Politics, and Methods,* CRC Press, 2006, pp.137–147.

③ Sørensen, E., Torfing, J. *Theories of democratic network governance,* Palgrave Macmillan, 2007.

④ Michael M. Atkinson, William D. Coleman, "Policy Networks, Policy Communities and the Problems of Governance", *Governance: An International Journal of Policy and Administration,* Vol.5, No.2, 1992, p.156.

印尼智库在国家治理体系中担任着重要的“织网者”角色，既是智库网络和本国政策网络中的行为体，还是国家治理网络、政策网络和“政策共同体”的连接中介。国家治理中政策的协同是建立“政策共同体”的前提和基础，也是构建真正“政策共同体”，以达成政策目标的手段和工具。基于这一逻辑，印尼智库对国家治理的贡献之一就是在提高国家协同治理水平中构建国家的“政策共同体”。

协同治理的一般模式（如图9.6所示）是由协作的初始条件、协作的制度设计和协作过程三个方面构成，印尼智库对国家治理的贡献体现在协同治理三个方面的各个要素中。

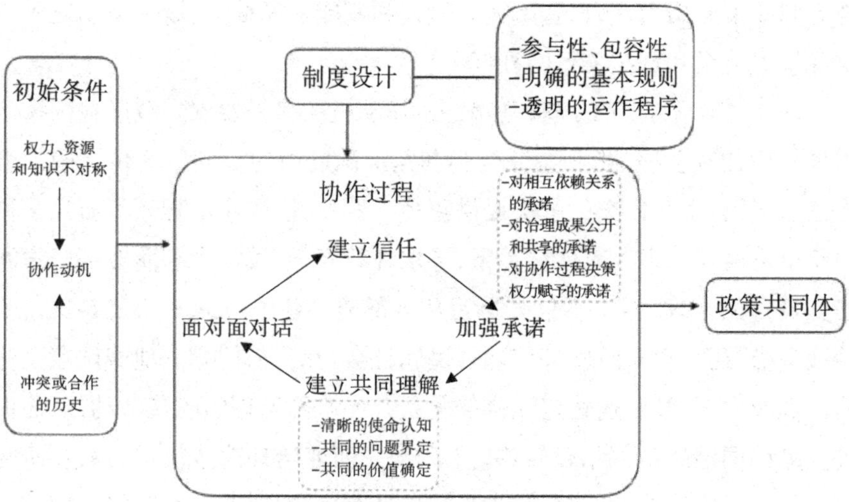

图9.6　协同治理的一般模式[①]

1.智库对协同治理初始条件的正向塑造

治理权力、治理资源和知识的不对称是阻碍协作动机产生的因素之一，当重要的利益相关者不能或者不具备参与治理的基本要素禀赋时，权力失衡的问题会随之加重，这时协同治理将要求增强弱势或处于不利地位的利益相关方的权能和代表性。印尼的国家协同治理主体主要是由政

① Chris Ansell and Alison Gash, “Collaborative Governance in Theory and Practice”, *Journal of Public Administration Research and Theory,* Vol. 18, No. 4, p.550.

治权力系统的政府、社会治理系统中的公民社会和经济组织系统中的企业所构成的。不同于政府和企业,代表基层民众社会力量的公民社会的权力基础相对薄弱、拥有的治理资源也相对紧缺,虽然在目前的治理体系中拥有一席之地,但是公民社会往往不能以有影响力和有意义的方式参与治理过程。即使印尼智库具有典型的政府连接性,但仍不能阻碍规模大且数量多的独立型智库成为印尼公民社会的重要组成部分。作为重要的知识部门,知识的生产和塑造能力是印尼智库拥有的超越政府和企业的资源部分,随着知识时代的到来,建设知识型、科技型国家是大势所趋,知识在经济和政治发展中的比重也不断增加。通过将知识转化为经济生产力和政策产出力,印尼智库大力赋权和赋能公民社会,成为撬动这种不对称权力关系和资源关系的杠杆。

冲突与合作的历史经验是塑造协作动机的另一要素。智库在国家治理体系中的利益表达、利益综合和利益协调能力为不同行为体之间的合作创造契机,也为冲突的解决提供路径。例如,以国家治理改革研究著称的印度尼西亚治理改革伙伴关系,寻求在政府、公民社会和商业部门之间建立良好的治理关系,不仅支持旨从内部能力建设方面改变公共机构的治理举措,还注重从政府外部加强民间社会、私营部门和其他非国家团体的治理能力,并鼓励通过建立伙伴关系开展协同治理的改革活动,从而促进国家协同治理的网络化转型。[①] 印度尼西亚治理改革伙伴关系在研究政府治理能力改革的同时,不忘为公民社会提供治理的改革意见,还为不同治理主体形成相互合作、减少分歧的协作治理网络供给知识建议,成为2020年全球智库排名中印尼最具公共政策影响力的智库。[②]

---

① Partnership for Governance Reform in Indonesia(Kemitraan), https://www.kemitraan.or.id/mengapa-tata-kelola/visi-misi, last accessed on June 10, 2022.

② James G. McGann, "2020 Global Go To Think Tank Index Report", University of Pennsylvania, 2021, https://repository.upenn.edu/cgi/viewcontent.cgi?article=1019&context=think_tanks.

2.智库对协同治理制度设计的完善

协同治理的制度设计要求遵循协作的基本原则和规范，这里主要指的是治理的参与性、包容性和非排他性，明确的运行规则，以及透明的运行程序。一方面，国家治理体制不仅仅是以官僚机构、政府统治为特征的等级制，还包含着众多非政府行为体非等级的网络形式，主体参与的平等性、成员招募的包容性和治理机制的群众基础性成为治理网络形式的主要特征，也是协同治理制度的基本原则。印尼智库通过运用知识生成政策，借助宣传倡导政策，为广大拥有知识、渴望学习并对国家政策颇有见地的普通民众和知识精英参与国家治理提供了不同于政府公务人员选拔的非正式途径。同时，协同治理机制的生成虽由政府所主导，但是鉴于政府政策产出日益突出的知识依赖性，印尼智库的知识禀赋为公民社会参与治理基本原则的制定提供了机遇。

另一方面，协同治理制度设计需要明晰的规范条款和透明的制度程序。与人民参与治理过程和权力下放的制度设计相关的研究型智库，以及与治理的透明度和遏制腐败相关的智库，为协同治理运行规则和运行程序的透明度、公开性及可见性提供了知识支持和监督机制。例如，印度尼西亚腐败观察和战略与发展研究所在治理官僚机构腐败，倡导负责任的良政和对政府治理的多方监督研究方面成果颇多；区域信息和研究中心（Center for Regional Information and Studies，PATTIRO）和印度尼西亚预算透明度论坛分别在公共权力下放，公共治理政策改革，以及人民参与的国家预算透明度方面产出了大量的政策研究和报告出版物。印度尼西亚腐败观察和区域信息和研究中心还在最新的全球智库报告“透明且管理良好智库排名”中排在突出部分，名列印尼顶尖，这都成为促进协同治理模式中制度透明度和明晰化的有力设计因素。

3.智库对协同治理协作过程的推进

协同治理是一个以达成共识为导向的协作过程。协同治理主体间的交互式非线性特征，决定了协作过程并不是简单的线性因果关系，治理主体间的合作常常呈现由沟通、互信、承诺和理解过程构成的一种良性循环。由于智库影响力的结果具有不确定性,且并没有一种显性的影响力评估机制来衡量智库如何影响协同治理过程。因此,本章所采用的构成协作过程的四个要素都体现为行为体的心理认知因素。

印尼智库通过良好的协商信念为合作搭建对话平台,通过加强对相互身份和治理职能的认知,以及合作成果的展示,推动信任关系的建设;通过相互依赖关系的承认、成果公开和共享的承诺,塑造协同治理的"成员承诺";通过对分享治理决策权力的承诺,塑造协同治理的"授权承诺",从而在帮助组织树立清晰的使命认知、共同的问题界定和共同的价值确定的基础上为成员间的共同理解奠定基础。建设完成的现有共同理解将继续推动成员们下一步的面对面对话,继续开展比之前更高层次上的信任建立、过程承诺和共同理解的新阶段。

首先,智库为面对面对话搭建沟通平台。沟通是协作的核心,因此面对面对话成为协同治理协作过程的第一步,也是建立信任、相互尊重、共同理解和对这一过程承诺的核心。[①]战略沟通是每个智库的必备技能,智库凭借特殊的网络连接中介身份,倡导协商的意识和信念,在协作过程中面临着尽可能多地将治理利益相关者聚集到一起进行协商和对话的任务。创新政策与治理中心是印尼著名的法律治理型智库,在举办多边会议方面经验丰富,其下属研究机构法律援助与服务局和社区警务局在研究社会安全治理与警务体系改革方面走在印尼前列。2021年,在酝酿实施"中爪哇省预防和打击极端主义国家行动计划"时,创新政策与治理中心广泛组织网络研讨会议,与雅加达国家反恐署、中爪哇省省长及世界公民政府知识中心的K-Hub妇女和预防、打击暴力极端主义工作组网络平台合作,共同商讨社会稳定与安全治理的相关议题。随后,创新政策与治理中心就如何在上述国家计划中发挥妇女和青年的主动性这一主题举办了另一轮网络研讨会,参与会议的人员除了仍然涉及国家警务部门和民

① Chris Ansell and Alison Gash, "Collaborative Governance in Theory and Practice", *Journal of Public Administration Research and Theory*, Vol. 18, No. 4, p.558.

间社会组织,还包括了中爪哇恐怖主义预防协调论坛(FKPT)的博士研究员。由此可见,智库在搭建面对面对话平台、组织就相关议题开展广泛议论和意见交换方面发挥着重要作用。

其次,智库为信任建设提供认知和合作基础。信任基于充足的认知和良性合作的历史。成员间对彼此身份、在治理中所处的地位,以及治理中职能的分配具有清晰认知是建立良性协作的前提,否则治理体系中责任与义务分配的推诿和误解就成了滋生不满的潘多拉魔盒,从而导致不信任的产生。印尼智库作为协同治理的一员,对自身政策研究和政策倡导的任务、职能和作为知识部门支柱的身份有着较为清晰的认知,也非常尊重和拥护印尼政府在国家治理中的主导地位和权威性,始终致力于加强和完善现有制度,而不是反对和抵制政府决策。在国家经济治理议题和经济改革过程中政府与私营企业之间的关系上,印尼智库起到了重要的润滑剂作用。

经济与社会研究所一方面与政府和大学连接,另一方面与印尼私营部门开展合作,通过专属的经济与政策研究部门,向下为企业解释政府的经济政策思想和方案,向上以政策语言快速向政府反映基层企业的意见和建议。在帮助政府树立经济治理领域权威的同时,通过相关政策研究让政府更加明晰当前市场经济体系中企业的主体性地位,为政府经济改革触犯到某些企业利益而产生的冲突提供化解之道。同时,在触发协作动机的初始条件下,印尼智库不仅通过促成大量的合作历史来进行初始条件的正向塑造,还可以为政策制定者或利益相关者有效的信任补救建设提供契机。印尼著名的冲突与政策分析中心通过研究塔利班夺取阿富汗控制权后的相关举措的研究,来预防国内的暴力极端主义对社会秩序的破坏。这一系列的政策报告、为报告编写举办的研讨会,以及邀请政府代表、宗教组织代表和社区治理的民众代表的议程安排,在一定程度上缓解了印尼国内日益严重的政治极化和宗教对立状况。

再次,智库为协作过程中的承诺增强可信度。利益相关者对治理协作的承诺水平是解释协作能否实现的关键变量。[①]协作过程做出的承诺一般包含对相互依赖关系的承诺、对治理成果公开和共享的承诺，以及对协作过程中决策权力赋予的承诺。本章将前两种承诺方式视为行为体之间相互的“成员承诺”，将第三种承诺视为政府在权力下放中对其他行为体的“授权承诺”。成员之间高度的相互依赖是增加协作承诺的砝码，对相互依赖关系的承认在某种程度上是成员对彼此的欣赏和重要性的认知。印尼政府对智库的知识供给需求和对公民社会的社会治理需求是不言而喻的，政府部门对自身层级内部政府型智库的机构设置和对社会中独立型智库的资金及政策支持是最好的证明。对治理成果公开和共享的承诺有利于提高成员相互依赖关系的程度，印尼政府的机构改革和推动民主转型为印尼国民带来的收入、福利和幸福感的增加是政府对社会共享承诺的实现，印尼社会组织在社会治理领域取得的治理成效对政府权威和执政合法性的巩固是社会对政府治理成果共享的馈赠。对协作过程决策权力赋予的承诺——将非政府利益相关者纳入决策的过程，赋予其相应的协作过程决策权，在权力下放的实践中，承诺让其他行为者逐步共同拥有决策过程的所有权——是必不可少的。决策权的共享意味着对过程的共同责任，共同责任下的“授权承诺”将激励成员之间形成协作的激情和内驱力。作为政府政策制定中知识体系的权力承接者，印尼顶尖智库在国内影响力的提升和在国际上认可度的提高，为其他行为者致力于加强协作承诺提供了正面案例，增加了政府授权承诺的可信度。

最后，智库为共同理解的建立和巩固奠定心理基础。当协作进行到某一阶段，能否形成对治理的共同理解就成为开展新一轮面对面对话的关键，智库在协助建立清晰的使命认知、共同的问题界定和共同的价值确定方面起到了重要作用。经历了以沟通为主的面对面对话并建立了起码的信任后，智库搭建的沟通协商平台及对彼此身份、职能和地位的确定可

① Alexander, Jeffery A. (eds.), “Governance in Public-Private Community Health Partnerships: A Survey of the Community Care Network SM Demonstration Sites”, *Nonprofit Management & Leadership*, Vol.8, Issue.4, 1998, pp.311-332.

以促进利益相关者对自身的治理使命树立清晰的认知，并就某一具体的政策问题形成一致的重视，在协同治理的实践中推动共同价值观念的确认。印尼国内冲突不断引起印尼政府与社会各界的广泛重视，冲突与政策分析中心将这一议题视为其研究的重中之重，积极与政府和社会组织合作，将冲突的预防和治理提升到协同治理的优先日程。在一系列的专题研讨和会议中，利益各方确定了自身在冲突治理中的职能领域，例如政府负责冲突治理的宏观统筹，提供财政和政策支持，公民社会主要负责社区和基层的冲突风险控制，智库专门负责解释冲突的起源和研究解决冲突的技术和知识方案，企业负责加快经济发展，提供更多的就业岗位。在社会各界的努力下，为预防和解决社会冲突、维护社会稳定而进行的协同治理活动将日益成为国家治理的新风尚，这一价值观念的弘扬将推动其他领域的国家协同治理进程。

在一般的协同治理模式的构建中，印尼智库通过对协同治理初始条件的正向塑造以及对相关治理制度设计的完善，在协同治理协作的参与过程中推动了治理主体间的对话协商、信任建立、承诺树立和共同理解，进而促进了印尼国家“政策共同体”的建立和发展。

四、结语

得益于全球化和信息化，“智库热”已经成为一种普遍现象，但是全球智库整体呈现出不平衡的发展态势，欧美等发达国家仍然是全球智库发展的主导力量，广大发展中国家和新兴国家智库建设相对落后。[①]印尼智库既搭上了全球智库发展浪潮的顺风车，又与国内政治变迁的政治窗口和经济动荡的机会窗口完美对接，在全球化和国家政治力量的共同推动下，印尼智库走出了独具东方特色的智库建设模式和政策影响方式。

对智库影响力的研究和评估是一个复杂且困难的问题，本章对印尼智库在东南亚区域治理和国家治理中的贡献研究，不仅仅包括表面上的影响

① 赖先进：《国际智库发展模式》，中共中央党校出版社，2017年，第9页。

内容和影响形式，而且从东南亚区域治理体系的体系结构和印尼国家治理体系的构成要素出发，初步探讨了印尼智库发挥影响的作用机制。但是对于印尼智库治理的贡献力度和影响力程度，本章未能进行合理和有说服力的分析论证，这也是此项研究乃至全球智库研究所面临的未解难题。

附表 印尼智库基本情况表

智库名称	性质	成立年份	研究领域
政策协调与分析中心（PUSHAKA）Centre for Policy Harmonisation and Analysis	政府附属型	1945	分析和协同财政部长在各经济领域的计划和活动政策
印度尼西亚国家发展规划署（BAPPENAS）Indonesian Ministry of National Development Planning	政府附属型	1947	国家发展规划
政策分析中心（PAK）Centre for Policy Analysis	政府附属型	1947	印尼国家发展规划署的下属机构，分析和协调国家规划局的计划和行动
经济社会研究所（LPEM-FEUI）Institute for Economic and Social Research	大学附属型（印度尼西亚大学经济学）	1953	区域和能源资源政策；宏观经济与政治经济；环境经济；数字经济与行为经济学；商业环境与全球价值链；社会和社区赋权；社会保障与劳动
印度尼西亚科学研究所（LIPI）Centre for Economic Research	政府附属型	1956	生物多样性、环境和海洋；粮食安全、农业和畜牧业；能源与交通、技术和通信以及国防和安全；科技创新与利用
国家复原力研究所（Lemhannas）National Resilience Institute	政府附属型	1965	国家干部培养；加强民族价值观建设；国防和国家安全建设国际问题和国家战略研究；国家安全系统测量
印尼战略与国际研究中心（CSIS）Centre for Strategic and International Studies	自主独立型	1971	国际关系；经济、政治和社会变革研究；外交政策研究

续表

智库名称	性质	成立年份	研究领域
社会经济、教育和信息研究所(LP3ES) Institute for Social and Economic Research, Education and Information	自主独立型	1971	性别与民主;法律与人权;媒体与民主;教育与发展;科学出版;民主研究
经济研究中心(P2E) Centre for Economic Research	政府附属型	1986	国家经济与发展政策
国际林业研究中心(CIFOR) Centre for International Forestry Research	自主独立型	1993	气候变化、能源和低碳发展;机会平等、性别平等、正义和使用权;可持续景观和生计;价值链、金融和投资
社会赋权研究所(IRE) Institute of Research and Empowerment	自主独立型	1994	深化民主;治理和政策改革;社区发展和赋权;主流化战略
社会研究、民主和社会正义研究所(PERCIK) Institute for Social Research, Democracy and Social Justice	自主独立型	1996	地方治理;制度民主;贫困治理;宗教习俗转变
印尼腐败观察(ICW) Indonesia Corruption Watch	自主独立型	1998	预防和遏制腐败
印尼预算透明度论坛(FITRA) Indonesian Forum for Budget Transparency	自主独立型	1999	印尼国家预算;预算透明度;人民参与预算流程透明度权利
哈比比中心(THC) The Habibie Center	自主独立型	1999	东盟一体化;印尼社区赋权;恐怖主义和反恐数据库建设;数字经济;印尼民主化;选民政治行为分析
区域信息和研究中心(PATTIRO) Center for Regional Information and Studies	自主独立型	1999	公共服务改进;公共政策改革;公共财政管理改革;公共权力下放
印度尼西亚治理改革伙伴关系(Kemitraan) Partnership for Governance Reform in Indonesia	自主独立型	2000	公共机构内部治理政策;民间社会、私营部门和其他非国家团体治理改革的能力

续表

智库名称	性质	成立年份	研究领域
SMERU研究所 SMERU Research Institute	自主独立型	2001	贫困和不平等;社会保护;人类发展问题
HuMa-社区与生态法改革协会(HuMa) HuMa—Society for the Reform of Community and Ecological Law	自主独立型	2001	土地等自然资源的法律改革
更好社会福利倡议(PRAKARSA) Welfare Initiative for Better Societes	自主独立型	2004	财政政策;社会政策;可持续发展问题;生产和推广福利政策话语、知识和实践
战略与发展研究所(ISDS) Institute for Strategic and Development Studies	自主独立型	2004	政治民主和经济改革的制度化进程;倡导良政,抵制腐败
东南亚研究中心(CSEAS) Center for Southeast Asian Studies	自主独立型	2005	经济研究;社会文化研究;政治与战略研究
萨诺约研究所(SAINS) Sajogyo Institute	自主独立型	2005	政治、变革、土地利用和全球商品链;争取妇女获得土地和自然资源;争取土地主权斗争的农村社会运动;政治和农业政策的变化;印度尼西亚农业研究系谱学
财政政策署(BKF) The Fiscal Policy Agency	政府附属型	2006	涵盖宏观经济;国家收入、支出和融资;国际经济合作
东盟与东亚经济研究所(ERIA) Economic Research Institute for ASEAN and East Asia	政府附属型	2006	经济一体化;能源安全;全球治理与多边主义;农业发展;教育培训和人力资本;环境与气候变化;基础设施建设
创新政策与治理中心(CIPG) Centre for Innovation Policy and Government	自主独立型	2010	公共政策创新;政府治理;知识与创新;信息与社会变革
国家加速减贫小组(TNP2K) The National Team for the Acceleration of Poverty Reduction	政府附属型	2010	改善国家贫困;制定减贫政策和计划;监督和控制扶贫计划和活动的实施;协调各部委各机构间减贫计划

续表

智库名称	性质	成立年份	研究领域
东盟人权议员(APHR) ASEAN Parliamentarians for Human Rights	自主独立型	2013	东南亚人权;民主与自由;宗教信仰与人权;难民问题
冲突与政策分析中心(IPAC) Institute for Policy Analysis of Conflict	自主独立型	2013	社区冲突;土地资源纠纷;暴力极端主义;叛乱与和平进程;选举暴力;冲突的法律和制度建设
公共政策转型中心(Transformasi) Center for Public Policy Transformation	自主独立型	2014	政策制定建议;公共政策转型研究;数字和证据建设
印尼政策研究中心(CIPS) Center for Indonesian Policy Studies	自主独立型	2015	经济机会;食品安全与农业;教育
国家研究与创新署(BRIN) National Research and Innovation Agency	政府附属型	2019	高等教育研究;科技创新能力研究;国家治理能力研究
印度尼西亚总统办公厅(KSP) The Executive Office of the President of the Republic of Indonesia	政府附属型	2019	进行协助国家总统和副总统的总统政治战略活动

第十章
越南智库及其对国家治理和区域治理的贡献

作为重要的智力资源和决策咨询机构，智库在国家乃至区域治理中的作用日益受到世界各国的重视。美国宾夕法尼亚大学《2020年全球智库年度报告》显示，截至2020年，越南有180个智库，数量上居于亚洲第四位。越南国内事务的日益多样化和复杂化需要智库提供各自研究领域的专业化建议，同时，随着越南地区影响力的增强，越南智库也开始参与到地区事务中。为了更好地了解越南智库在国家治理和区域治理中的作用，本章将首先介绍越南智库的发展历程，概括越南智库的特点，以形成对越南智库的情况的基本了解；而后将对越南智库的主要活动进行梳理，分析其在东南亚区域治理和越南国家治理中的作用。

一、越南智库的发展历程

越南智库的发展主要受到国家经济发展战略、政治环境的稳定程度和宽松程度的影响，根据越南智库的数量增长速度及在发展过程中呈现的新特征，可将越南智库的发展大致分为三个阶段：

第一阶段是从1945年越南宣布独立到1975年越南实现统一，这是越南智库的萌芽阶段。越南独立不久便爆发了越南战争，在国家分裂和战乱的环境中，智库的发展十分艰难和缓慢。这一阶段越南只出现了2个智库，即于1959年和1960年先后成立的越南外交学院（Diplomatic Academy of Vietnam,DAV)和越南经济研究所(Vietnam Institute of Economics,VIE)。

第二阶段是1976—2005年,这是越南智库的初步发展阶段。越南实现统一后,将进行社会主义经济建设作为优先事项。为克服高度集中的计划经济体制的弊端,越南共产党在1986年第六次全国代表大会上提出了“革新开放”的政策,正式开始了对社会主义市场经济的探索历程。1994年,越南开启了加入世界贸易组织的谈判,这对越南的经济改革提出了更高的要求。1996年,越南共产党第八次全国代表大会提出了“发展社会主义定向市场经济”的理论。国家经济改革的需求推动了新一批以经济议题为研究导向的智库的出现,它们是1978年成立的中央经济管理学院(Central Institute for Economic Management,CIEM)、1995年成立的农村发展研究中心(Center for Rural Development,CRD)和2005年成立的湄公河三角洲发展研究所(Mekong Delta Development Research Institute,MDI)。它们通过研究越南经济结构,学习德国、日本等国的经济发展经验,就政府与市场的关系、国有企业改革、私营经济发展等方面的问题向政府部门提出政策建议。由于越南对政治环境的控制较为严格,直到越南智库发展的第二阶段,越南成立的智库都是官方性质的,它们或隶属于政府部门,或隶属于公立大学,组织运作的独立性相对缺失。不过,也正是因为这些智库的官方背景,使得它们的研究成果更容易进入政府决策层,从而对经济改革产生更多实质性的影响。

第三阶段是2006年至今,这是越南智库的快速发展时期,这不仅体现在智库数量的增长速度与前两个阶段相比明显加快,还体现在智库发展出现了一些新现象。在官方智库发展方面,一些原有官方智库的影响力有所增强。根据2012—2020年的《全球智库指数报告》,越南外交学院在亚太国家智库中的排名居于35~42名之间,在全球政府附属智库中居于31~40名之间;中央经济管理学院在全球国内经济政策智库中居于67~69名之间。与此同时,新的官方智库也相继成立,它们是2006年成立的农业政策研究中心(Center for Agricultural Policy,CAP)、2008年成立的越南经济与政策研究所(Vietnam Institute for Economic and Policy Research, VEPR)、2018年成立的政策与管理研究所(Institute of Policy and Management, IPAM)、2019年成立的卫生与农业政策研究所(Health and Agricultural Policy Research Institute, HAPRI)。

值得注意的是,在这一阶段,越南智库的发展出现了两个新现象。一是独立智库开始出现,打破了过去官方智库的绝对垄断地位。目前,越南独立智库有2006年成立的农村可持续发展研究中心(Center for Sustainable Rural Development, SRD)、2009年成立的社会与医学研究所(Institute of Social and Medical Studies, ISMS)、2013年成立的湄公河发展研究所(Mekong Development Research Institute, MDRI)、2018年成立的越南能源转型倡议组织(Vietnam Initiative for Energy Transition, VIET)。二是越南智库的国际合作伙伴普遍增多。由于独立智库自成立以来便开始接受国内外组织和机构的资金捐赠,拥有较多国际合作伙伴。这一阶段,官方智库也开始与国外组织和机构建立合作关系,官方智库的运作资金不再完全由政府提供,资金来源变得更加多元化。如世界银行、联合国开发计划署、联合国粮食及农业组织等政府间国际组织,美国国际开发署、瑞典国际开发合作署、丹麦国际开发署等外国政府机构,以及福特基金会、康拉德·阿登纳基金会、德国技术合作公司等外国非政府组织都是越南智库稳定的国际合作伙伴。越南智库与国际合作伙伴的合作模式以项目导向为主,即由国际合作伙伴提出项目倡议并提供资金支持,由越南智库与当地政府共同负责项目的落实。

综观越南智库的发展历程,可以看出其总体呈现出“缓慢-缓慢-快速”的发展形态。在第一阶段,越南政治环境的动荡在一定程度上限制了智库的发展,30年间仅出现了2个智库。在第二阶段,越南政治环境的宽松度不足,智库发展仍比较缓慢,29年间仅出现了3个智库。而到了第三阶段,越南对外开放力度的增大及政治改革所带来的公民社会的发展为智库发展创造了良好的环境,在16年的时间里就出现了8个智库,发展速度明显快于前2个阶段。

二、越南智库的特点

越南智库在发展过程中形成了一些特点，具体体现在三个方面：政府智库和大学智库这类隶属性质的智库占多数，独立智库较少；智库的研究领域主要集中于经济、社会和环境方面；智库的规模和影响力较小。

第一，从隶属形态来看，越南具有隶属性质的智库占多数，独立智库相对较少。根据隶属关系的不同，越南非独立智库可分为政府智库和大学智库。政府智库隶属于特定的政府部门，机构的运作资金主要来源于政府的财政拨款，服务对象主要是所隶属的政府部门。政府智库对政府部门委托的项目进行调查和研究，成果主要以报告、论文、研讨会的形式呈现，为政府部门政策制定提供建议。此外，政府智库还承担着为在任政府官员提供培训的职能。如隶属于外交部的越南外交学院、隶属于计划投资部的中央经济管理学院和隶属于农业和农村发展部的农业政策中心都是典型的政府智库。大学智库隶属于公立大学，其职能除了为政府部门提供政策建议，还为有关政府部门培养后备力量。如隶属于芹苴大学的湄公河三角洲发展研究所、隶属于胡志明市经济大学的卫生与农业政策研究所、隶属于越南国立大学的越南经济与政策研究所和政策与管理研究所、隶属于顺化农林大学的农村发展研究中心都是典型的大学智库。具备隶属性质对于智库发展是一把双刃剑：一方面，此类智库的研究一般都是应政府部门的需求，其成果是为政府部门的决策提供参考和建议，客观上有利于提高研究成果的权威性和扩大智库的影响力；但另一方面，独立性的相对缺失对智库的创新性和批判性带来了一定的负面影响，智库的关注对象更多地受到政府部门的影响，而对政府部门和大学较高程度的依赖使得智库“在研究过程中存在较多顾虑，因此一般会避免发表批判性较强的言论和研究成果”[①]。

---

① Martin Rama, “Making Difficult Choices: Vietnam in Transition”, the World Bank, 2008, https://documents1.worldbank.org/curated/en/270911468327590018/pdf/577390NWP0E0an10gcwp040bilingualweb.pdf.

第二，从研究领域来看，经济是越南智库关注最多的领域，其次是社会，再次是环境。越南智库的主要研究领域如表1所示（部分智库的主要研究领域不止一个），从中可以大致看出越南智库在不同研究领域的集中程度。

表10.1 越南智库在各研究领域的数量

研究领域	智库数量	智库名称
经济	9	越南经济研究所（VIE）、中央经济管理学院（CIEM）、农村发展研究中心（CRD）、湄公河三角洲发展研究所（MDI）、农业政策研究中心（CAP）、农村可持续发展研究中心（SRD）、越南经济与政策研究所（VEPR）、湄公河发展研究所（MDRI）、卫生与农业政策研究所（HAPRI）
社会	7	中央经济管理学院（CIEM）、农村发展研究中心（CRD）、农村可持续发展研究中心（SRD）、社会与医学研究所（ISMS）、湄公河发展研究所（MDRI）、政策与管理研究所（IPAM）、卫生与农业政策研究所（HAPRI）
环境	5	越南经济研究所（VIE）、中央经济管理学院（CIEM）、农村发展研究中心（CRD）、湄公河三角洲发展研究所（MDI）、政策与管理研究所（IPAM）
外交	2	越南外交学院（DAV）
安全	1	越南外交学院（DAV）
能源	1	越南能源转型倡议组织（VIET）

越南智库这种研究领域的分布情况在很大程度上受到越南国家发展战略的影响。长期以来，越南共产党将经济发展作为中心任务，从而带动了智库对这一领域的研究。而经济的发展一方面使政府有更多的资金和精力解决社会问题，另一方面前期更多地追求经济发展的速度带来了新的社会和环境问题，国家对解决社会和环境问题的重视使得关注这两个领域的智库数量也比较多。

第三，从机构规模来看，越南智库的规模总体较小。越南智库的员工数量（包括研究人员和行政人员）平均为25人，远低于世界平均水平的87人。[①]至于越南智库研究成果的影响力，其影响范围主要局限在越南国内，地区和全球影响力相对较小。

① https://onthinktanks.org/open-think-tank-directory/?select-ottd_country%5B%5D=vietnam&hidden-s=&hidden-current-page=1.

三、越南智库对东南亚区域治理的贡献

越南智库对东南亚区域治理做出贡献主要通过两种方式：一是智库代表参加地区会议，由代表在会上提出倡议或分享越南在相关领域的治理经验；二是经由地区治理网络对区域治理产生影响。

（一）在地区会议上提出倡议、分享经验

越南智库在地区会议上提出区域治理倡议，甚至作为主要组织者负责倡议的落实工作。2009年6月，越南外交学院在亚太安全合作理事会会议上提议组建一个关于“湄公河流域水环境治理”的研究团队。[①]提出该提议的直接动因是越南境内的湄公河流域在此前经历了近几十年以来最严重的干旱和污染，但湄公河流域的污染问题早已不是一个新问题。湄公河五国的农业生产活动主要分布在湄公河流域附近的地区，化肥和农药的过度使用污染了沿岸土壤和湄公河水质，灌溉系统的不合理则导致湄公河水位过低，在沿海地区引起海水倒灌，海岸线受到侵蚀。面对这些问题，越南外交学院提议组建研究团队，既希望整合五国力量，从整体上对湄公河流域进行治理，也希望能够借此机会提高地区国家的环境保护意识。从2011年3月开始，由越南外交学院牵头，研究团队共召开了四次会议，并于2014年6月最终通过了《湄公河水域治理备忘录》。

越南国内的社会和环境治理，包括扶贫、应对气候变化等，取得了良好的成效，使得越南智库乐于在地区会议上分享越南国内一些成功的治理经验，以期为他国提供借鉴。2010年10月26日，中央经济管理学院与哈佛大学、东盟与东亚经济研究所在河内举办了主题为“构建东盟国家可

---

① James G. McGann, *Think Tanks, Foreign Policy, and Emerging Powers*, New York: Palgrave Macmillan, 2019, pp. 296–298.

持续的社会安全网"的会议。[①]中央经济管理学院的代表分享了越南国内构建社会保障系统的经验，并与他国代表探讨了在东盟各国构建可持续社会安全网可行的路线图，以及开展地区国家间政策协调的计划。2013年12月7—8日，越南经济与政策研究所的代表出席了在印尼举行的以"提高城市公共服务的可及性"为主题的研讨会，并向与会代表展示了此前参与的"提高亚洲城市公共服务的可及性、推动包容性发展"项目在越南的研究成果。[②]2014年6月11—13日，湄公河发展研究所的代表出席了在越南太原省太原市举办的主题为"可持续发展与少数民族地区减贫"的会议，并向大会提交了题为《最贫穷的少数民族地区从政府扶贫工作中的受益状况：来自越南的证据》《少数民族地区的扶贫研究：越南的经验与教训》的两篇研究报告，[③]分享了越南在少数民族地区的扶贫经验。2019年7月25日，湄公河发展研究所的代表参加了新加坡尤索夫·伊萨克东南亚研究所（ISEAS）主办的有关解决东南亚国家社会不平等问题的会议。湄公河发展研究所在会上发表了题为《越南社会不平等的趋势及深层原因》的研究报告，提出了缓解社会不平等问题的政策建议，并分析了政策实施可能面临的困难。[④]2020年11月21日，越南经济研究所与日本茨城

① "Hội thảo: Sự phát triên xã hội ASEAN vàxây dựng một mạng luội an sinh xã hội bèn vũng", CIEM, http://ciem.org.vn/tin-tuc/3634/hoi-thao-su-phat-trien-xa-hoi-asean-va-xay-dung-mot-mang-luoi-an-sinh-xa-hoi-ben-vung-26-10-2010-tai-ha-noi?newsgroup=H% E1%BB% 99i% 20ngh% E1%BB% 8B% 20h% E1%BB% 99i% 20th% E1%BA% A3o.

② "VEPR representatives attended the Regional Workshop on Access to Urban Services in Indonesia", VEPR, December 11, 2013, http://vepr. org. vn / 533 / news-detail / 1794018 / su-kien-gan-day / vepr-representatives-attended-the-regional-workshop-on-access-to-urban-services-in-indonesia.html.

③ "International Conference on 'Sustainable Development and Ethnic Minority Poverty Reduction'", MDRI, June 26, 2014, https://mdri.org.vn/international-conference-on-sustainable-development-and-ethnic-minority-poverty-reduction/.

④ "MDRI Attended the Conference on Inequality and Exclusion in Southeast Asia", MDRI, August 8, 2019, https://mdri.org.vn/mdri-attended-the-conference-on-inequality-and-exclusion-in-southeast-asia-2/.

大学合办了主题为“分享跨地区的经验:东亚和东南亚对气候变化的应对”的视频会议,[①]越南经济研究所的代表分享了越南在为中小企业提供绿色信贷方面的经验。

(二)成为地区治理网络中的一员

越南智库通过加入地区治理网络,一方面有利于越南智库与成员国智库交流经验;另一方面,对于一些影响力较小或成立时间较短的智库而言,加入地区治理网络有利于使外界听到他们的声音。近年来,越南在能源转型上取得了显著成效,以太阳能为例,越南的太阳能发电量从2018年的86兆瓦急剧增加到了2020年的16500兆瓦,太阳能装机容量在东南亚地区居于首位,在全球居于前10。[②]越南能源转型倡议组织于2018年加入了国际能源转型智库网络(International Network of Energy Transition Think Tanks,INETTT),与成员分享本国能源转型的经验。2019年10月14—18日,越南经济与政策研究所的代表在印尼与印尼智库提议组建“东南亚透明度与反腐败网络(South East Asia Network on Transparency and Anti-Corruption,SEANTAC)”,[③]并就该网络的目标、战略等进行了探讨。两国智库签署了谅解备忘录,决心将该网络扩展至整个东南亚地区,以增进地区国家在提升政府透明度、反腐败等方面的研究合作。

四、越南智库对越南国家治理的贡献

当今国家事务呈现出日益复杂化的趋势,单凭政府的力量已不足以

① “International Videoconference: Sharing Interlocal Adaptation Lessons: Climate Change Adaptations and Development in East and Southeast Asia”, VIE, November 22, 2020. http://vie.vass.gov.vn/en/international-videoconference-sharing-interlocal-adaptation-lessons-climate-change-adaptations-and-development-in-east-and-southeast-asia.html.

②《越南被视为东南亚地区可再生能源中心》,越通社,2021年1月25日。

③ “VEPR representatives discussed on the establishment of the South East Asia Network on Transparency and Anti-Corruption (SEANTAC) in Indonesia”, VEPR, October 16, 2019, http://vepr.org.vn/vepr-representatives-discussed-on-the-establishment-of-the-transparency-alliance-and-anti-corruption-in-southeast-asia-seantac-in.html.

有效应对。在这种情况下，智库凭借其专业性在各国国家治理中发挥着越来越重要的作用，已然成为现代国家治理体系中不可或缺的组成部分。越南也不例外。通过考察越南智库的活动，可以将越南智库对其本国国家治理的贡献大致归为气候与环境治理、经济结构改革、农业治理、贫困治理四个方面。

（一）气候与环境治理：帮助增强越南可持续发展的能力

越南海岸线漫长，沿海地区受全球气候变暖和海平面上升的影响较为显著，近年来，越南政府对这一问题深切关注。2018年10月22日，越南共产党第十二届中央委员会第八次全体会议通过了《至2030年越南海洋经济可持续发展战略和至2045年愿景》的第36号决议；[①]2020年1月7日，越南总理范明政批准了《2020—2030年海洋和岛屿资源与环境调查项目》，为《至2030年越南海洋经济可持续发展战略和至2045年愿景》的落实提供支持。[②]在政府政策的影响下，越南智库加强了对海洋环境治理和海洋可持续发展的研究，为政策的实施提供智力支持。2021年11月16日，越南经济研究所举行了主题为"蓝色经济：可持续发展的机遇、挑战与解决方案"的研讨会，[③]汇集了来自越南高校、智库的专家学者，共同为协调海洋经济发展与海洋环境保护的关系出谋划策。越南经济研究所的代表指出，越南需要在开发海洋与保护海洋之间尽可能地实现平衡，要及早预防、及时处理海洋环境问题，构建海洋与岛屿保护系统，建造长期保护区。其他与会代表则提出了诸如制定海洋环境灾害的治理框架，颁布海洋、岛屿和海岸带污染治理的具体规定，检查、监督、预防和有效应对环境事故，完善跨省份、跨区域和跨部门的联动与配合的建议。[④]由于越南智库在海洋环境

---

①《至2030年越南海洋经济可持续发展战略》，越通社，2018年10月23日。

②《越南出资1亿美元开展海洋资源与环境调查》，越通社，2020年1月9日。

③ "Experts discuss measures to sustainably develop blue economy", VNA, November 16, 2021, https://en.vietnamplus.vn/experts-discuss-measures-to-sustainably-develop-blue-economy/215591.vnp.

④《越南努力推动海洋绿色经济可持续发展》，越通社，2021年11月16日。

治理方面的研究还相对不足，它们会与其他国家进行交流，借鉴他国经验并结合越南实际加以运用。2020年8月19日，越南外交学院与欧盟驻河内代表团、康拉德·阿登纳基金会举行了主题为"海洋可持续发展：越南和欧盟的观点"的研讨会。[①]2021年11月30日，越南外交学院与法国驻河内大使馆举行了有关海洋污染治理的座谈会。[②]考虑到法国在海洋污染治理方面有更加丰富的经验，越南外交学院表示希望法国能够为越南的海洋污染治理提供一些设备，并对政府官员和研究人员进行培训。

固体废弃物近年来成为越南环境污染的重要来源之一。固体废弃物的处理工作主要由国有企业负责，虽然政府鼓励私营企业加入其中，但收到的响应甚少。针对这一问题，越南智库进行了调查与研究。2014—2015年，越南经济与政策研究所在胡志明市、河内、谅山市、北宁省和大叻市开展了实地调研，撰写了题为《评估越南城市固体废弃物的处理工作：市场结构的方法》的报告。[③]在报告中，研究小组提出了适当增加向公民征收垃圾处理费、向从事固体废弃物处理工作的私营企业提供补贴等建议，以增加私营企业的营利空间。2016年，越南经济与政策研究所在一份报告中指出，不合理的行政程序和收费标准是阻碍私营企业进入固体废弃物处理领域的主要因素。一方面，政府与私营企业签订的承包合同大多是一年期或三年期，考虑到前期的投资成本，短期内不足以回本；

① "Diplomatic Academy of Vietnam organizes ocean dialogue themed: 'Sustainable marine development: Sharing the views of Vietnam and the EU'", Diplomatic Academy of Vietnam, August 27, 2020, https://www.dav.edu.vn/en/diplomatic-academy-of-vietnam-organizes-ocean-dialogue-themed-sustainable-marine-development-sharing-the-views-of-vietnam-and-the-eu/.

② "Vietnamese, French experts share experience in marine pollution control", VNA, November 30, 2021, https://en.vietnamplus.vn/vietnamese-french-experts-share-experience-in-marine-pollution-control/216370.vnp.

③ "The workshop 'An assessment of Municipal Solid Waste Management in Vietnam: A market structure approach'", VEPR, November 10, 2015, http://vepr.org.vn/533/news-detail/1763343/su-kien-gan-day/the-workshop-an-assessment-of-municipal-solid-waste-management-in-viet-nam-a-market-structure-approach-.html.

另一方面，越南向公民征收的垃圾处理费仅占家庭平均月收入的0.1%~0.2%，这对私营企业而言营利空间是十分有限的。对此，越南经济与政策研究所建议，政府与私营企业签订的合同期限可增加至七年，同时，垃圾处理费应根据不同地方的收入水平加以灵活调整。[①]

此外，越南智库还致力于提高政府对环境保护和可持续发展的重视程度。2016年10月31日，中央经济管理学院在研讨会上提议“将绿色增长纳入各省和直辖市的经济发展规划和考核指标中”[②]。中央经济管理学院院长阮廷功表示，可持续发展对越南的经济增长方式提出了新要求，各省市应结合自身实际寻找合适的绿色增长模式。会上的其他专家表示，各省市应对所在地方的环境污染状况进行评估，在此基础上制定治理方案；要善于利于现代科学技术在环境治理中的作用；要开展相关宣传活动，提高整个社会对环境保护、绿色增长的认识和重视程度。

（二）经济结构改革：帮助提升越南经济竞争力

自“革新开放”以来，越南对国有经济进行改革，鼓励私营经济的发展，在很大程度上释放了经济活力。但在调整经济结构的过程中，越南政府还面临着诸多问题。在国有经济改革方面，存在国有资产使用效率较低等问题，国有经济在国民经济发展中的引领作用没能充分发挥出来。在私营经济方面，虽然到2020年私营经济在国内生产总值中的比重达到了40%，[③]但私营企业的规模普遍较小，技术水平和管理水平不高，竞争力不强，参与地区或全球价值链的能力不足。对于这些问题，中央经济管理学院在帮助政府更好推进经济结构改革中发挥了重要作用。

---

① “Barriers said to impede waste management”, VEPR, December 2, 2016, http://vepr.org.vn/533/news-detail/1783820/vepr-tren-bao-chi/barriers-said-to-impede-waste-management.html.

②《将绿色增长与各地经济发展计划挂钩》，越通社，2016年11月2日。

③ “Hội tháo ‘Nâng cao năng lục cùa khu vục kinh tê tu nhân Việt Nam trong giai đoạ n mội’ ”, CIEM, 19/10/2021, http://ciem.org.vn/tin-tuc/8981/hoi-thao-nang-cao-nang-luc-cua-khu-vuc-kinh-te-tu-nhan-viet-nam-trong-giai-doan-moi?newsgroup=H%E1%BB%99i%20ngh%E1%BB%8B%20h%E1%BB%99i%20th%E1%BA%A3o.

2017年6月23日，中央经济管理学院汇报了“推进经济结构调整、提高越南竞争力”项目的调研结果。[①]研究人员提出，要提高越南经济的竞争力，就需要深化国有企业改革，增强私营企业的力量，同时完善市场环境，充分激发企业的积极性和创造力。2019年9月23日，中央经济管理学院举行研讨会，公布了《国有经济结构调整：2011—2020年工作总结和2021—2030年工作方案》的报告。对于“2021—2030年越南经济社会发展战略”中的国有经济结构调整内容，报告指出，国有经济应关注国防安全等重点领域，以及其他经济成分不投资的领域；根据市场原则完善土地出让制度，健全有形资产和无形资产的评估制度；将生产经营任务与政治、社会任务分开。[②]2021年10月19日，中央经济管理学院举行研讨会，公布了《新时期越南私营经济能力建设》的报告。[③]报告指出，新冠肺炎疫情对越南私营企业，尤其是中小私营企业，造成了严重冲击。对此，政府应尽快出台帮助私营企业恢复生产的方案，私营企业在后疫情时代也应将注意力更多地放在提高质量上，努力打造越南品牌形象。

此外，应越南计划投资部的要求，中央经济管理学院还撰写了《国有企业重组：2011—2020年的实施情况和2021—2030年的方向》《对2021—2030年发展私营经济的建议》《越南市场经济中国家与市场的关系：对2021—2030年的建议》等与经济结构调整有关的研究报告。

（三）农业治理：帮助夯实越南的经济基础

越南是传统农业国，农业人口约占总人口的75%，耕地和林地面积占土地总面积的60%，2020年农林渔业总产值占国内生产总值的比重为14.85%。[④]农业具有较高程度的脆弱性，容易受到气候变化、自然灾害、价格波动等因素的影响。为确保农业的稳定发展，增强农业对经济发展

①《越南坚持提升竞争力的目标》，越通社，2017年6月24日。

②《力争2030年前大部分国企进行混合所有制改革》，越通社，2019年9月24日。

③《CIEM：私营部门在经济中扮演着越来越重要的角色》，越通社，2021年10月20日。

④《越南国家概况》，中华人民共和国外交部网站。

的贡献作用，长期以来越南政府都对农业给予了高度关注，而智库也在推动农业健康可持续发展中发挥了重要作用。

由于农业容易受到气候变化和自然灾害的影响，越南智库对帮助农民提高适应气候变化和应对自然灾害的能力给予了关注。2013—2017年，农村可持续发展研究中心对乂安省、清化省、南定省、隆安省等省份的农户开展了相关课程培训，旨在提高他们对气候变化的适应能力。[①]2019年7月1—6日，农村发展研究中心在广平省开展了主题为“增强沿海农村地区应对气候变化的能力”的培训。研究中心人员以公社为单位，向农户介绍应对自然灾害风险和气候变化的知识。培训结束后，公社负责人对所在公社的气候变化和自然灾害风险进行了评估，并制定了相应的应对方案。[②]

近年来，越南农业发展面临瓶颈期，除生产总产值的增长速度有所放缓外，越南农业发展也出现了农产品质量不高、农产品出口市场过于单一、农业生产技术落后等问题。为增强越南农产品的出口竞争力，湄公河发展研究所于2013年12月至2014年4月对越南农产品的出口潜力进行了评估。[③]研究小组评估了各类农产品出口的优势、劣势、机遇和挑战，并开展了实地考察，向相关政府部门的官员、企业和商会负责人了解情况，以确定未来农产品出口的重点类别，并向政府部门提出相应的支持政策的建议。越南经济与政策研究所则是通过举办农业论坛，针对农业发展中出现的问题，汇集农业专家们的建议。每年越南经济与政策研究所都会根据当年农业发展的实际情况确定不同的农业论坛主题。例如，2015

① “Annual Report 2016”, SRD, https://issuu.com/srdvietnam/docs/annual_report_2016, p. 14.

② “Community-based Disaster Risk Assessment and Management”, CRD, July 16, 2019, http://crdvietnam.org/en/community-based-disaster-risk-assessment-and-management/.

③ “Export potential assessment of agricultural products”, MDRI, https://mdri.org.vn/projects/export-potential-assessment-of-agricultural-products/.

年的主题是“越南农业和农民在全球化面前的挑战”[①],2017年的主题是“健全体制机制、增强责任意识、推进农业可持续发展”[②],2018年的主题是“创新供应链、提升农业效益”[③],2019年的主题是“融入国际社会背景下越南的土地政策与农业发展”[④],2020年的主题是“疫情背景下越南农业政策的发展方向”[⑤]。

数字化转型是越南经济发展的一个重要趋势,这一趋势在农业这一传统经济领域中也有所体现,其重要表现之一是越南提出了“建设智慧农业”的目标。当前,越南的智慧农业建设还处于起步阶段,相应的技术、资金、劳动力支持还相对匮乏。为帮助政府更好地推进智慧农业建设,卫生与农业政策研究所在报告中提出了加强农业合作社对农户的数字化培训、完善信贷政策、为农业的数字化转型提供足够的资金支持等建议。[⑥]

(四)贫困治理:帮助完善越南的减贫工作

越南经济的中高速增长与政府长期以来对减贫工作的重视使得越南的贫困率显著降低。根据世界银行的数据,2010—2020年,越南贫困率

① “Vietnam Annual Agriculture Policy Forum 2015”, VEPR, November 4, 2015, http://vepr.org.vn/533/news-detail/1763342/su-kien-gan-day/viet-nam-annual-agriculture-policy-forum-2015.html.

②《2017年春季农业论坛在河内举行》,越通社,2017年3月29日。

③ “Vietnam Spring Agriculture Forum 2018: Innovating Supply Chain to Promote Vietnam Agriculture Effectiveness”, VEPR, April 24, 2018, http://vepr.org.vn/533/news-detail/1795595/su-kien-gan-day/viet-nam-spring-agriculture-forum-2018-innovating-supply-chain-to-promote-viet-nam-agriculture-effectiveness.html.

④《2019年越南秋季农业论坛在河内召开》,越通社,2019年10月25日。

⑤ “Vietnam Agriculture Fall Forum 2020: Orientations for Vietnam's Agricultural Policy in the Context of the COVID-19”, VEPR, December 11, 2020, http://vepr.org.vn/533/news-detail/1803599/su-kien-gan-day/vietnam-agriculture-fall-forum-2020-orientations-for-vietnam-s-agricultural-policy-in-the-context-of-the-covid-19.html.

⑥ Võ Tât T., Vũ Ngọc T., Truong Hoàng D., Nguyễn Thi Bích H. and Nguyễn Hoàng L., “Chuyễn đãi sỗ trong nông nghiệp ó Việtnam”, Troung Đại học Kinh tê Tp, 2021, https://digital.lib.ueh.edu.vn/handle/UEH/62508.

从16.8%下降到5%。[1]虽然整体贫困率显著降低，但在不同的地区和人群中，贫困率呈现出分布不均的特点：从城乡分布来看，农村地区的贫困人口较多；从区域分布来看，内陆的贫困人口较多；从群体分布来看，少数民族的贫困发生率较高。

为帮助政府完善减贫工作，越南智库对贫困治理给予了关注。2007—2012年，湄公河发展研究所对脱贫率较高和脱贫率较低的少数民族地区分别进行了实地考察，目的是找出不同少数民族地区脱贫成效差异较大的原因，为下一阶段政府更加有效地帮助少数民族地区脱贫提供政策建议。[2]2009—2013年，湄公河发展研究所对胡志明市第三阶段减贫计划的实施情况进行了评估。评估报告指出，在这一阶段，虽然胡志明市的贫困率有所下降，但仍存在着通货膨胀速度高于收入增长速度、对贫困人口的帮扶措施没有完全到位等问题。对此，湄公河发展研究所对下一阶段减贫计划的实施提出了一些建议，例如，为脱贫家庭继续提供至少两年的支持，以减轻意外事件对他们的冲击；构建贫困状况评估的多维指标体系，以便更加全面科学地评估胡志明市的贫困状况；完善不同政府部门在信贷、住房等方面的政策协调等。[3]2017年1—6月，受越南计划投资部与世界银行的委托，湄公河发展研究所在越南中部高原的六个省份开展了“中部高原减贫项目”(The Central Highlands Poverty Reduction Project)。项目完成后，湄公河发展研究所对帮扶对象的状况进行了一段时间的持续跟踪，结合项目的实施过程，对项目的具体内容、技术支持、沟通

① “Vietnam makes strides in poverty reduction: World Bank”, VNA, April 26, 2022, https://en.vietnamplus.vn/vietnam-makes-strides-in-poverty-reduction-world-bank/227598.vnp.

② “A situation assessment in Vietnam of persisting poverty among its national ethnic minority groups 2007-2012”, MDRI, https://mdri.org.vn/projects/a-situation-assessment-in-vietnam-of-persisting-poverty-among-its-national-ethnic-minority-groups-2007-2012/.

③ Do, Thu Trang, Le, Hai Chau and Nguyen, Viet Cuong, et al, “Impact Assessment of Poverty Reduction Programs of Ho Chi Minh City in Vietnam”, *MPRA Paper*, No. 52876, June 23, 2013.

工作等提出了改进意见，[①]为今后类似的项目提供借鉴。

此外，随着减贫工作的深入开展，越南政府意识到仅以收入作为脱贫与否的衡量标准已经不足以全面监测减贫工作的成效，因而提出要构建衡量贫困状况的多维指标体系，将住房、教育、医疗等基本公共服务的获取程度纳入其中。2018年11月至2020年2月，湄公河发展研究所对部分省份进行了实地考察。[②]根据考察数据，湄公河发展研究所在帮助政府构建更加科学和全面的多维指标体系中发挥了重要作用。

五、结语

越南的第一个智库成立于1959年，在发展中国家中起步较早。但受战争的影响和政治环境的限制，直到21世纪初，越南智库才进入一个发展较快的时期。越南具有官方背景的智库占多数，这在很大程度上影响了这些智库的研究对象和研究内容，它们的研究对象和内容往往与政府关注的优先事项保持一致。在此种环境下，虽然越南存在着一定数量的独立智库，但从独立智库名称中带有的“农村”“发展”“社会”可以看出，它们的研究领域依然在很大程度上受到政府战略和政策的影响，更多地关注经济发展和社会事务。

当前越南智库更多是内向型的，即主要关注越南国内的事务，对地区或国际事务的关注相对缺乏。这可能与越南自身的发展阶段有关，越南是发展中国家，这使得越南智库将帮助政府解决国内问题置于优先位置。未来，随着越南经济的发展和地区影响力的增强，越南智库对地区或国际问题的关注度可能会有所提高。

① “Project Beneficiary Assessment: The Central Highlands Poverty Reduction Project”, MDRI, https://mdri. org. vn / projects / project-beneficiary-assessment-the-central-highlands-poverty-reduction-project/.

② “Analysis of multidimensional inequalities in Vietnam”, MDRI, https://mdri.org.vn/projects/analysis-of-multidimensional-inequalities-in-vietnam/.

附表 越南智库基本情况表

智库名称	性质	成立年份	研究领域	重点关注区域
越南外交学院(DAV) Diplomatic Academy of Vietnam	政府附属型(越南外交部)	1959	越南对外关系、海洋安全	越南 南海
越南经济研究所(VIE) Vietnam Institute of Economics	大学附属型(越南社会科学翰林院)	1960	越南经济、能源转型	越南
中央经济管理学院(CIEM) Central Institute for Economic Management	政府附属型(越南计划投资部)	1978	越南经济、越南社会问题	越南
农村发展研究中心(CRD) Center for Rural Development	大学附属型(顺化农林大学)	1995	农村经济、农村资源和环境保护、农村社会问题	越南
湄公河三角洲发展研究所(MDI) Mekong Delta Development Research Institute	大学附属型(芹苴大学)	2005	湄公河流域地区的农村经济发展、资源和环境保护	越南
农业政策研究中心(CAP) Center for Agricultural Policy	政府附属型(越南农业和农村发展部)	2006	农村经济	越南
农村可持续发展研究中心(SRD) Center for Sustainable Rural Development	自主独立型	2006	农村经济、农村资源和环境保护、脆弱人群保护	越南
越南经济与政策研究所(VEPR) Vietnam Institute for Economic and Policy Research	大学附属型(越南国立大学)	2008	越南经济、中国经济	越南 中国
社会与医学研究所(ISMS) Institute of Social and Medical Studies	自主独立型	2009	国民健康、国家医疗体系改革	越南
湄公河发展研究所(MDRI) Mekong Development Research Institute	自主独立型	2013	湄公河流域地区的经济发展、扶贫、资源和环境保护	越南 湄公河五国

续表

智库名称	性质	成立年份	研究领域	重点关注区域
政策与管理研究所(IPAM) Institute of Policy and Management	大学附属型(越南国立大学)	2018	越南社会问题、资源和环境保护	越南
越南能源转型倡议组织(VIET) Vietnam Initiative for Energy Transition	自主独立型	2018	能源转型、环境保护	越南
卫生与农业政策研究所(HAPRI) Health and Agricultural Policy Research Institute	大学附属型(胡志明市经济大学)	2019	医疗卫生、农业发展、资源与环境保护	越南

注:本表系笔者根据网页信息整理得出,不与《2020年全球智库年度报告》完全一致,仅供参考。

参考文献

一、中文文献

1. 柏必成:《政策运行过程视角下的智库角色与功能》,《行政科学论坛》2020年第9期。
2. 鲍志鹏:《缅甸危机长期化及其对东盟的影响》,《印度洋经济体研究》2022年第3期。
3. 常翔:《泰国涉华研究智库发展研究》,《东南亚纵横》2021年第2期。
4. 陈菲:《外交型智库与巴西外交政策》,《拉丁美洲研究》2016年第5期。
5. 陈戎轩、傅聪聪:《马来西亚社会转型与马来族群政党分裂——基于社会分裂结构理论视角》,《东南亚研究》2021年第3期。
6. 海贤、罗琴:《老挝革新开放以来社会主义建设的成就与经验》,《东南亚纵横》2020年第3期。
7. 何增科:《理解国家治理及其现代化》,《马克思主义与现实》2014年第1期。
8. 胡键:《全球治理的价值问题研究》,《社会科学》2016年第10期。
9. 黄振威:《国外智库研究要览》,中共中央党校出版社,2017年。
10. 李晨阳、赵丽、杨飞:《论东盟地区论坛的实践功用和理论意义》,《国际观察》2020年第6期。
11. 李慧明:《人类命运共同体与国际秩序转型》,《世界经济与政治》2021年第8期。
12. 李龙、梁伦博、唐翀:《马来西亚智库的现状、特点与启示》,《南亚东南亚研究》2018年第3期。
13. 李元书:《政治社会化:含义、特征、功能》,《政治学研究》1998年第2期。
14. 梁霞:《泰国部分政要和专家对泰国加入东盟共同体的认知》,《南洋资料译丛》2015年第1期。
15. 林丽玲、黄颖欣:《马来西亚智库的运行机制》,《开放导报》2014年第4期。
16. 刘文正:《马来西亚智库:政策影响力与国际化水平并重》,《中国社会科学报》第1531期。
17. 隆德新:《区域政治中的"软领导"者:再探新加坡之东盟身份》,《太平洋学报》2012年第11期。
18. [美]罗伯特基欧汉、海伦米尔纳:《国际化与国内政治》,北京大学出版社,2003年。
19. 孟磊:《论美国智库的功能和运行机制》,《外语研究》2019年第6期。
20.《缅甸国情报告(2015)》,社会科学文献出版社,2015年。
21. 任志远:《泰国在东盟区域经济一体化进程中的地位、作用及其发展趋势》,《东南亚纵横》2019年第3期。
22. 施蕾蕾、孙蔚:《中国特色平台型智库的形成与发展路径探析》,《智库理论与实践》2022年第7期。
23. [加]唐纳德E.埃布尔森、斯蒂芬布鲁克斯:《智库、外交政策和地缘政治》,忻华译,南京大学出版社,2019年,第25页。
24. 王延飞等:《从智库功能看情报研究机构转型》,《情报理论与实践》2015年第5期。
25. 韦红:《东盟社会——文化共同体的建设及其对中国的意义》,《当代亚太》2006年第5期。
26. 吴育良:《国外智库决策信息支持研究及启示》,《图书馆理论与实践》,2015年第10期。
27. [法]夏尔·阿列克西·德·托克维尔:《论美国的民主》,曹冬雪译,译林出版社,2019年。
28. 阎学通:《无序体系中的国际秩序》,《国际政治科学》2016年第1期。
29. 易承志:《跨界公共事务、区域合作共治与整体性治理》,《学术月刊》2017年第11期。
30. 余敏江:《智库作用与国家治理能力提升》,《智库时代》2017年第1期。
31. 虞爽:《关于我国智库专业化管理的战略思考》,《世界经济与政治论坛》2016年第2期。
32. 袁正清、江思羽:《东盟能源治理:一种机制变迁的视角》,《国际观察》2021年第3期。
33. 云倩:《第12届中国—东盟智库战略对话论坛会议综述》,《东南亚纵横》2019年第6期。
34. 张大卫、元利兴等:《国际著名智库机制比较研究》,中国经济出版社,2017年。
35. 张骏:《智库与政府关系的调整与探索——以日本、韩国和新加坡智库为例》,《智库理论与实践》2017年第3期。
36. 张榕:《宪政民主化道路上的马来西亚政党制度》,《东南亚纵横》2015年第5期。
37. 张锡镇:《当代东南亚政治》,广西人民出版社,1994年。
38. 张欣、池忠军:《发挥智库在公共治理中的作用》,《理论探索》2015年第1期。
39. 郑保卫、叶俊:《中外媒体交流与合作:现状、问题及对策》,《西南民族大学学报(人文社科版)》2015年第9期。
40. 郑佳:《国内有关战后马来西亚政治发展研究概述》,《南亚东南亚研究》2021年第6期。
41. 志荣:《老挝经济社会发展现状与对策建议》,《东南亚纵横》2006年第1期。
42. 周达谋、刘清、李宏:《智库的国际影响力认知框架》,《智库理论与实践》2021年第4期。

43. 朱旭峰、礼若竹:《中国思想库的国际化建设》,《重庆社会科学》2012年第11期。

二、外文文献

1. Ahmed Khaled Rashid, "Efficacy of think tanks in influencing public policies: The case of Bangladesh", *Asian Journal of Political Science*, Vol.21, No.1, 2013.

2. Alexander, Jeffery A. eds., "Governance in Public-Private Community Health Partnerships: A Survey of the Community Care Network S M Demonstration Sites", *Nonprofit Management & Leadership*, Vol.8, Issue.4, 1998.

3. Ambassador Pou Sothirak, "Journal Of Greater Mekong Studies", Cambodian Institute for Cooperation and Peace, Vol. 5, December 2021.

4. Andrew Rich, *Think Tanks, Public Policy, and the Politics of Expertise*, Cambridge: Cambridge University Press, 2005.

5. Ang Len and Young Sokphea, "Civil Society Organisations and Youth Civic Engagement in Cambodia", CDRI, Working Paper Series No. 132, October 2021.

6. Arnaldo Pellini, Budiati Prasetiamartati, Kharisma Priyo Nugroho (eds.), Knowledge, *Politics and Policy making in Indonesia*, Singapore: Springer Nature Singapore Pte Ltd., 2018.

7. Chris Ansell and Alison Gash, "Collaborative Governance in Theory and Practice", *Journal of Public Administration Research and Theory*, Vol. 18, No. 4.

8. Chris Ansell and Alison Gash, "Collaborative Governance in Theory and Practice", *Journal of Public Administration Research and Theory*, Vol. 18, No. 4.

9. Diane Stone and Helen E. S. Nesadurai, "Networks, Second Track Diplomacy and Regional Cooperation: The Experience of Southeast Asian Think

Tanks", *Department of Politics and International Studies, and Centre for the Study of Globalization and Regionalization*, University of Warwick, 1999.

10. Diane Stone, "Recycling Bins, Garbage Cans or Think Tanks? Three Myths Regarding Policy Analysis Institutes", *Public Administration*, Vol. 85, No. 2, 2007.
11. Diane Stone, Dynamics of Think Tank Development in Southeast Asia, Australia, New Zealand, and Papua New Guinea, in James G. McGann, R. Kent Weaver, *Think Tanks & Civil Societies: Catalysts for Ideas and Action*, Routledge, 2000.
12. Diane Stone, Think Tanks Across Nations: The New Networks of Knowledge, Policy Community, *NIRA Review*, Winter 2000.
13. Diane Stone. , "The ASEAN-ISIS network: Interpretive communities, informal diplomacy and discourses of region", *Minerva*, Vol.49, No.2, 2011.
14. Donald Abelson,*Do Think Tanks Matter? Assessing the Impact of Public Policy Institute*, Montreal: McGILL-Queen's University Press, 2002.
15. Donald E. Abelson, "Old world, new world: the evolution and influence of foreign affairs think-tanks", *International Affairs*, Vol.90, No.1, 2014.
16. Eam Phyrom, Leng Phirom, Khieng Sothy and Song Sopheak(Eds.), "Cambodian Post-Secondary Education and Training in the Global Knowledge Societies", Cambodia Development Resource Institute, February 3, 2022.
17. Emilie M. Hagner-Burton, Miles Kahler and Alexander H. Montgomery, "Network Analysis for International Relations", *International Organization*, Vol.63, No.3.
18. Eng Kokthay, "The Culture-Conflict Nexus and the Importance of Culture in Conflict Transformation", *Avi Commentary*, 2019, No. 1, 23 January.
19. H. E. Amb. Joachim Baron von Marschall, "Nation Building And National Identity-The Case Of Germany", The Cambodian Institute for Cooperation and Peace, April 6, 2016.

20. Hiro Katsumata, "Reconstruction of Diplomatic Norms in Southeast Asia: The Case for Strict Adherence to the 'ASEAN Way' ", *Contemporary Southeast Asia*, Vol. 25, No. 1, 2003.

21. James G. McGann, *Think Tanks and Emerging Power Policy Networks*, Palgrave, 2018.

22. James G. McGann, *Think Tanks: The New Knowledge and Policy Brokers in Asia*, Brookings Institution Press, 2019.

23. James Smith, *Idea Brokers: Think Tanks and the Rise of the New Policy Elite*, New York: The Free Press, 1991.

24. John W.MacDonald, Jr. and Diane B.Bendahmane,eds.,*Conflict Resolution: Track Two Diplomacy*,Washington,D.C.:Foreign Service Institute,1987.

25. Jon S.T. Quah, "Why Singapore works: five secrets of Singapore's success", *Public Administration and Policy: An Asia-Pacific Journal*, Vol.21, No.1, 2018.

26. Julie Bernath, "Annex-strengthening Knowledge Ecosystems: Cambodia Case Study", *Swiss Peace*, November 15, 2021.

27. Keo Piseth, Chheng Kimlong and Ngoun Kimly, "Cambodia's path towards decarbonization by 2050", Asian Vision Institution, September 2021.

28. Khoo Su-ming, "Think tanks and intellectual participation in Malaysian discourses of development", Stone. D., Denham, A. y Garnett, M., *Think tanks across nations: A comparative approach*. Manchester: Manchester University Press, Reino Unido, 1998.

29. Leng Thearith, Cheunboran Chanborey etc. "Cambodia's ASEAN Chairmanship in 2022: Priorities and Challenges", Asian Vision Institute and Konrad-Adenauer-Stiftung, 2021.

30. Lonn Pichdara, Nong Monin, Chhaing Marong, Duong Sivmuy & Keang Saren, "Challenges of Targeting Poor and Vulnerable Groups to Reduce

Climate Change Vulnerability: The Case of a Water and Sanitation Project in Kampong Svay District", *Cambodia, Springer Link*, January 1, 2022.

31. Lonn Pichdara, Nong Monin, Duong Sivmuy and Keang Saren, "Policy Recommendations: Impact of Climate Change Programs in Cambodia: Vulnerability, Poverty, and Gender", Cambodia Development Resource Institute, December 23, 2021.
32. Maria Katsonis, "Comparative Study of Indonesian Think Tanks as Policy Entrepreneurs in Influencing Social Assistance Reform", the degree of Master of Public Administration in the University of Melbourne, 2021.
33. McGann J. G., *Think Tanks, Foreign Policy, and Emerging Powers*, Cambridge: Palgrave Macmillan, 2019.
34. Michael M. Atkinson, William D. Coleman, "Policy Networks, Policy Communities and the Problems of Governance", *Governance: An International Journal of Policy and Administration*, Vol.5, No.2, 1992.
35. Prof. Pou Sovachana, Pich Charadine, Dr. Bradley Murg, "Listening to Voices of the Khmer Rouge Cadres and the Local Residents", Cambodian Institute for Cooperation and Peace, September 1–3, 2017.
36. Rajah Rasiah, Vanthana Nolintha and Latdavanh Songvilay, "Garment manufacturing in Laos: clustering and technological capabilities", *Asia Pacific Business Review*, April 2011, Vol. 17, No. 2.
37. Rodolfo C. Severino, *Framing the ASEAN Charter: An ISEAS Perspective*. Singapore: ISEAS Publishing, 2005.
38. Sander Meijerink and Dave Huitema, "Policy Entrepreneurs and Change Strategies: Lessons from Sixteen Case Studies of Water Transitions around the Globe", *Ecology and Society*, Vol.15, Issue.2, Art.21, 2020.
39. Schmidt, V. A., "Discursive institutionalism: The explanatory power of ideas and discourse", *Annual Review of Political Science*, Vol. 11, No. 1, 2008.

40. Simon James, "The Idea Brokers: The Impact of Think Tanks on British Government", *Public Administration*, Vol.71, Issue 4, December 1993.

41. Sørensen, E., Torfing, J., *Theories Of Democratic Network Governance*, Cambridge: Palgrave Macmillan, 2007.

42. Tadashi Yamamoto and Susan Hubbard, Emerging Civil Society in the Asia Pacific Community, Singapore, Institute of Southeast Asian Studies and Japan, Japan Center for International Exchange. Conference Report, 1995.

43. Teehankee J., Ramirez L. and Malbarosa A., "The role of think tanks and political institutes in the development of the political party system in the Philippines", Evidence-Based Policy in Development Network, 2011.

44. Vathana Roth, "Job Prospects for Youth, Low-skilled and Women Workers in the Greater Mekong Subregion" , Greater Mekong Subregion Research Network, January 2019.

45. Veung Naron and Ven Seyhah, "Exploring Insights into Vocational Skills Development and Industrial Transformation in Cambodia", Cambodia Development Resource Institute, October 2021.

46. Walter Carlsnaes, Thomas Risse and Beth A. Simmons, *Handbook of International Relations*(Second edition), SAGE Publications Ltd., 2012.

47. Yang Monyoudom, Leang Seakleng and So Hengvotey, "Understanding political knowledge and participation of cambodian youth", *Cambodia Development Review*, Vol. 24, Iss. 1, March 2020.

48. Zubair Hasan, "Nature and significance of Islamic economics", *Journal of Economic and Social Thought*, 2016, No.3.

后 记

在世界局势发生急剧且深刻变化之当下，如何更好地助力提升国家治理能力、维护东南亚地区和平稳定，是东南亚相关国家智库当前正在深度思考、相互交流、持续发力的问题。本书梳理了东盟十国国内智库发展的过程、特点，并总结了这些智库对本国国家治理与东南亚区域治理的贡献，希望本书既能对当前东南亚研究尤其是东南亚智库研究领域做出微薄贡献，也能针对东南亚国家治理与区域治理中的相关问题为读者提供解答和知识普及。

本书是华中师范大学中印尼人文交流研究中心2023年度的重要研究成果，得到了“华中师范大学政治学一流学科建设成果文库”的资助。在编写过程中，得到了华中师范大学中印尼人文交流研究中心学术委员会及研究团队的支持。本书由华中师范大学中印尼人文交流研究中心副主任陈菲主持编写，中心助理研究员陈灵芝协助。本书除导论共十章，陈菲承担了东南亚智库概览部分的写作，高峰、隗响、夏书玉、王薪凯、陈灵芝、王甜甜、王珂、王蓉、汪恒、简斌华依次撰写了第一至十章。陈慧莹、汪庆做了出版前的审读与校对。此外，要特别感谢华中师范大学中印尼人文交流研究中心主任韦红教授，韦红教授在东南亚研究领域的勤奋耕耘数十年，对东南亚国际关系研究极有造诣。韦教授逐字逐句审阅了本书初稿，并提出了许多极其宝贵的修改意见，使本书增色许多。

陈菲

2023年5月于武汉桂子山